Andreas Kislinger

DIE PSYCHOLOGIE DER ICH-ABWEHR
Bedingungen und Zustände des Ich

Andreas Kislinger

DIE PSYCHOLOGIE DER ICH-ABWEHR

Bedingungen und Zustände des Ich

Bibliografische Information der Deutschen Nationalbibliothek
Die Deutsche Nationalbibliothek verzeichnet diese Publikation in der Deutschen Nationalbibliografie; detaillierte bibliografische Daten sind im Internet über http://dnb.d-nb.de abrufbar.

Bibliographic information published by the Deutsche Nationalbibliothek
Die Deutsche Nationalbibliothek lists this publication in the Deutsche Nationalbibliografie; detailed bibliographic data are available in the Internet at http://dnb.d-nb.de.

ISBN-13: 978-3-8382-1644-7
© *ibidem*-Verlag, Stuttgart 2022
Alle Rechte vorbehalten

Das Werk einschließlich aller seiner Teile ist urheberrechtlich geschützt. Jede Verwertung außerhalb der engen Grenzen des Urheberrechtsgesetzes ist ohne Zustimmung des Verlages unzulässig und strafbar. Dies gilt insbesondere für Vervielfältigungen, Übersetzungen, Mikroverfilmungen und elektronische Speicherformen sowie die Einspeicherung und Verarbeitung in elektronischen Systemen.

All rights reserved. No part of this publication may be reproduced, stored in or introduced into a retrieval system, or transmitted, in any form, or by any means (electronical, mechanical, photocopying, recording or otherwise) without the prior written permission of the publisher. Any person who does any unauthorized act in relation to this publication may be liable to criminal prosecution and civil claims for damages.

Printed in the EU

Inhaltsverzeichnis

I. Vorbemerkungen 15
    Inhaltliches 15
    Orthographisches 19
       a)   Historische Bestimmungselemente deutscher
           Sprach- und Pronomenbildung 19
           Ein Fallbeispiel heute gültigen Sprachgebrauchs 21
       b)   Genus und Sexus 22
       c)   Das Geschlecht neutralisierende Substantiv und
           das verweiblichende Relativpronomen 23
       d)   Zur gewählten orthographischen Form 24
    Zum Aufbau des Inhaltsverzeichnisses 25

II. Existentielle Grundlagen des Ich 27
    A. Hilflosigkeit und Abhängigkeit 27
    B. Symbiose und Individuation 32
    C. Die Versorgtwerdensfunktionen des Selbst 34
    D. Regression 39

III. Energetisch gebundene Ich-Zustände 43
    1. Depression 44
       Die Angst vor Verlust des guten Objektes 45
       Die Unmöglichkeit einer Objektdistanzierung 45
       Die Distanzierung des Ich von sich selbst 46
       Depression als Mangel von substantiell
          Notwendigem 46
       Die nach ‚unten' führende, innere Spirale eigener, sich
          selbst verstärkender Ich-Zustände 48
       Depression als kognitives Überbelastungsderivat 49
       Die soziale Realität der Depression 50
       Suizid oder das Prinzip Hoffnung 51

Zu wenige soziale und materielle Ressourcen als
zentrales Belastungsmerkmal der Depression 51
Depression als Verdrängungs- und Entfremdungsrest
gewusst-geglaubter Ich-Effizienz 52
Die Ereignisse des Ich als Soziätskorrelat 54
2. Panikattacken 56
Erregung und Depersonalisation 57
Die Neuro- und Gehirnbiologie der Panikattacke 59
3. Schizophrenie 62
4. Manie 65
Anpassung-Manie-Anpassung 67
Das verzweifelte Scheitern an der realen Normalität
und der normalen Realität 67
5. Wahnhafte Ich-Zustände 70
6. Hassen 73
7. Überinkludierende Realitätsbewertung als regressive
Ich-Störung 74
Die Rolle der zentralen Bezugsperson(en) und deren
immanenter Prägungsfaktor bei regressiven
Denkstörungen 76
Die regressive Turbulenz der Denkstörung 77

**IV. Ich-Zustände als Ausgangspunkt und Folge der
sozialen Bedingungen 79**
1. Depression 79
Die Rolle der Depression im (über)individuellen
Handlungsverlauf 80
Depressionspharmakologie als Abbild einer
Unlustgesellschaft 81
2. Hassen 82
Die Rolle des Hassens im (über)individuellen
Handlungsverlauf 83
Unterwerfungsereignisse im Zeitverlauf 84

V. Das Fremd-Ich der Anderen und das eigene Ich 87

VI. Extravertierte, Gewalt vermittelnde Ich-Zustände 91
    1. Abwesenheit von Empathie und wahnhafte Realitätsfixierung 93
        Fallbeispiel 1 94
        Fallbeispiel 2 97
        Psychopathieforschung 100
    2. Größenwahn 102
    3. Manie als realitätsfixative Ich-Störung 107
    4. Die psychische Gewalt der extravertierten Ich-Zustände 109
        4.1. Die psychische Ich-Fremd-Ich-Relation 109
            4.1.1. *Ich, Ich, und Ich: Die Kontaktstörung* *109*
            4.1.2. *Ich, Ich und Ich: Die Absenkung der Kritikschranke* *110*
        4.2. Die Ich-Fremd-Ich-Unterdrückungsrelation 111
            4.2.1. *Das Manische und seine Fremd-Ich-Wirkung* .. *111*
            4.2.2. *Das Psychopathische und seine Umgebung* *112*
            4.2.3. *Das Wahnhafte als hermetische Autorität* *114*
    5. Die dissoziale Gewalt der extravertierten, Gewaltvermittelnden Ich-Zustände 116
        Die notwendige Prämisse der dissozialen Gewalt 118

VII. Die Realitätsvorschreibung weniger und die Ich-Zustände vieler 121
        Analyseschema und Ausgangspunkt: Kognition und Glaube wenigerempfindendes Denken vieler 122
        Die wundersame Richtung üblicher Erfolgsattribution 123

VIII. Der (sozial) deprivative Ich-Zustand 127
    A. Sozialer Anpassungsdruck 128
        Die libidinöse Besetzung von Objekten 129

  Ich-Bedürfnisse 130
 B. Deprivation 131
  a. Deprivation und religiöse Leidtheorien 131
   Die vorherrschenden Axiome der Erklärungstheorien
   menschlichen Leids 132
  b. Umfassender Kontrollverlust als Deprivation 133
  c. Hunger als Essensdeprivation 135
   Die Psychologie des (Nicht)Essens(dranges) 136
   Essen als eigentümliche Machtdemonstration 138
  d. Überreizungsdruck versus erlebte Deprivation ... 140
   Die soziale und psychische Gestalt der Deprivation 143
  e. Das Wissen über die Bedingungen der relevanten
   Anderen 143
  f. Deprivationsabwehr als politische Aufgabe 145
  g. Deprivation als verunmöglichte Ich-Abwehr 146
 C. Persönlich-subjektive Verletzlichkeit als
  Deprivationskorrelat 147
  Die Macht der Ressourcen 148
  Die mit Ideologie versenkte Wahrnehmung der
   Grundbedürfnisse 151
  Macht oder Ohnmacht des sozialen
   Zusammenhalts? 152
  Der soziotechnisch-psychologische
   Konstruktionsfehler der modernen westlichen
   Gesellschaften 154
  Die Innen- / Außenrelationen des Ich 157

IX. Die Ich-Grenze zwischen Innen und Außen 159
 Die faktisch-physikalisch fassbare(n) Grenze(n) des
  Ich 159
 Die psychische Funktion der Ich-Grenzen 162

X. (Paar)Beziehung 165
 A. Relative Autonomie und Anpassung 165

    B. Mann-Frau Unterschiede 167
    C. Symbiose 167
        Sublimierung 167
        Verschmelzungsdruck 168
        Die Funktion der menschlichen Haut 169
        Narzissmus 170
        Liebe und Hass 171
    D. Persönliche Verletzung und Verletzbarkeit 172
    E. Anpassung 173
        a. Anpassung mittels Erwartungsantizipation 173
        b. Widerstand als Gegenpol von Anpassung 175
        c. Anpassungszwang durch Verlustangst 176
        d. Anpassen-lassen durch das eigene
           Größenselbst 178
           Das gewalttätige Größenselbst in der Dyade 178
           Die Eigenschaften des Größenselbst zentraler
              Führungsfiguren 178
           Historische Erkenntnisse über ein vormodernes
              Größenselbst 179
           Dissozialität 181
           Das modellierte Simulieren von Stärke 182

XI. Die Ich-Entfremdung durch Gewalt 185
    1. Die alltäglich-öffentliche Beziehungsgewalt 185
    2. Die sadomasochistischen Arbeitshierarchien 187
    3. Häusliche Gewalt 189

XII. Die Psychologie der Ich-Abwehr 193
    1. Das Ich und Ihre Abwehr(mechanismen) 193
        Anpassung 194
        Reaktionsbildung 194
        Projektion 194
        Verschiebung 195

2. Psychische Abwehr in einer Angriffs-
Verteidigungspolarität 196
   2.1. Angriff 198
       Der symbolisierende Rollenwechsel 198
       Witzbildung 198
       Fremdschädigende Eigenliebe 199
       Verleugnende Abspaltung 200
       Projektive Identifizierung 200
       Rollenumkehr 201
       Psychologie der Rollenumkehr 202
       Neid erzeugen 203
       Hass 203
       Fremdaggression 203
       Verschiebung 203
   2.2. Verteidigung 204
       Der symbolisierende Rollenwechsel 204
       Selbstschädigende Fremdliebe 204
       Psychiatrische Beschwerdeformationen 204
       Die Panikattacke 205
       Selbstaggression 205
       Neid empfinden (müssen) 208
       Verleugnende Abspaltung 209
       Hassen 209
       Verschiebung 210
   2.3. Die Verquickung von Angriff und
        Verteidigung 210
       2.3.1. Frau / Herr über Leben und Tod – Lebens- und
              Tötungsobjekt Relation 210
       2.3.2. Der Angriffs-Verteidigungszwitter: Das
              Wahnhafte 212
           Die Vergesellschaftung einer wahnhaften
           Privatwelt 212
           Die individuelle Abwehr als Bilanz der vielen Ich . 215

XIII. Aggression, Gewalt und Libido ... 217
1. Aggression und Gewalt ... 217
Aggression und Destruktion ... 217
Gewalt, Fanatismus und Hass ... 219
Psychopathie als psychische Grundlage von Gewalt .. 219
Individuell-psychische Reaktionen auf Gewalt ... 220
Das Gewalt-gewaltlos Spektrum von Beziehungsanordnungen ... 221
Der soziale Zusammenhang des ausgewählten, gehassten Objektes ... 221
2. Die generelle psychosoziale Verantwortungsmatrix ... 223
3. Die Libidofixierung ... 224

XIV. Formen libidogespeist-anerkannter Gewaltregulative ... 227
1. Öffentlichkeit ... 228
Die Regeln der öffentlich dargestellten Ich-Zustände . 229
Die Verteilung öffentlicher Aufmerksamkeitszuwendung ... 231
2. Arbeit ... 231
Die Bedeutung der narzisstischen Kränkung in der Arbeitswelt der ‚kleinen' Angestellten ... 232
Geiz als Ergebnis permanenter Aufmerksamkeitserpressung ... 233
Das dargestellte Arbeitsglück von Firmen- und Bildungshomepages ... 234
Die Rolle obsessiv manischen Verhaltens ... 235
Die aneinandergereihten Ich-Manien als gesellschaftlicher Grundbaustein ... 236

XV. Die Norm als generalisierte Ich-Haltung ... 239
A. Die Instanz der Ich-Kontrolle ... 239
a. Die Belohnungs- und Bestrafungsfortschreibung des Über-Ich ... 240

    b. Aufbau und Destruktion des Ich durch das Ich-Ideal 241
- B. Die Abspaltungen der generalisierten Ich-Haltung 243
  - a. Narzissmusstörung als Fremd-Ich abspaltender Ich-Zustand 245

    Die behandelten Ich-Eigenschaften der Narzissmusforschung 247

    Die ontogenetisch frühen Gründe der Ich-Abspaltung und der späteren Fremd-Ich Abspaltung 248

    Ich-Kohäsion und -Kohärenz als Zentrum narzisstischer Wahrnehmungs-, Handlungs- und Reaktionsmodi 249

    Strukturell-interaktive Kennzeichen des Narzissmuskonzepts 250

    Regelmechanismen und pragmatische Abwehr der narzisstischen Persönlichkeitsstörung durch die psychische(n) Umwelt(en) 251

    Der öffentliche Narzissmus-Diskurs 253

    Juristische und psychologische Kennzeichen des pathologisch-narzisstischen Ich-Zustands 253
  - b. Zwangsstörung als Libido abwehrender Ich-Zustand 254

    Zur Gehirnphysiologie der Zwangsstörung 255

    Arbeitsteilung zwischen pathogenem Narzissmus und Zwangsstörung 256

XVI. Das Narzissten / Psychopathen-Idealisierungs-Gleichgewicht 259

    Der im Sozialsystem eingebettete pathogene Narzissmus 261

    Idealisierung und Systembezug 262

1. Öffentlichkeit 263

   Die Bewunderungsemotion als zentrales Fundament 263

Die Implikationen des systemisch und systematisch erzeugten Narzissmus / Psychopathie Phänomens 265
2. Arbeit 267
3. Hilflosigkeit und Abgrenzungsnotwendigkeit 269
3.1. Gezielt-systematische Evokation von Neid 269
Die libidinöse Logik der Neiderzeugung 271
Stolz und Scham 271
Identifikationsmechanismen mit den dargestellten Ich-Zuständen der gesellschaftlich festgelegt-definierten Stärke 273
Die Wissenschaft als MitproduzentIn gesellschaftlicher Bedingungen 275
Die unumkehrbare gesellschaftliche Neidhierarchie 275
Der Ich-Zustand des Neides / Neidens 276
Die Ich-Zustände im Gefälle einer Neiderzeugungs-Unterdrückungs-Hierarchie 277
3.2. Der lange Weg des eigenen Hassempfindens 277
Der permanent-wahnhafte Unterdrückungszwang 279
Die doppelgesichtige Funktion des Hassens 279
Die erkämpfte Notwendigkeit einer Deidealisierung ... 280

XVII. Der Abspaltungszwang der eigenen Bedürfnisse 283
A. Die Funktion der Bedürfnisse für das eigene Überleben 283
B. Künstlich erzeugte Bedürfnisse 284
C. Das Partnerschaftsbegehren 285
Die normierte Begrenzung der eigenen Ich-Zustände 289

XVIII. Die Grenzen des Ich und die implizierte Ich-Abwehr 291
A. Entwicklungspsychologische Aspekte der Ich-Abwehr 291
Für eine duale Entwicklungspsychologie 293

      Entwicklungspsychologie, Macht und Gewalt 294
      Kennzeichen psychosexueller Entwicklung und
          biologischer Alterung 296
   B. Persönliche Grenzen und das Nicht-Ich 299

XIX. Die unbewusste Übereinstimmung der normierten Abwehr-Ich 303
   A. Das Ich und die Masse 304
   B. Libido, Suggestion und Identifizierung 305
   C. Die Masse und die Urhorde 305
   D. Das kollektive Gesamt-Ich 307
   E. Frauenbild als normiert-teilkollektive Ich-Abwehr 308
      Psychoanalyse sozialpsychologischer und
          innerpsychischer Triebdynamik 309
      Das Fehlen eines modernen Menschen- und
          Frauenbildes: Gewalt gegen Frauen (und
          Kinder) 310
      Der öffentliche Frauendiskurs 312
   F. Das eigene Bild vom Fremd-Ich 314
      Die Ordnung der Geschlechter und das Begehren 315
      Die subjektive Bild des Fremd-Ich als Ordnungs-
          und Subjektivitätshybrid 316

XX. Literatur 319

I. Vorbemerkungen

Inhaltliches

Das erste größere zentrale psychologische Koordinatensystem, das eine Matrix psychologisch relevanter Ich-Zustände unterscheidet und beschreibt, ist das ‚Drei Instanzen Modell' von S. Freud (‚Es' – ‚Ich' – ‚Überich').

Mit dieser neu erfundenen Errungenschaft wurde das 20. Jahrhundert eröffnet und man begann, ins Innere des Menschen zu blicken. Bereits in diesem Modell werden drei signifikant unterschiedliche Ich-Zustandsmengen fokussiert, die als gleichsam unterschiedliche innere, psychisch wirksame ‚Machtzentren' miteinander im beständigen Widerstreit stehen. Diesem kontinuierlichen inneren Machtkampf, in dem jeweils entschieden wird, welcher Impuls im jeweiligen Inneren des Menschen gerade die Oberhand gewinnt und nachher hat, sind wir Menschen *unterworfen*.

Im vorliegenden Band wird diese innere Matrix durch eine äußere ergänzt, und dabei wird versucht, aus dieser implikativ-totalitär-abgeschlossenen Innensicht – die das Eigentliche der Psychologie ausmacht – des Individuums zu entkommen. Das bedeutet die explizite Hinzunahme einer Außenwelt, die in der herkömmlichen psychologischen Sicht nur dem Innen zugeordnet ist.

Dieses Aufbrechen der allumfassenden Innensicht ist es zu verdanken, dass das aus der Außenwelt, das über unsere Wahrnehmungsorgane zur inneren Realität wird, wieder nach außen in die vermeintliche Objektivität zurück übersetzbar wird und im vorliegenden Werk explizit übersetzt wird, was nach diesem Vorgang der Verinnerlichung der äußeren Bedingungen dann als sekundär veräußerte Bedingung wieder im Außen ankommen soll.

Damit wird versucht, die psychologisch-psychoanalytisch übliche, als allumfassend betrachtete Analyse des Inneren ins Außen und zurück zu transzendieren. Die AutorIn erachtet diese ständige Übersetzungsarbeit von Innen nach Außen und zurück als unverzichtbar-unerlässlichen Bestandteil psychologischer Analyse, der nicht umhinkommt, vor allem im psychoanalytischen Kontext, immer wieder explizit betont werden zu müssen.

Natürlich, wenden die universitär geschulten PsychologInnen an dieser Stelle ein, die Psychologie tut dies spätestens in den 1950ern seit B. F. Skinner genauso. Die AutorIn wendet aber an diesem Punkt ein, dass die herkömmliche Psychologie an der Psychoanalyse vorbei forscht und umgekehrt und dass beide Ansätze unverbunden, die Erkenntnisse der jeweils anderen Richtung nicht nur negiert, sondern mit Füßen tritt.

Der Grund dafür ist unter anderem darin zu finden, dass beide Seiten derselben Medaille offensichtlich nichts voneinander wissen, und / oder wissen wollen, weil es nicht deren methodischen Ansatz entspricht und sie damit überfordert wären, etc. Eine Wissenschaft, die das objektiv Messbare zum Thema hat, kann es sich schließlich nicht erlauben, sich in die Tiefen menschlicher, rein subjektiver Begründungen zu begeben und die Psychoanalyse hat es offenbar auch nicht nötig, sich statistisch vergleichender und gewichtender Methoden zu bedienen.

Der vorliegende Text positioniert sich auf der Seite und Sicht der Psychoanalyse, unter starker Einbindung einer expliziten Außensicht der menschlich-psychologischen Phänomene und der sie umgebenden und diese widerspiegelnden Bedingungen. Das Ziel dieser Arbeit ist es, einen kleinen Beitrag zu im mitteleuropäischen Kontext aus dem Blick geratenen bzw. nicht im Blick befindlichen Forschungsgegenstand zu erneuter Aufmerksamkeit und vermehrter Rezeption zu verhelfen.

Im vorliegenden Text wird unterschieden zwischen Ich1 und Ich2, dem Fremd-Ich von Ich1, je nach gewählter Perspektive eben Ich1 oder ein nahe stehendes Ich2. Das Ich2 ist nach philosophischer Sicht dem Ich1 als Realität gegeben und aufgegeben.

Das Nicht-Ich ist vom Blickpunkt Ich1 aus die Menge von Ich2-n, das sind alle Personen, die eben nicht Ich1 sind, die sich von insgesamt einer zweiten Person, über die relevanten Anderen bis zur gesamten Erdbevölkerung hin erstrecken kann und / oder erstreckt.

Da aufgrund einiger Befunde zu beobachten ist, dass sich Ich1-16 zum Beispiel von Ich17 (die in der Mehrzahl häufig auch die eine oder andere gesellschaftliche Funktion als Leitfigur bekleiden) in jeder gewählten Stichprobe signifikant unterscheidet, wäre davon auszugehen, dass dieser regelhafte gesellschaftliche Persönlichkeitserscheinungstypus den sozialen, wirtschaftlichen und politischen Bereich unübersehbar und überdeutlich abbildet. Daraus ist zu folgern, dass die gesamte Gesellschaftsrezeption einem kräftigen Bias unterliegt, nämlich in jene Richtung, die zum Beispiel Ich17 unübersehbar und überdeutlich zuarbeitet. Und da der Forschungsdiskurs darüber während der letzten Jahrzehnte fast gänzlich fehlt, wäre es höchste Zeit, dieses *öffentliche Analysedefizit* in Auftrag zu geben und forscherisch zügig und effizient abzuarbeiten und auf diesem Wege zu beseitigen.

Aus Sicht der AutorIn kann und sollte der vorliegende Band eine Anregung dafür sein, Hypothesen zu einem öffentlich großflächig negierten Themenfeld zu generieren, deren umfassende empirische Überprüfung nicht im aktuellen Blickfeld ist und daher stark unterrepräsentiert ist und erscheint.

Die begründenden Faktoren dafür werden in einer übermäßigen Spezialisierung vermutet, die in einem Nebeneinander und in Summe im wissenschaftlichen Tun sich ganz unintendiert und häufig nicht wirklich bewusst vorgibt, was modern und wichtig zu sein hat und was nicht, das sich in einem mit tiefem Brustton der Überzeugung verfochtenen, aber nichts desto weniger in einem diesbezüglich eklatanten Forschungsmangel zeigt.

Ganz leicht ließe sich in diesem Zusammenhang unterstellen, dass ganz psychologische Forschungszweige den mächtigen Ich17 nicht wirklich bewusst, aber dafür umso effizienter, dienlich zuarbeiten, mit all den dabei implizierten blinden Flecken.

Ein Grund dafür ist auch dort zu suchen und zu finden, dass es keine Zusammenschau der diversen unterschiedlichen psychologischen und psychoanalytischer Ansätze gibt. Und ein weiterer Grund ist eben im Mangel bestimmter psychologischer Sachthemen zu erblicken, die, in diesem Zusammenhang wesentlich, die Psychopathie von Leitfiguren zum Thema hat. Schon das Wort ‚Psychopathie' wird aus erstem und zweitem Grunde als völlig unmodern bewitzelt, was sich bereits an der genauen Titelführung der wenigen einschlägigen Publikationen ganz offensichtlich und leicht ablesen lässt. Oft ist es ja die detail-affine universitäre psychologische Ausbildung, die den AbsolventInnen, solche nur allzu leicht als ‚banal' diskreditierbare Ableitungen, nicht nur erschwert, sondern systematisch abgewöhnt.

Natürlich ist gerade dieser soziale und psychologische Tatbestand konsequent nach psychoanalytischen Prinzipien zu bewerten und eben jenen unbewusst abwehrenden AutorInnen als Spiegel vorzuhalten. Wenn und da ‚Psychopathie' ein sehr schwerwiegendes psychisches Phänomen darstellt, sollte gerade von fachlicher Seite nicht versucht werden, sich daran möglichst unbemerkt vorbei zu schummeln. Die Konsequenzen dieser permanenten Unaufrichtigkeit hat dann nämlich eine Gesellschaft als Ganzes zu tragen.

Auch will es sich die AutorIn an dieser Stelle nicht nehmen lassen, zu vermerken, dass psychologische Wissenschaft dazu instrumentalisiert werden kann und in hohem Maß unter Verdacht steht, sich dazu instrumentalisieren zu lassen, unerwünschtes, störend-lästiges Gedankengut gesellschaftlich höchst erwünscht, honoriert und effizientest abzuwehren. Um es in schöne Worte über die herrschenden Verhältnisse einzukleiden. Und das lässt sich am besten im Sinne eines allseits anerkannten Schmunzelns, das zeigen soll, wie sehr es sich dabei nur um ein völlig übliches Kavaliersdelikt handeln kann, bewerkstelligen.

Auf diese, einer mächtigen Mehrheit dienliche Funktion herabgestuft, müssen sich psychologische Ansätze somit den Vorwurf gefallen lassen, zu den ErfüllungsgehilfInnen einer breitenwirksamen Machtauffassung zugerichtet und zurechtgestutzt worden zu sein.

Damit sind die Analysemöglichkeiten einer modernen Psychologie mit den Kenntnissen der Macht des Unbewussten und der blinden Flecken weitgehend lahmgelegt und außer Kraft gesetzt, mit welcher Rationalisierung diese insgesamt resultierenden Manöver der und in der Psychologie dann auch immer auf oberflächlich-rationalen Niveau ausgestattet sind und werden. Zudem hat die moderne Psychologie damit ihre ureigenste Bestimmung leichtfertig über Bord geworfen, gänzlich und überhaupt *bevor* sie zum Hauptteil ihres Aufgabenfeldes vordringen konnte.

Trotz alledem ist die AutorIn sich sicher, dass der vitale Antrieb, sich eben genau das Abgespaltet-Abgewehrte, Verachtet-Verdrängte und Hinausgemobbte einer aktuellen Gesellschaftsform, deren ProtagonistInnen und deren pathologisch-pathogene Auswüchse und -wucherungen bis ins Kleinste sezieren zu wollen, nicht aussterben wird und kann.

Orthographisches

Die orthographische Schreibpraxis ist über die Jahrtausende gewachsen und dass wir und so wie wir schreiben, ist ein (Ab)Bild von Sprachgewohnheiten, die mit den Sprachgewohnheiten unserer Vorfahren und im Besonderen mit den Sprachgewohnheiten unseres näheren und ferneren sozialen Umfelds verbunden ist. Die (geschriebene) Sprache ist eine Form von orthographischem Gedächtnis.

Im Folgenden werden – ausgehend von großen historisch-sprachgeschichtlichen Bewegungen der deutschen Sprache – Sprachgewohnheiten thematisiert, die sich in den letzten Jahrzehnten verändert haben und sich vorhersehbar noch verändern werden, und es wird ein konkreter Vorschlag unterbreitet, der für die Veränderungsnotwendigkeit überkommener Sprachstrukturen und Schreib- und Sprechgewohnheiten höchst offensichtliche Daten aufzeigt und zur Sprache bringt.

Da Sprache Abbild von Machthierarchien und auch von deren Auflösung ist und sein kann, sollten lange gewachsene Sprachgewohnheiten und Sprachkonstruktionen genau in den Blick genommen werden, jenseits der eigenen eingelernten Systemblindheit, die uns in Form von psychischen Wiederholungszwängen die ständige perseverative und unbedarfte System- und Sprachsystemreplikationen diktieren. Im Folgenden wird kurz aus dem Blickpunkt der deutschen Philologie der heutige Sprachbestand auf den Punkt gebracht.

a) **Historische Bestimmungselemente deutscher Sprach- und Pronomenbildung**

In der deutschen Philologie wird der Beginn der *indogermanischen Sprachen* auf circa 3000 vor Christus datiert, ihre weltweite Verteilung fand durch die europäische Expansion im 15. Jahrhundert, innerhalb der Jahrtausende durch die Völkerwanderungen, statt (Wikipedia, ‚indogermanische Sprachen').

Das *Germanische* wird mit schlechter Quellenlage zwischen 1000 vor Christus und 500 nach Christus datiert. Ab dem 5. Jahrhundert haben sich durch zwei Lautverschiebungen *hochdeutsche Sprachtypen* entwickelt (Wikipedia, 'germanische Sprachen').

Das Wort ‚deutsch' erscheint zum ersten Mal 786 in einem mittellateinischen Dokument, ‚Althochdeutsch' wird auf circa 750 bis 1050 datiert (Wikipedia ‚Althochdeutsch'). Seit dem Alt- und auch Mittelhochdeutschen (bis 1350) besteht eine Logik der Übereinstimmung von Wörtern und Satzteilen.

In der regelhaften Übereinstimmung zwischen Wörtern ist die Übereinstimmung des *Geschlechts des Nomen und des Pronomen* zu finden, die sich bereits im Mittelalter (ab circa 1000) herausgebildet hat.

Seit dem Mittelalter (vgl. Helm 1975, S 37) besteht bis heute (vgl. Duden Band 4, 2016, S 275 und S 303) *das maskuline und das damit gänzlich gleichbedeutende neutrum* und das feminine Possessivpronomen (‚sin' ist das maskuline und neutrum Possessivpronomen, heute ‚seine'; ‚ire' ist das feminine Possessivpronomen, heute ‚ihre').

Den heute gültigen Grammatikstand zeigt folgende Tabelle:

	Sache, Ding	Person, Kind
Pronomen	es	es
Possessivpronomen	sein	sein

Tabelle 1: Das deutschsprachige ‚Es / es' und ‚Sein / sein' Possessivpronomen

Sowohl die Sache als auch der Mensch weisen ein männliches Pronomen seit dem Mittelalter auf, obwohl das Kind auch weiblichen

Geschlechts sein kann. Diese nur geschichtlich erfassbare, vom heutigen Sprachempfinden her widerstrebende Logik wird nun in einen psychologisch-machtdynamischen Zusammenhang zwischen den Geschlechtern gebracht.

Ein Fallbeispiel heute gültigen Sprachgebrauchs
‚Das Kind besitzt das / ein Fahrrad, … ': Ein sächliches ‚Es' besitzt ein sächliches ‚es'. Durch die grammatikalische Gleichstellung des Dings und des Menschen wird einerseits das Ding zu einem lebendigen Gegenstand und andrerseits der Mensch zu einer leblosen Sache, die beiden koexistierenden Bedeutungen des somit gar nicht mehr neutralen neutrum Pronomen entfalten ihre konnotative Macht und ihre Deutungshoheit wechselseitig aufeinander.
‚Das Kind besitzt das Fahrrad, das ihm seine Mutter geschenkt hat'. ‚Das' als Relativpronomen nach dem Beistrich leitet einen Nebensatz ein, indem das Kind (im 3. Fall ‚er', nämlich ‚ihm') in der momentan gültigen deutschen Sprachregelung vermännlicht wird, indem es mit ‚seiner' Mutter oder auch ‚seinem' Vater in Beziehung gesetzt wird.

Das Kind, ‚Es', ist durch das, ‚sein' Possessivpronomen, zum Mann geworden, obwohl es geno- oder phänotypisch auch eine Frau oder ein Mädchen sein kann.

Und die Mutter wird durch die Beziehungssetzung zum ‚Es', dem Kind, auch rein sprachlich ein bisschen durch ‚dessen' Possessivpronomen vermännlicht. Die Definitionsmacht des Possessivpronomens dis- oder entneutralisiert das grammatikalisch als neutral grundgelegte ‚Es' in Richtung Vermännlichung.

In diesem geschlechtspronomialen Verhältnis ‚Er-Es', ‚Sie-Es' ist ein Machtkampf um die Deutungshoheit des Possessivpronomens inhärent, das das Possessivpronomen ‚sein' des ‚Es' auf der Seite des Vaters positioniert.

Es sei festgehalten, dass das Possessivpronomen des Pronomens ‚Es' in Sinne auch der letzten Rechtsschreibreform, die die zurzeit gültige Sprach- und Sprechregelung zum Inhalt hat, ‚sein' lautet und, dass es nicht ‚ihr' lautet oder über ein noch zu erfindendes eigenes ‚Es-Possessivpronomen' verfügt und das, obwohl das ‚Es' ein Bub oder ein Mädchen sein kann.

Will man diesem Sachverhalt der inkomplett und inkorrekt bezeichnenden Benennung Rechnung tragen, würde das eine nicht unwesentliche Veränderung des Sprach- und Satzbaus bedeuten, das von einer Rechtschreibreform geleistet werden sollte und müsste. Und es vielleicht auch tut, wenn es mehrere, auch namhafte Personen einforderten.

b) Genus und Sexus

In der deutschen Sprache hat ‚das Kind' (ein) sächliches Geschlecht, deshalb unterscheidet man in der deutschen Philologie zwischen natürlichem Geschlecht, dem Sexus, und dem grammatischen Geschlecht, dem Genus.

Wenn man sich die obige Tabelle vor Augen führt, ist zu konstatieren, dass der sächliche Genus des Kindes in 50% der Fälle, in denen das Kind ein Mädchen ist, inkongruent mit seinem Sexus ist und mit diesem dann in einem (heftigen) *Widerspruch* zu einer täglich erfahrbaren Lebenswelt eines medizinisch-biologisch referenzierend-kategorisierten und -kategorisierenden substantivischen Subjekts stehen.

Auf diese Überlegungen beziehen sich das rechte Drittel der Tabelle, die nur 50% (schematisierend vereinfacht) des Bedeutungsfeldes des Pronomens ‚es' repräsentiert und abbildet.

Für die anderen 50% der Bedeutung des ‚es' und dessen pronomialen Geltungsbereiches, der die Sache, das Ding kennzeichnet und referenziert, befinden sich sexus und genus in *Kongruenz* und sind somit *nicht* mit germanistischen *und* lebensweltlichen Widersprüchen behaftet.

Nicht in Kongruenz befindet sich das Possessivpronomen ‚sein', wenn es die geschlechtliche Gegebenheit einer Person vermännlicht und in seiner natürlichen, auf ein weibliches Neutrum bezogenen Gegebenheit durch die inhärente grammatikalische Konstruktion verunstaltet und unkenntlich gemacht wird und ist. Es gibt kaum ein besseres Beispiel, an dem gezeigt werden könnte, wie unumstößlich Sprachstrukturen die jeweils gegebenen Machthierarchien absichern und exekutieren.

Dieses Beispiel zeigt, dass der Sexus, das sächliche *Nicht-Geschlecht* (im Fall der ersten 50% der Bedeutung bei Sache und Ding) oder das sächliche *Geschlecht* (im Fall der restlichen 50% der Bedeutung bei der Person, dem Kind), undifferenziert bzw. nicht legitimiert als *vermännlichter Platzhalter für beide Geschlechter* zur Anwendung kommt. Und, dass das Geschlecht des Possessivpronomens sich dabei mit seinem auf ein Neutrum bezogenen Genus, dem grammatischen Geschlecht, nur zu den schematisierten 50% in Übereinstimmung befindet.

c) **Das Geschlecht neutralisierende Substantiv und das verweiblichende Relativpronomen**

In den 80ern ist die *männlich-weibliche Verschmelzungsform von Substantiven* mit einer relativ breiten Varietät zu datieren, die Universität Wien zum Beispiel sieht folgende Formen geschlechtergerechter Sprache vor, die sich über die Jahre entwickelt haben:

Leser / innen, Leser_innen, Leser*innen, LeserInnen mit dem Binnen-I bzw. Majuskel-I, sind als grammatische Formen weitgehend anerkannt.

Das Majuskel-I geht als erstes auf Christoph Pusch (1981) und auf die feministische Germanistin Luise F. Pusch (1982) zurück (vgl. Wikipedia).

Die *Entwicklungsformen geschlechtergerechter Sprache* sind, wenn man vom Indogermanischen ausgeht, seit seinem Beginn vor circa 3000 vor Christus, wenn man vom Germanischen ausgeht, seit seinem Beginnen circa 1000 vor Christus, nach circa 5000 / 3000 Jahren eingetreten. Gerechnet vom Anbeginn der indogermanischen Sprachfamilie als sehr unspezifische, historisch und, bezogen auf die unterschiedlichen Spracharten sehr weitreichende Sprachfamilie, sind die letzten Sprachentwicklungen auf einer historischen Landkarte kaum auszumachen.

Wenn man vom Neuhochdeutschen ab 1550 (Frühneuhochdeutsch ab 1350) ausgeht, kommt man auf einen Zeitraum von circa 470 Jahren, als Vorläufer der jüngsten Entwicklungen der letzten 40 Jahre.

Eine Frage, die dabei entsteht, ist, welches Veränderungspotential von Sprache, von dieser Grundlage aus, in Zukunft erwartet werden kann und zu erwarten ist.

Zum Beispiel wäre ein großgeschriebenes ‚Die', das einen Relativsatz einleitet, der sich auf ein Wort mit zum Beispiel einem Binnen-I bezieht, als verweiblichendes Relativpronomen zu bezeichnen, das im vorliegenden Text verwendet wird.

‚LehrerInnen, Die ... ' wäre das hier referenzierte Beispiel. Das Majuskel-I wäre ein Beispiel, bei dem eine grammatisch weibliche Form eine männliche verdrängt und sich zum weiblichen Phänotypus erhebt mit der Einschränkung, dass das großgeschriebene ‚I' in der Mitte des Wortes eine damit wieder erneute Integration des Männlichen durch die Hintertür bedeutet und anzeigt.

d) Zur gewählten orthographischen Form

Der Autor hat sich für die breitere Form ‚die AutorIn' entschieden, weil Sie sich damit umfassender und weitläufiger mit dem menschlichen Geschlecht identifizieren will. Ebenfalls soll sich die LeserIn breiter identifizieren können.

Das persönliche Fürwort ‚sein', das sich in der deutschen Sprache auf ein neutrales, wie männliches Substantiv bezieht, ersetzt die AutorIn durch ein großgeschriebenes ‚Ihr', um damit einer *konkludenten, gegenderten Schreibweise* für die 50%ige Bedeutung des Pronomens im Fall des neutralen Personalpronomens, das auch beim Wort ‚Ich' der Fall ist, Rechnung zu tragen. Wer, wenn nicht die Psychologie, sollte über die sprachliche Ausstattung des Wortes ‚Ich' entscheiden dürfen?

Wie die AutorIn auch den Artikel ‚der' durch ein großgeschriebenes ‚Die' ersetzt, und da es der AutorIn reichlich egal sein will, welches Geschlecht eine AutorIn hat, wird auf diese mit einem großgeschriebenen ‚Sie' Bezug genommen.

Die duofunktionale Verallgemeinerung wird hier im Gegensatz zur üblichen unifunktionalen Form der Verallgemeinerung zur Anwendung gebracht, und so lauten die Endungen ‚-In', ‚-Innen', Sie', ‚Ihre', ‚Die', usw.

Da viele Substantive in der derzeitig gültigen deutschen Sprache, wie zum Beispiel der Mensch, der Säugling, das Individuum, etc. auch mit dem männlichen Pronomen ‚sein' ausgestattet sind, obwohl ‚er / es' auch weiblich sein kann, müsste gemäß vorliegendem Entwurf ein großes ‚Ihr' eingesetzt werden, was aber nur exemplarisch beim Wort ‚Ich' und dem Wort ‚Kind' vorexerziert wird. Ein Vorhaben, das darüber hinausgeht würde die AutorIn wie die LeserInnen in einem zu hohen Ausmaß strapazieren und irritieren, und wird daher sein gelassen. Hierarchisch-strukturell nötig und angezeigt wäre es allemal, kann aber sinnvoller Weise nur von einer Gesellschaft als Ganzes mit all ihren Rechtschreibreformen geleistet werden, in welche Richtung dieser Text einen Impuls setzen will.

Zum Aufbau des Inhaltsverzeichnisses

A, B, C, ... zeigt die Ich-nahen, 1,2,3, ... die Ich-fernen Anteile, Themen und Thematiken an.

II. Existentielle Grundlagen des Ich

A. Hilflosigkeit und Abhängigkeit

Wie es den Primaten entspricht, werden wir auf die Welt geworfen und es ist hell, unsagbar hell und unsagbar laut. Die Wärme und der Geruch eines nahen, lebendigen Körper(objekte)s wird aus einem dunklen Nichts heraus erschlossen.

Das menschliche Wesen ist eine Art kosmischer Gedanke. Es ist als ob, und weil wir immer noch nur wenig über das Mysterium des uns umgebenden Weltalls wissen, wir eine Energieform, die aus den unsagbar unendlichen Möglichkeiten des Seins in ein irdisches Dasein ‚hineinübersetzt' wären.

Ob und inwieweit diese inkarnierte Übersetzungsarbeit gelungen ist oder nicht, darüber ließe sich streiten. Wie uns der eigene Lebensbeginn und das Lebensende nur überraschen konnte und uns überraschend oder weniger überraschend hinwegfegen wird, dieses Faktum zeigt, dass wir vorher darüber nichts haben wissen können und auch nachher werden wir nichts (darüber) wissen können. Wenn wir es könnten, ist es auch ungewiss, ob wir dann noch etwas darüber wissen wollten.

Denn vielleicht ist das ganze menschliche Leben a big joke. Oder zumindest ein übergroßes Rätsel, dem wir kosmische Kleinstexistenzen nicht gewachsen sind. Eine große Zumutung, die uns zugemutet wird, ob wir es wollten oder nicht, denn gefragt hat uns dazu niemand. Und auch die Generationen vor uns konnten dazu nicht befragt werden, wie auch die zukünftigen Generationen nicht befragt werden können, ob sie leben wollten, bevor sie zum Leben erweckt wurden. Die Abfolge der Billiarden Leben ist miteinander ‚verschraubt' wie die mikroskopische Anordnung eine DNS-Moleküls.

Zunächst ist in diesem anfänglichen Lauf des Lebens fast Nichts und sehr, sehr viel Unlust. Der kleine Mensch, den wir geschichtlich, wie jeder Baum seine Baumringe, in uns ständig in einem ‚Nachher' in und mit uns tragen, muss sich ständig ganz grundlegend mit der Welt auseinandersetzen, ob Sie (leben) will oder nicht.

Geschützt ist das Neugeborene zunächst durch eine sehr fundamental wirksame *Reizbarriere* gegenüber der auf Sie einstürzenden Reizflut:

> „Im Allgemeinen besteht die Umgebung des Neugeborenen aus ungeordneten (weil es noch nicht gelernt hat zu ordnen) und fragmentarischen Reizen ... Glücklicherweise macht die Erbausstattung des Neugeborenen sein Nervensystem relativ undurchlässig für von außen kommende Reize. Diese relative Undurchlässigkeit heißt Reizbarriere (Kaplan 1983, S 54f)."

Das psychologische Wesen menschlicher Existenz ist das Eingebundensein in zwischenmenschlichen Beziehungen, die dem Menschen aufgegeben sind und die die Grundausstattung der für den menschlichen Primaten gegebenen relevanten Umweltreize ausmachen.

Die *ersten Deprivationserfahrungen* des Säuglings, und das sind die ersten Erfahrungen von fundamentalem (Trieb)Befriedigungsmangel, sind gekennzeichnet durch den ständigen Versuch der Mutter, dem Säugling das gänzlich neue Leben primär durch ihre animalisch-menschliche Anwesenheit und Wärme zu ermöglichen und in weiterer Folge die zentrale frühkindliche Entfaltungsbewegung zu begleiten (Lehmkuhl 1993, S 27 zitiert Lichtenberg 1991).

Vernachlässigung, Ablehnung und mangelnde Anreize sind die Risiken, dem das frühkindliche Leben ausgesetzt ist, die Bowlby (1973 zitiert nach Lehmkuhl 1993, S 27) zum Thema ‚Bindungstheorie' ausführt und A. Freud spricht von frühkindlichen Traumen.

> „Die Mutter ist für das Kind emotional und physisch unentbehrlich: sie ist die einzige und wesentliche Quelle für Schutz, Wärme und Zufriedenheit, aber von ihr gehen auch Frustrationen aus, die eine weitere wesentliche Lebenserfahrung sind. Die Balance dieser Erfahrungen macht die emotionale Sicherheit aus, auf deren Boden später neue Erfahrungen gesammelt werden (Lehmkuhl 1993, S 27)."

Die Abwesenheit von Empathie und libidinöser Zuwendung für eine autarke Ich-Entwicklung beginnt im Idealfall einer gegebenen, positiven Beziehung zur Mutter erst in kleinsten Schritten ab circa frühestens dem ersten Jahr bedeutsam zu werden und diese kann am besten während gewusster Unterstützung der primären Beziehungsperson(en) verarbeitet werden.

Deprivative Ich-Zustände können im Gegenzug zu libidinös geleiteter Zuwendung auch dann entstehen, wenn die gute, überprotektive Mutter oder der gute, überprotektive Vater dem heranwachsenden Kind im späteren Entwicklungsverlauf zu wenig Freiraum für eine gesunde Autarkie lässt, die schon in kleinen Anfängen möglich sein sollte, sodass selbstständiges Verhalten in nicht genügendem Ausmaß positiv verstärkt und unterstützt wird. In den ersten frühkindlichen Jahren stehen jedoch die mitmenschliche Anwesenheit, Unterstützung und Wärme im Vordergrund.

Nur durch die *kontingente Treue* des primären menschlichen Beziehungsobjektes, der zentralen Bezugsperson, lernt der kleine Mensch sehr, sehr langsam, die Unlust durch die innerliche Repräsentation der gerade nicht gegebenen Triebbefriedigung zu überbrücken. Die erste Triebbefriedigung wird durch die weibliche Brust ermöglicht, so lehrt es die Psychoanalyse, und die bedeutet Lust.

Gemäß Psychoanalyse und Psychotherapie werden die so gelernten Kontingenzen als erste zentrale Gedächtnisspuren unverrückbar ab- und eingespeichert. So wird die erlebte eigene, primäre Hilflosigkeit, im positiven, wünschenswerten Fall menschlicher Entwicklung, mit der (sehr) selten auftretenden Lust gekoppelt.

Das Eingebundensein in die emotionalen Beziehungsbande zu den Bezugspersonen lässt den vernunftbegabten Primaten wie an Fäden gleichsam schwerelos bewegen. Doch dieses Erscheinungsbild der Schwerelosigkeit täuscht. Es sind dies die Beziehungsbedingungen, die dem Primaten seinen Platz ganz zentral in seinem Schicksalsverlauf zuweist.

Bei der Geburt steht die passiv-aktive Rolle der Frau und der psychoanalytisch formulierte, vor allem unbewusste und nicht ausformulierte Neid der Männer, die mit ihrer aktiv-aktiven Rolle nur untergeordnet Leben schaffen können, im Zentrum. Mit diesen langatmig und nachhaltig äußerst bedeutsamen und wirkungsvollen rein Fremd-Ich bezogenen Entwicklungsleistungen, sind typischerweise fast ausschließlich die Frauen der tragende und ausschlaggebende Moment in den ganz frühen Entwicklungsstufen der Kinder. Mann und Frau sind in dieser Hinsicht gänzlich ungleich.

Gleich sind beide Geschlechter dahingehend, als sie gleichermaßen beide nicht gefragt wurden, ob und wann sie geboren werden wollten und ob sie da sein wollen, wohin sie geboren wurden. Auch Zeitpunkt, Ort und Art des Todes sind ungewiss und weitgehend außerhalb des Einflussbereiches der beiden Geschlechter und der Menschen. Sie wurden auch zu ihrem Geschlecht nicht gefragt, das sie in den meisten Fällen dann ihr ganzes weiteres Leben zum Ausgangspunkt ihres Fühlens, Denkens und Handelns mitgegeben bekommen haben.

Nicht nur als Kind, sondern auch betagt, müssen wir eine abhängige Hilflosigkeit erleben, diese verteilt sich mehr oder weniger abgeschwächt auf das ganze Leben. Da und je mehr Jede von äußeren Ressourcen abhängt, die Ihr Überleben physisch und psychisch sichern, die Sie aber – typisch-schematisiert gedacht – am Anfang und am Ende des Lebens nicht eigenständig bestreiten können, ist Ihr autonomer Bewegungsspielraum vor allem in diesen zeitlichen Abschnitten eingeschränkt bzw. gar nicht gegeben.

Vor allem in diesen Zeitabschnitten muss der Mensch mehr oder weniger passiv sein und kann sich nur extern versorgen lassen und ist dann quasi ‚spezialisiert' und muss sich dann aufs Nehmen einlassen bzw. in den letzten Jahren spezialisieren.

Die deutsche Sprache ist nicht besonders einfallsreich, wenn es darum geht, die *nicht aktiven, passiven Ich-Zustände* des Lebens zu beschreiben: Nichtstun, Müßiggang, (innere) Ruhe und Stille, Meditation, meditative Kontemplation, empfangen, nehmen, (er)leiden, ??, während auch schon (er)träumen und zuhören wieder auf einer eher aktiven Seite eines passiven menschlichen Ich-Zustands zu finden sind. ‚Chillen' ist in diesem Zusammenhang der modische Begriff eines sozial offensiv vorgetragenen ‚Schaut her, ich tue jetzt nichts und fühle mich sehr gut dabei'-Ich-Zustands, der über die soziale Demonstration sich quasi als Überreaktion der damit neutralisierten gesellschaftlichen Abwertung Raum und Platz für die anzuerkennende eigene Passivität zu verschaffen sucht.

Grundsätzlich ist es in einem öffentlichen Auffassungsverständnis Passivität etwas, das an Krankheit, Alter, Behinderung und eklatant unzufriedene oder als mit ‚unzufrieden' ausgewiesene Ich-Zustände gekoppelt wird und demnach dann auch ist. Grundlos passiv zu sein bedeutet etwas Anrüchiges, das uns zwar von der ersten Sekunde an mitgegeben wurde, aber im Verlauf des Lebens auf Geheiß der Gesellschaft hin fast gänzlich verdrängt werden muss.

Die *permanente Aktivität*, ohne bewusste Handhabung als Gegenstück zu passiven Ich-Zuständen wie dem Schlaf zum Beispiel – auf welcher Basis jeder aktive Ich-Zustand am Tag letztlich operiert und operieren muss – wird besonders in den westlichen Gesellschaften hochgejubelt und bis aufs Verrecken zelebriert. Es verwundert daher auch nicht, dass eine ganze Gesellschaft Probleme mit dem Schlaf hat, was auch den schlafbezogenen Medikamentenverbrauch der vielen letzten Jahrzehnte in die Höhe schnellen lässt.

Aktivität bedeutet für den Menschen Unabhängigkeit und Leben, *Inaktivität* ist von Grund auf an Hilflosigkeit, Versorgt werden müssen und in letzter Konsequenz an Sterben gekoppelt. Besonders in unserer auf Selbstverantwortlichkeit getrimmten, momentanen Gesellschaftsform ist Inaktivität *zu verleugnen*, will man als ein gänzlich anerkanntes und nützliches Subjekt einer Sozietät erscheinen, sich als dieses – makellos – präsentieren und als solches selbst auch fühlen können. Diese Modalitäten der Verleugnung sind sehr gut an den öffentlichen, momentan gültig-einflussreichen Ich-Präsentationsformen und Ich-Sprechakten abzulesen.

Und Werbesujets machen uns glauben, dass nur die Aktiven schön sein können und, dass nur die Schönen aktiv sind, eine sich selbsterklärende Gleichung mit quasi synonymen Termen links und rechts. Im Zentrum steht der Glaube und die inhärente Überzeugung, dass das Individuum der Schöpfer seines eigenen Ich ist, das stark, kräftig und aktiv im Leben steht und gänzlich erhaben ist über seine eigene hilflose Abhängigkeit von einem sozialen Zuarbeiten der (relevanten) Anderen und seine damit gegebene externe Versorgungsbedürftigkeit.

Schon das Wort ‚Nichtstun' und das Wort ‚Müßiggang' besteht zur Hälfte aus *mit Aktivität und zur Hälfte mit Passivität affizierten und ausgestatteten Ich-Zuständen*. Die erste Hälfte der dabei sprachlich abgebildeten Bestandshaftigkeit des Ich des (Er)Leidens wird gerade in einer zurzeit besonders gehypten normativen Eindimensionalität ausgespart und abgespalten.

Kann sich eine Person heute als aktiv-gesund für alle glaubhaft präsentieren, bekommt sie dafür gesellschaftliche Aufmerksamkeit und wird mit hohem Status belegt und die gibt die öffentlichen Zuordnungsrelationen zu Personen vor, die diesem Schema nicht entsprechen und / oder zuarbeiten wollen und können.

Die gesellschaftlich-sozialen *Figuren und Formationen der Unterordnung* der etikettiert-ausgewiesenen und auf diesem Wege isolierten *Passiven* werden schon früh in die Gehirne und Beziehungskulturen der Einzelindividuen eingebrannt. Zentral dabei sind die durch Sanktion und Gratifikation herausgebildeten Ich-Zustände, die durch spezifische Aktivitäts- und Passivitätsprofile gekennzeichnet sind und als herzustellen und unbedingt nachahmenswert gekürt oder als nicht erstrebens- und verachtenswert gebrandmarkt werden.

B. Symbiose und Individuation

In der Biologie und Lebenskunde ist unter Symbiose das *Zusammenwirken* mindestens zweier Organismen gemeint, das für die beteiligten Mitwirkenden eine Erleichterung, einen Vorteil und Gewinn bringt bzw. ohne das ein Überleben gar nicht gesichert werden kann. Oft sind es die in der Natur beobachtbaren ‚Kooperationspartner', die verschiedenen Arten zuzurechnen sind, wie zum Beispiel die Symbiose zwischen Baum und Pilz. Deren Symbiose manifestiert sich in mannigfaltigen Netzwerken aus Fäden, die den Transport und den Austausch von Substraten zwischen Baum und Pilz bewerkstelligen.

Im Fall Organismus Mensch ist das erste Netzwerk des intrauterinen Fötus die Nabelschnur, die die Mutter direkt mit dem Kind für deRen Versorgung mit Sauerstoff und deRen allumfassende Ernährung in einer untrennbaren Verbindung mit der Mutter unterhält. Das ist der Rahmen des substanziellen (Über)Lebens des neu ins Erduniversum eintretenden Organismus, der im gänzlichen Zentrum eines und des Mutterorganismus platziert ist. Die Biologie schreibt und spricht man von Wirt und Symbiont, einem großen und einem kleinen, in gegenseitiger, miteinander im Einklang befindlicher Organismen, deren Symbiose für beide Seiten überlebensnotwendig und -relevant ist.

Die weitere Kindheit ist dadurch gekennzeichnet, dass der Mensch als vernunftbegabter Primat ein *Nesthocker* ist, er gehört zu den Primaten mit der *längsten extrauterinen Brutzeit.* Die erste und längste Form Ihrer Symbiosen ist die Symbiose mit der Mutter, dem Vater oder mit anderen, vor allem in den ersten Lebenseintrittsphasen anwesend-präsenten primären Bezugspersonen, die zumeist und hoffentlich ganz zentral in Form der Ernährung mit der Milch spendenden Mutterbrust beginnt.

Die Richtung der Symbiose setzt eine Individuation des koevolutionären Organismus Mensch in Stand, die das (Über)Leben ermöglichen muss und diesem Ziel alle Begleitbedingungen unter- und nachordnet. In erster Linie bedeutet Individuation Trennungsangst und für die WirtIn und SymbiontIn die Notwendigkeit des psychischen Loslassens Ihrer WirtIn / Ihrer SymbiontIn.

Mahler, Pine und Bergman (1996, S 263f) beschreiben die Polarität zwischen dem Stimmungsabfall durch die Abwesenheit der Mutter einerseits und dem ersten, mit fünf bis zehn Monaten einsetzenden Drang nach autonomer Ich-Entwicklung, zusammen mit Interesse und Lust am Funktionieren und Erforschen, andrerseits.

Für die Ausbildung autonomer Ich-Funktionen bedarf es Selbstvertrauen und Trennungsreaktionen wirken selbstbegrenzend (s.o. S 264). Die *Zuwendung* zum Vater und anderen, die Mutter ersetzenden Bezugspersonen, beendeten zum Beobachtungszeitpunkt von 16 Monaten die Trennungsreaktionen abrupt (s.o.).

Die Symbiose zwischen der Mutter (den Eltern) und dem Kind, verbindet die zwei sehr unterschiedlich gelagerten Machtzustände und besonders in den ersten Jahren ist die *Abhängigkeit vom Kind zur Mutter,* bis auf die emotionale Abhängigkeit der Mutter vom Kind, in vollem Ausmaß einseitig, weil das Kind für seine Erhaltung nur sehr wenig beitragen kann, es muss essen, seine oft angstvollen und aversiven Ich-Zustände aushalten, langsam heranwachsen, etc.

Symbiose und Individuation ist ein Themenbereich mit einer sehr langsamen, langatmigen Dynamik, dieser Prozess geht nie zu

Ende und je nach Beobachtungszeitraum und Alter lassen sich bestimmte Themen eingrenzen, die in den jeweiligen Altersstufen im Vordergrund stehen.

Später bezieht sich das Begriffsfeld der Ich-Autonomie auf den gewonnenen Abstand zu den eigenen Trieben, zu den primären Bezugspersonen, wie auch auf den gelebten individuell-autonomen Bewegungsspielraum in den primären und sekundären Liebesbeziehungen, in den Beziehungen zu den eigenen sozialen Netzen und in den Beziehungen in den Institutionen und Gruppenszenarien der Arbeit, usw.

Die erste Beziehung ist die des Säuglings zu Ihrer Mutter, sein primär zentrales Beziehungsobjekt, das zuallererst als primäres äußeres Aktivitätszentrum fungiert, um den naturgegeben in seinem Bewegungsraum eingeschränkten und hilflos-passiven Säugling zu versorgen.

Individuation ist in dieser Logik erst dann möglich, wenn der Säugling zu einer in den ersten Lebensjahren grundlegenden Aktivität im Stande ist, die nicht primär dem Bereich, der überlebensrelevant ist, zurechenbar ist. Individuation ohne Symbiose ist in den ersten Lebensjahren nicht möglich und stellt einen nicht wünschens- und erstrebenswerten Zustand eines Kleinkindes dar, der sich dann nur quasi ganz von selbst einstellen sollte.

Somit ist davon auszugehen, vor allem in einem überdeutlichen Gegensatz einer öffentlich gehypten Ich- und Selbstpräsentation, dass jegliche Individuationsprozesse in der Symbiose mit dem menschlichen Wirten grundgelegt wird und ist.

C. Die Versorgtwerdensfunktionen des Selbst

Das Individuum ist auf sich selbst gestellt und wenn es überleben will, soll und muss, muss es zumindest a la long Nahrung aufnehmen, das heißt es muss essen. Wie gezeigt werden wird, ist der Essensbereich ein Bereich, der sich einerseits aus substantiell-materiell zu befriedigenden Bedürfnissen zusammensetzt und gleichzeitig andrerseits durch die libidinöse Versorgungsnotwendigkeit einer externen Ich-VersorgerIn und einer substantiell-materiellen Abhängigkeit von dieseR gekennzeichnet ist.

Neben der sehr unmittelbar-hilflosen Abhängigkeit von einer externen *substantiell-libidinösen Zuwendungs- und Aufmerksamkeitszufuhr* (Libido ist kurz mit ‚Lebensenergie' übersetzbar) besteht die frühkindliche Abhängigkeit von der extern gegebenen Nahrungsquelle, deren Versorgungspotenz auch den inneren *Essensdrang des Säuglings* reguliert, wenn dieser ungestört zum Ausdruck kommt und kommen kann und darf.

"Die Essfunktion dient in erster Linie dem biologischen Körperbedürfnis nach Nahrung und steht im Einklang mit den Es- und Ichkräften, die gemeinsam auf die Selbsterhaltung des Individuums hinarbeiten. Sie liegt deshalb außerhalb der Sphäre psychischen Konflikts ... Andrerseits kann das Essen sexuelle und aggressive Bedeutung annehmen und auf diese Weise sekundär zum symbolischen Vertreter von Esswünschen werden ... (A. Freud 2006, S 23)."

Abgesehen von der sexuellen und aggressiven Überhöhung des Essenstriebes, wird die Stillung des Hungers durch die gebilligt-akzeptierte Nahrungszufuhr als Befriedigung erlebt und ist mit Lust verbunden. Damit kann schon der frühe Säugling Unbehagen und Schmerz vermeiden und Lust gewinnen und die so gewonnene ‚Lustprämie' wirkt als Verstärkung des Antriebs zur Selbsterhaltung durch Essen (s.o.).

Zwei Möglichkeiten fasst Freud (s.o.), auf welche Art und Weise diese Essfunktion störungsanfällig werden kann:

- durch Veränderungen des Organismus, die den Überlebenstrieb und / oder sein Nahrungsbedürfnis schwächen können,
- durch Veränderungen im Lustcharakter bzw. des Lustcharakters der Funktion als nichtorganische Störungen des Essensdranges, der durch einen entstehenden Konflikt zwischen Esstätigkeit und Ichkräften in Form von Aggressivierung und / oder Sexualisierung der Essfunktion entstehen kann.

In dem Maß, in dem die primäre Essfunktion von anderen zentralen (An)Trieben überlagert wird, sinkt somit die hilflose Abhängigkeit von der externen Nahrungsquelle, unter der zumindest kurzfristigen Gefährdung der Selbstexistenz, was langfristig aber einen vitalen Überlebenstrieb im sozialen Ganzen befriedigen und darstellen kann.

Ontogenetisch ganz früh befindet sich damit die Menschheit, vermittelt über den grundlegenden Essensdrang, im Bereich der Umwelt-Ich- bzw. Ich-Umwelt-Beziehungsregulation.

Losgelöst von substantiellen Bedingungen lässt sich der Versorgungsprozess des Menschen auch *ausschließlich nach den libidnös gegebenen Bedingungen* auswerten: Vor allem steht die frühe Kindheit als ultrasensible Phase primärer Fremd-Ich-Steuerung im Zentrum, wie das von der herkömmlichen Psychoanalyse sehr gut herausgearbeitet wird, die die intrapsychischen und interpsychischen Bedingungen (kindlicher) Entwicklung aus einer originären Perspektive heraus aufbaut und analysiert.

Das Ich benötigt Aufmerksamkeit und Zuwendung, wenn Sie das nicht bekommt, verkümmert Sie und magert im übertragenen Sinn ab, wie *Eine Magersüchtige;* ist dann ein Minimum an libidinöser Energie, die von außen zugeführt werden müsste, nicht in ausreichendem Ausmaß gegeben, entstehen a la long pathologische Zustandsbilder.

Die Tendenz der PsychoanalytikerInnen, in das Neugeborene erwachsene psychische Orientierungen und Bewegungen hineinzuinterpretieren, wird von Ihnen selbst als ‚adultomorph' bezeichnet und ausgewiesen. Aus psychogenetischer Sicht lässt sich gegen diese eigene adultomorphe Tendenz argumentieren, dass die psychischen Eigenschaften, die sich im späteren jungen Leben zumindest ansatzweise herausbilden werden, beim Neugeborenen auch schon in irgendeiner Weise gegeben sein müssen.

Irgendeine Form einer Ambivalenz zwischen Hass auf die VersorgerIn, von der das Neugeborene abhängig ist und von einem Schuldspektrum, in der sich das Neugeborene aufgrund der eigenen frühen Fähigkeit zur Verweigerung der Nahrungsaufnahme und der Akzeptanz und Aufnahme der Zuwendung der Mutter befindet, wird es wohl im frühkindlichen Alter (auch) sicher schon geben, wie auch in den späteren Kindheitsjahren.

Das zumindest rudimentär gegebene Empfinden des Neugeborenen von persönlichem Hass und vor allem einer Form von Ablehnung einerseits und des Erlebens von persönlicher Schuld andrerseits sind in diesem Zusammenhang auch als persönliche *Blockaden* und als persönlich initiiertes Unterbrechen des von der Mutter angebotenen *Geben-Nehmens-Flusses* zu interpretieren. Natürlich unterbricht auch die Mutter den Geben-Nehmens-Fluss ihrerseits.

Es ist auch davon auszugehen, dass es, besonders in der ultrasensibel-empfänglichen Phase des Säuglings und des führen Kindes, zu massiven Beeinträchtigungen zum Beispiel durch unangemessene Sauberkeitserziehung oder durch das Ausüben direkter physischer und / oder psychischer Gewalt kommt.

Das sind Beispiele, die zeigen, dass die externe Versorgung mit positiv-libidinöser Energie des Kindes schon früh fundamentalmassiven, oftmals irreparablen Schaden erleiden kann, der einen gänzlich – nach psychologischen Leitkriterien – nicht tolerierbaren Verstoß gegen die sehr frühen Persönlichkeitsrechte eines Menschen darstellt.

Als psychische Repräsentanz von willentlich oder unwillentlich zugefügtem Schaden subsumiert Fiedler (2013, S 13) die *Reaktion auf Traumen* mit drei Punkten, das implizite Gedächtnis wirke dabei unbewusst:

- konditionierte Reaktionen in Form von Ängsten oder Phobien
- intrusives Wiedererleben traumatischer Erfahrungen
- Reaktivierung affektiv-kognitiver Schemata, die zu komplexen Handlungsfolgen führen können.

Traumen sind wiederkehrende, über die persönlichen Grenzen weit hinausgehende Belastungen, die in ihrem Kern, quasi eingebaut, auf primäre Belastungen und Belastungsformen verweisen, indem sie sich im Verlauf eines Lebens summieren und potenzieren.

In ihrem Buch ‚Was schenken wir Kindern' beschreiben Hüther und Stern (ohne Jahreszahl, S 70) sehr treffend den Einprägungsprozess bei kindlichen Traumen:

„Frühkindliche Amnesie, also Gedächtnisverlust, nennen die Psychologen das Phänomen, das nach Traumatisierung auftritt, die Kinder bereits sehr früh, vor dem Spracherwerb erleiden müssen. Das furchtbare Erleben ist dann später nicht mehr bewusst erinnerbar, bleibt aber im ganzen Körper verankert und äußert sich in einer Vielzahl unterschiedlicher körperlicher Symptome und Beschwerden. Dass das für die glücklichen Erfahrungen der frühen Kindheit und den damit einhergehenden körperlichen Empfindungen in gleicher Weise gilt, war bisher nur wenigen bewusst. Wie sehr sich eine Person später im Leben mit ihrem Körper verbunden und in ‚ihrer Haut' wohlfühlt, hängt also ganz entscheidend davon ab, ob sie als Kind die Erfahrung machen konnten, sich als angenommen, wertgeschätzt und geliebt zu erleben."

Hopkins (2008, S 83) bezieht sich auf Winnicot 1970, Die sich auf Bowlby´s *Bindungstheorie* bezieht, Die davon ausgeht, dass die Mutter, indem sie den Säugling in einer bestimmten Art und Weise hält, bereits überdeutlich Liebe und / oder Abweisung signalisieren kann.

Die AutorIn möchte nicht mit Ihren Ausführungen die unvermeidbare ‚Boshaftigkeit' der auch willentlich guten Eltern beschreiben, sondern auf die *sensiblen Zonen des libidinösen Versorgungsstromes* hinweisen, dem sowohl die Mutter wie auch das Kind ausgesetzt sind bzw. sein sollten und / oder sein könnten.

Im späteren Leben wird die *Angst vor Mutterverlust* durch die allgemeinere *Angst vor Liebesverlust* ersetzt, die dann auch die libidinöse Versorgung durch egalitäre BeziehungspartnerInnen der sogenannten Erwachsenen kennzeichnet bzw. kennzeichnen muss, wenn psychische Gesundheit vorliegt, die sich in einem sehr grundlegend-autonomen Spektrum befindet oder befinden sollte.

Soweit zu einer individuell positiv zu lesenden Entwicklungsgeschichte.

Gemäß Kenntnis der psychoanalytischen Literatur als Nicht (praktizierende) PsychoanalytikerIn bleibt für die AutorIn im Dunkeln, inwieweit *Psycho- bzw. Soziopathie* als primäre und sekundäre Verarbeitungsrealität frühkindlicher Traumen als *verursachter, irreversibler Schaden* zu werten ist, oder inwieweit den gehirnphysiologischen Daten zu vertrauen wäre, denen entsprechend ein zum statistischen Schnitt *nicht gegebenes genetisches emotionales Reaktionsmuster* bei Psychopathie angenommen werden muss, das bei 5% einer normalen Bevölkerung gemäß diesen Befunden auftritt (vgl.

Stout 2006, Externbrink / Keil 2018). Gemäß Einschätzung und Erfahrung der AutorIn liegt die durchschnittliche Verteilung von sozio- und psychopathischen Charakteren bei Leitfiguren und in sozialen Netzen, jedoch bei circa 8%.

Im ersten Fall ist Psychopathie als Reaktion auf einen *extern* zugefügten Schaden im frühkindlich-libidinösen Versorgungsstrom zu verstehen, auf den eine Minderheit mit ontogenetisch permanenter Fremdaggression reagiert, anstatt mit permanenten Traumen und persönlichem Leid, wie bei der Mehrzahl der frühkindlich Geschädigten; im anderen Fall ist es eine gehirnphysiologisch-genetische Eigenschaft der gefühls(-verarmt-)entleerten menschlichen Erscheinungsform des Psychopathen.

Inwieweit diese statistisch seltene gehirnphysiologische Eigenschaft auch durch frühkindliche Traumen eingraviert wurde, dazu gibts nach Wissen der AutorIn nur sehr vereinzelte Untersuchungen.

D. Regression

Gemäß S. Freud ist das Unterbewusstsein das (phylogenetisch und ontogenetisch) älteste System des menschlichen Ich. Es birgt

> „... das große Reservoir libidinöser, triebhafter Wünsche (Geißler 2001, S 42). Die anderen Systeme [, die Systeme des denkfähigen und regelgeleiteten Bewusstseins,] gehen aus ihm hervor, in erster Linie als Folge enttäuschter Triebansprüche."

Regression kann auch mit Rückfall in phylo- und ontogenetisch frühere und vorhergehende Ich-Zustände und Verhaltensmuster charakterisiert und kurzgefasst werden. Alle enttäuschten Triebansprüche, die ins Unterbewusstsein versenkt werden, um nicht ständig die täglichen Routinen zu stören, kommen irgendwann einmal in Form von Regressionen wieder ans Tageslicht oder können, ausgelöst durch mannigfaltige Stimuli, wieder zum Vorschein kommen. Dabei können ältere, früher valide Verhaltens- und Empfindungsmuster wieder in den Vordergrund treten.

Regression bedeutet, in der eigenen und / oder kollektiven Entwicklung zurückzugehen und in sich wiederholende Entwicklungsstadien der Vergangenheit einzutreten, das wäre dann eine eigene, individuelle Regression oder eine Paarregression oder eine kollektive Regression. Häufig sind dabei extreme Belastungen oder die Vorwegnahme von Belastungen die Auslöser.

Die Regression kann sich in Form eines Rückzugs auf extrem aktive oder extrem passive Verhaltenstendenzen zeigen, das Selbst kann sich dabei in verschiedenem Ausmaß desintegrieren oder fragmentieren (Geißler 2001, S 66).

Bei neuen, zum Beispiel technisch-digitalen Entwicklungsschüben, die allgemein und gesellschaftlich stattfinden und Platz greifen, können diese *neuen kognitiven und motorischen Anforderungen*, die zum Beispiel die Erfordernisse des Bedienens von Computern und deren Programmen an jedes einzelne Ich stellen und ohne die eine normale Bewältigung des Alltags zunehmend unmöglich wird, die Wahrscheinlichkeit einer individuellen und kollektiven Regression erhöhen.

Regression setzt auch dann ein, wenn Bedingungen und die Bewältigung von Bedingungen unausweichlich über das Ich hereinbrechen, über die es die Kontrolle verliert und ziemlich rasch mit diesen neuen Bedingungen umzugehen hat und die mit diesen neuen Bedingungen einhergehenden Anforderungen neu erlernen muss.

Der *Pathologie* zuzurechnen sind dabei Ich-Zustände, bei welchen es für das Ich nicht mehr möglich ist, über sich selbst die Kontrolle zu bewahren dahingehend, dass die *Ich-Zustände* und *Verhaltenstendenzen* in einer nach außen gerichteten, extravertierten, überaktiven Richtung (zum Beispiel Kontrollwahn durch obsessive Gewaltexzesse) oder einer nach innen gerichteten, introvertierten Richtung (zum Beispiel Kontrollverlust, auf welchen psychologisch-therapeutische Intervention spezialisiert ist) abgleiten.

Regression muss zwangsläufig dort auftreten, wo die Diskrepanz zwischen kognitiver und sozial-emotionaler Entwicklungsnotwendigkeit zu groß geworden ist oder wenn die äußeren Beziehungsbedingungen mit den inneren Entwicklungsvoraussetzungen nicht (mehr) zusammenpassen, Regression ist dann Ausdruck inkohärenter Verhältnisse.

In jedem Fall ist davon auszugehen, dass mit und bei einer Regression der normale Lern-, Auseinandersetzungs- und Problemlösungsprozess behindert und unterbrochen wird und die normale Bedürfnis- und Triebbefriedigung und die dafür und dabei auftretenden Gedanken- und Handlungszusammenhänge empfindlich gestört und außer Kraft gesetzt sind.

A. Freud (1999) reiht die Regression unter die individuelle psychische Abwehr ein, was bedeutet, dass innere Mechanismen in einer psychischen Logik ‚zielgerichtet', aber gleichzeitig unbewusst die Macht der äußeren Bedingungen zumindest zeitweilig oder periodisch zumindest boykottieren, wenn nicht gänzlich konterkarieren. Oft kann eine Regression damit auch auf einen möglichen *Krankheitsgewinn* durch sich zuwendende relevante Andere hinauslaufen oder aber die Isolation als Einzelne auslösen und einleiten.

III. Energetisch gebundene Ich-Zustände

Bei der nun folgenden, kurzen Charakteristik der Ich-Zustände ist der „Libidohaushalt" (Reich 1970, S 195) empfindlich und nachhaltig gestört und aus der Balance gebracht worden, chaotisiert und / oder gänzlich ins Unkontrollierbare verwandelt worden.

Oftmals liegen primär-ursprüngliche Ich-Zustände zugrunde, die bereits zu einem früheren Zeitpunkt ganz grundlegend ge- und zerstört worden sind, oder ‚nur' als sekundäre Formen der Zurichtung, die auf Schädigungen aus früheren, auch frühkindlichen Entwicklungsphasen basieren.

Eine Erklärung und ein Verstehen dieser zugerichtet-geschädigten Ich-Zustände kann nur (psychiatrisch-psychologisch) multifaktoriell und sozialstrukturell (sozialpsychiatrisch, -psychologisch) versucht werden.

Im Allgemeinen stehen die mit den perturbierten Ich-Zuständen befassten WissenschaftlerInnen und TherapeutInnen eingestandener Weise letztendlich selbst rat- und hilflos daneben, auch sie können es hauptsächlich ihrem praktischen Instinkt und ihrem sozialen Gespür und ihren Erfahrungen, als damit befasste PraktikerInnen, überlassen, mit diesen Formen von Ich-Zuständen umzugehen.

Im Fall des Falles gelingt es auch damit, die von diesen Ich-Zuständen heimgesuchten Personen nicht allein zu lassen und sie – soweit ihnen das mit ihrer Fachexpertise möglich ist – durch deren Martyrium zu begleiten.

Der klinischen Wissenschaft tut sich an dieser Stelle ein weites, großteils noch viel weiter zu bearbeitendes Themengebiet auf, die folgende Kurzcharakteristik von Ich-Zuständen und deren forscherischen Ansätze versuchen und betreiben dies auf einer rein beschreibenden Expertise der Emotionen; die Ansätze sind auf der Seite des subjektiven Erlebens platziert und werden von dort aus vorgenommen.

1. Depression

Wenn man die äußeren, verursachenden Umstände der jeweiligen Ich-Zustände auf Null setzt, kann Depression als die innere Verunmöglichung jeglicher äußerer Aktivität bei gleichzeitiger höchstgradiger und maximaler innerer Grübelaktivität, bezeichnet werden.

Während bei gesunder Normalität und bei als normal ausgewiesener Gesundheit die eigenen inneren Bewertungen des Selbst zumeist leicht positiv ausfallen, sind die Bewertungen während der Depression negativ ‚bilanziert'. Alle negativen Bewertungsergebnisse des bisherigen Lebens verdichten sich zu einer inneren Totalbilanz, die sich als summatives Ergebnis somit gegen das eigene Selbst richtet und um die Chancenlosigkeit des eigenen Lebens dreht.

Es scheint und / oder wird erkannt, dass sich die ganze Umwelt gegen das Selbst verbündet und alle gleichzeitig die Wertlosigkeit der eigenen Person bestätigen. Die Depression erzeugt auch die äußere, gegebene Situation die eine unüberwindbaren Hoffnungslosigkeit zum Inhalt hat, vorwegnehmend und / oder postaktional von innen her.

Es ist die Chancenlosigkeit des Selbst, sich Aktivitäten zu setzen, die Lust bereiten, oder die Chancenlosigkeit und Ergebnislosigkeit der anderen, dem eigenen Ich Lust zu bereiten.

Das passive, hilflose, nehmende Ich gewinnt die Überhand (der instinktbehaftete Totstellreflex steht dabei im Zentrum) und gibt die Verantwortung des aktiven Ich ab, das aktive Ich tritt in den Hintergrund. Damit wären oder sind die anderen aktiven Ich am Wort.

Nach Volk (1997, S55), Die Klein (1940) zitiert, steht die erste Depression im frühen Kindheitsalter im Vordergrund. Klein beschreibt die *frühkindliche depressive Position*, die auf die erste frühkindliche paranoid-schizoide Position folgt. Der Begriff ‚Position' ist ihre Weiterentwicklung des von Freud geprägten Begriffs der ‚Phase'.

Während der Begriff ‚Phase' die zeitliche Ausdehnung von Ich-Zuständen zum Inhalt hat, steht beim Begriff der ‚Position' die Dringlichkeit sehr schwer zu überwindender Ich-Zustände im Zentrum.

Die Bedeutung eines *inneren Konflikts um den Verlust zentraler Bezugspersonen*, der von außen bespeist wird oder werden kann, steht schon ganz früh und originär bei der frühkindlichen Position im Vordergrund, Klein (s.o.) schreibt dazu:

> „Der Gram und die Besorgnis um den gefürchteten Verlust der ‚guten Objekte' ... ist, meiner Erfahrung nach, die tiefste Quelle schmerzhafter Konflikte ... "

Die Angst vor Verlust des guten Objektes

Diese inneren Konflikte des Selbst, wie mit der *Angst vor Objektverlust* im Spannungsfeld der eigenen, bereits frühkindlich gegebenen Individuation zu verfahren ist, sind auf jeder Altersstufe gegeben und präsent. Zu präzisieren wäre die Angst vor Verlust des guten Objektes, die bei der depressiven Position und Phase im Vordergrund steht.

Die Konflikte, die größere Sozietät betreffend, zum Beispiel inwieweit sie einem Anerkennung versagt oder zukommen lässt, sind in der Arbeit, in der Öffentlichkeit, usw. gegeben und die diesbezügliche negative Bilanz, ist grundlegend für *Gefühle des Versagens und der Depression*, die große Unlust anzeigen und zum Ausdruck bringen.

Die Objektbeziehung wird zwiespältig, wenn grundlegende Bedürfnisse nicht befriedigt werden und dieses Faktum kann nur durch vermehrte Distanzierung zum gut erkannt-gedacht-gefühlten Objekt, an das die Erwartung der zu erfüllenden Bedürfnisse gerichtet werden, verarbeitet werden.

Das Beziehungsobjekt ist dabei das eigene wie das fremde Ich, auf das die Erwartungen bezogen sind und das durch die Lösungsversuche der Depression Bewertungsänderungen erfahren muss.

Die Unmöglichkeit einer Objektdistanzierung

Wenn die *Objektdistanzierung* zum Vorbild-Ich und dann sekundär zum eigene Ich nicht erfolgen kann, weil unterschiedliche Konflikte auf dem Weg dahin nicht gelöst werden können (wie zum Beispiel die Umbewertung oder Abwertung der eigenen internalisierten Ziele), kann nur die dadurch einsetzende grundlegende Frustration zu Verbitterung und zu dem Wunsch, diesen höchst schmerzvollaversiven Zustand zu beenden, führen. Die Beendigung dieses Zustandes kann dann nur durch die *Distanzierung zu sich selbst* erfolgen.

Die Distanzierung des Ich von sich selbst

Der Wunsch, diese Art des Lebens, die einem diese maximale Frustration beschert, zu beenden und oftmals nicht nur symbolisch zu sterben und auf die eine oder andere Weise aus dem Leben zu scheiden, ist dann allgegenwärtig. A. Adler fasste als erster einen Todestrieb, der dann von S. Freud weiter ausgearbeitet wurde (Schmidbauer 1972, S 135).

Solchen Phasen, in denen das Bewusstsein über die Endlichkeit des Lebens in den Vordergrund drängt, bringt die selbstgewählte Möglichkeit, das Ereignis des eigenen, bevorstehenden Todes selbst zu wählen, zum Ausdruck und Vorschein. Den Todestrieb kann man weiter als Entbindung fassen, bei der das Ich sich selbst von Ihrer Verpflichtung zu leben *entbindet*.

Häufig sind die Betroffenen dieses nicht mehr zu steigernden Ich-Zustandes mit der ständigen Durcharbeitung von unumgänglichen, eigenen inneren (sozialen) Angst-, Schuld- und Negativszenarien konfrontiert und damit vollständig aus- und überlastet. Alles Nachteilige des bisherigen Lebens wird aufsummiert und kommt in seiner vollen Negativität in dieser momentanen Innenansicht zum Tragen.

Es ist wie das Erleben einer Einzelhaft im Gefängnis, die von außen vorgegeben wäre, bei dem man ohne Ausweg gänzlich auf sich allein gestellt ist und das Alleinsein völlig losgelöst von jeglichem Außenbezug im Vordergrund steht.

Depression als Mangel von substantiell Notwendigem

Depression erzeugt Mangel an Leben und / oder ist die Folge von eklatantem Mangel an substantiell Notwendigem. Die in dieser inneren (und äußeren) Situation erzwungene Fähigkeit, sich mit fast nichts zu begnügen, materiell und die eigenen Beziehungen betreffend, ist und wird zur überbordenden Realität. Dieser Zustand ist die Negation einer verschwendenden Überflussgesellschaft, die sich permanent und unausgesprochen weigert, vom Vorhandenen zu leben und damit rundum zufrieden sein und ein gänzliches Auslangen finden zu können.

Ausgehend von einem persönlich gegebenen *Verstärkergleichgewicht*, das fundamental beschädigt wird und dadurch die Depression auslöst, kommt der eklatante Mangel an gesellschaftlichen und / oder privaten Verstärkern zum Ausdruck. Es gibt zu wenig positive Anreize, und zu wenig Aufmerksamkeit aus der eigenen Umwelt. Dieser sehr fundamentale Mangel stößt das Individuum in einen sehr schmerzlichen Zustand überbordender Subjektivität, die aus dem so entstandenen Imperativ eines sozialen Rückzugs besteht. Oder der Rückzug wird durch die äußeren Bedingungen forciert und / oder erzwungen.

Durch diesen schwerwiegenden Tätigkeits-, Leistungs- und positiv wie negativen – nämlich überhaupt gegebenen – *Verstärkermangel* scheint oder ist nichts mehr sinnvoll, erstrebenswert oder ertragreich. Man ist *hineingestoßen in das Nichts an den Wurzeln des eigenen Daseins*.

Sehr treffend beschreibt Cioran (1989, S 13f) im Kapitel ‚Nicht mehr leben können' die Koordinaten der Subjektivität und deren Mechanismen und Dynamik:

> „Mir ist, als müßte ich wegen allem, was mir das Leben zu bieten vermag, und auch wegen der Aussicht auf den Tod bersten. Ich spüre, dass ich sterbe: aus Einsamkeit, Liebe, Haß und wegen allem, was die Erde mir darreicht. Es ist, als ob ich mich mit jedem Erlebnis wie ein Ballon – weit über meine Widerstandsfähigkeit hinaus – aufblähte. In der schrecklichsten Intensivierung vollzieht sich eine Konversion zum Nichts …
> An den Grenzscheiden des Daseins merkst Du, dass Du Deines Innenlebens nicht mehr Herr werden kannst, dass die Subjektivität ein Trugbild ist und das Kräfte in Dir brodeln, die Du nicht verantworten kannst, deren Entwicklung in keinem Verhältnis zur Zentrierung der Persönlichkeit oder zu einem bestimmten individualisierten Rhythmus steht. Was erscheint an den Ufern des Lebens nicht alles als Anlaß zum Tode? …
> [Die sich steigernden Ausbrüche in] der Innerlichkeit und [im Erleben] führt dich in ein Gefilde, wo die Gefahr absolut ist, weil das Dasein, das im Erleben mit angespanntem Bewußtsein seiner Wurzeln gewahr wird, sich selbst verneint."

In der Depression steht die Sinnhaftigkeit des Lebens auf einem in höchstem Maße effektivierten Prüfstand, wobei die komplett-umfassende Sinnlosigkeit als Basis fast gänzlich durchgehend gegeben zu sein scheint und sich in einer totalen Abkehr des Seienden von sich selbst ihren Niederschlag findet.

Cioran (1989, S 14) zeigt, wie die Depressiven ihre ganze Sicht der Vergangenheit in aller Negativität anordnen und zu einem in sich geschlossenen, unendlich schmerzhaften System führen:

> „Und wenn du dich aus Einsamkeit, Verzweiflung oder Liebe sterben fühlst, bilden die anderen Erlebnisse ein unendlich schmerzendes Trauergefolge. Die Empfindung nach derartigen Schwindelanfällen nicht mehr leben zu können, ergibt sich aus innerer Verzehrung. Des Lebens Flammen züngeln in einem geschlossenen Herd, aus dem die Glut nicht entweichen kann."

Sehr treffend bringt Cioran (s.o.) das unendlich unerträgliche Eingesperrtsein in einer in der eigenen Hölle befindlichen Position zum Ausdruck und auf den Punkt.

Zusätzlich, und wäre es nicht schon genug, werden in der Depression zurückliegende depressive Phasen erinnert und aktualisiert, was den momentanen aversiven Zustand bis auf maximale Unerträglichkeit steigert und verschlimmert.

Die nach ‚unten' führende, innere Spirale eigener, sich selbst verstärkender Ich-Zustände

Dadurch können die Depressiven kein weiteres Verhalten erzeugen, das geschlossene System verunmöglicht dem Selbst die eigene Normalität und das generiert das eklatant mangeldurchdrungene, beständig erodierende Selbstvertrauen unablässig, wenn es nicht von der Außenwelt angerührt, gefiltert und gemildert wird. Die Soziologie spricht von autopoietischen Systemen, Systeme, die sich Perpetuum-mobile-artig unablässig selbst bespeisen und produzieren.

Häufig geht der Depression eine Veränderung der Balance der positiven Verstärker voraus (vgl. Payk 1986, S 26f), was eine nach unten offene Spirale einer sich vergrößernden Unfähigkeit bewirkt, sich positive soziale Verstärkung auf normalem Weg zu ermöglichen.

Der bei der Depression gegebene, heftige auf bestimmte Zeiten fokussierte permanente Aversionsdruck (s.o.) wird durch die während der Depression zu beobachtenden drastischen Reduktionen alltäglicher Problemlösungsanstrengungen und -notwendigkeiten verstärkt und verschärft.

Das führt zu einem chronischen Anstrengungsmangel bei gleichzeitiger psychischer Überbelastung durch die ständige solipsistische, auf den anderen eingeengte *Entscheidungsabhängigkeit*, wenn es darum geht, sich den eigenen Alltag zu gestalten.

Im Vergleich und im Gegensatz dazu ist ein Arbeitsleben zu denken, das sich ständig zwischen den anderen bewegt und bewegen muss und durch diese Form interaktiver Routinen in einem bedeutsamen Ausmaß entscheidungsentlastet ist. Durch die innere Vereinzelung des Ich, das sich von seiner Umwelt abschottet in der Depression, kommt ein fundamentaler Aufmerksamkeits- und Anerkennungsmangel zu tragen, der irgendwann einmal schleichend begonnen hat, zu Buche zu schlagen.

Dies alles kann dazu führen, dass sich eine *tiefsitzende Verzweiflung* herausbildet, die mit der Überzeugung einhergeht, dass das Leben zu Ende geht, weil es so nicht mehr weitergehen kann.

Der *Aversionsdruck* ist so hoch, dass sich alle übrigen Probleme (der anderen) in den Schatten gestellt finden. Hier geht es um die fundamentale infrage gestellte Sinnhaftigkeit einer Weiterführung des eigenen Lebens, die Frage des Weiterlebens befindet sich auf einem durch Verzweiflung getriebenen Prüfstand.

Depression als kognitives Überbelastungsderivat

Im Gegensatz oder in Ergänzung zu der bisher hauptsächlich auf subjektiver Erkenntnis basierenden Realität der Depression gehen die medizinischen Theorien von einer objektiv-naturwissenschaftlichen und weniger von einer energetischen Sicht der Ich-Zustände aus, sie thematisieren die Gegebenheit einer kumulativen Überanstrengung und *Überforderung der Gehirnfunktionen und -leistungen*, neuere Theorien haben entzündliche Körperprozesse zum Thema. All diese Theorien können aber bisher nur Teilprozesse der Depression erklären.

Gemäß der Überanstrengung der Gehirnfunktionen und -leistungen stellt die Depression der vielen Einzelnen eine gesunde Reaktion auf die permanente Überforderung durch Überrationalisierung dar – Rationalisierung im Sinne von Hyperkognitivierung und von übermäßiger Effizienzsteigerungszwänge, die auf die Einzelindividuen einwirken.

Durch Übertechnisierung und -digitalisierung tritt neben einer Hyperkognitivierung ein Ausmaß an Individualisierung, die mit einem gleichzeitigen Aufbrechen alter Vergemeinschaftungsformen einhergeht, in den Vordergrund, das über allen Lebensthemen zu stehen scheint. Die Überforderung des Ich, mit der Hyperkognitivierung und mit der nicht nur symbolischen Vereinzelung umzugehen, äußert sich in der höchst individuell erlebten Depression mancher, die diese gesellschaftliche Entwicklung hautnah erleben (müssen). Vor allem, wenn die gemeinschaftliche Funktion der Digitalisierung nicht genutzt werden kann, ist die Depression ein nur allzu naheliegender Fluchtpunkt.

Die soziale Realität der Depression

Eine ex-post Chance dieses Zustandes liegt in der Konzentration auf wenige, dem eigenen Leben zuträglichen Dinge, im sozialen Rückzug, der dann häufig mit 100%iger Entlastung von alltäglichen Anforderungen einhergehen muss, die meist von den relevanten Anderen im höheren Ausmaß übernommen werden müssen. Meist muss zumindest einiges der eigenen Leben neu gefunden, erfunden und definiert werden. Das überfordert die Einzelindividuen und -personen aber häufig weitgehend und ist dadurch das Programm für die Sozietät als Ganzes.

Die Umwelt reagiert auf die Depressiven – unterschiedlich je nach Vertrautheit – mit anfänglich vermehrter Zuwendung, im weiteren Verlauf meist mit resignierter Abwendung oder mit gänzlicher Ignoranz und unnahbarem Unverständnis.

Die Depression ist ein inneres schwarzes Loch ohne Hoffnung, indem die absolute Abwesenheit von menschlicher Libido herrscht, hervorgerufen durch einen gravierenden Libidoverlust.

Sie ist eine phasenweise unumstößliche Seinskategorie, die ohne innere Präsenz und Repräsentation von Vergangenheit und Zukunft erlebt wird.

Suizid oder das Prinzip Hoffnung

„Herbe Enttäuschungen, massive Kränkungen und schwere Misserfolge, die ein ohnmächtiges Scheitern offenbaren, können mit einer Selbstabwertung bis hin zu zerstörerischem Selbsthass einhergehen. Letztere sind dann oft die treibenden Kräfte für die Fantasien einer Selbsttötung und schließlich konkrete Vorstellungen über Ort, Art und Ablauf eines Suizids.
Manchmal äußern die Betroffenen absurde Selbstvorwürfe mit nicht nachvollziehbaren Schuldgefühlen, irreale Vorstellungen, von denen sie trotz aller Gegenargumente und gegenteilige Beweise nicht abzubringen sind ...
Während Frauen dazu tendieren, (verordnete!) Tabletten zu horten und sich mit einer Überdosis das Leben zu nehmen, bevorzugen Männer eher ‚härtere' Suizidmethoden, wie zum Beispiel das Erhängen, oder führen vorsätzlich schwere Autounfälle herbei, deren tödlicher Eingang einkalkuliert wird.
insgesamt begehen Männer zwei bis drei Mal häufiger Suizid als Frauen ...
(Payk 2010, S 41)."

Besonders selbstmordgefährdet sind chronisch Kranke, vereinsamte ältere Männer sowie jüngere, überforderte Frauen in krisenhaften Lebenssituationen. Bei Jugendlichen ist der Suizid die zweithäufigste Todesursache (s.o. S 42).

Zu wenige soziale und materielle Ressourcen als zentrales Belastungsmerkmal der Depression

Selbstmordgefährdet oder Suizid ausübend sind oftmals Personen, die aus sozialen Netzen und Arbeitsnetzen herausfallen, nicht finanziell abgesichert sind und / oder die Bürde eines leeren, sinnlosen und unerfüllten Tages eines nur mehr negativ, und in Summe nicht mehr verarbeitbaren Tages, nicht mehr ertragen können.

Diese Last eines sich so zeigenden sinnlos gewordenen Lebens muss ständig selbst befüllt werden und es gibt wenig Unterstützung durch eine sich häufig abrackernd-abwesende Umwelt und andere, in jeder Weise abgesicherte Bevölkerungsgruppen, die keinerlei, auch nur vage Vorstellungen davon haben oder zu haben scheinen, wie schwer dieses häufig völlig unerwartet eintretende Lebens- und Sinnvakuum zu ertragen ist.

Zu groß ist die sozietär normal gewordene Anforderung, ständig, völlig solitär entscheiden zu müssen, was mit der selbst erlebten und so nicht positiv für das eigene Selbst zur Verfügung stehenden Zeit anzufangen ist. Die Zeit ‚arbeitet' dann gegen das eigene Selbst.

Dieses Sinnvakuum ist in der gesamten Gesellschaft präsent, wird aber nicht zugelassen und ist zugedeckt von leerer, sinnlos gewordener Hyperaktivität vom Großteil der Personen, die existentiellen, vermischt mit gehypten, aber gänzlich sinnentleerten Zielen nachjagen (müssen).

Depression als Verdrängungs- und Entfremdungsrest gewusstgeglaubter Ich-Effizienz

Das häufig nicht erarbeitete eigene Wissen über und die Unbewusstheit der täglich ablaufenden eigenen Handlungen und Handlungsanstrengungen stehen dabei ohne nennenswerte Optionen im Raum der alltäglichen Routinen. Und zu bedeutsamen Teilen sind wir westlichen Charaktere Opfer von existenzgetriebenen Notwendigkeiten und permanenter Werbebebilderungen und -beschallungen als summativer Ausdruck fremdgetrieben-unfreier Ich-Zustände, die sich einer bewussten Wahrnehmung der vielen Ich entziehen. Sie müssen sich der bewussten Wahrnehmung entziehen, weil sie gar keinen psychischen Raum haben, um wahrgenommen werden zu können.

Diesem Moloch der fremdgetriebenen scheinhaften Ich- und Selbstlosigkeit ist mit dem nicht mehr wegzurationalisierenden Ich-Zustand der Depression ein nicht vorhergesehenes und unerwartetes Ende gesetzt.

Depressive fallen mit ihrem Ich-Zustand aus dem gesellschaftlichen Aktivitätstrott heraus und laufen innerlich beständig mit dem vielseitig gesellschaftlich beschworenen Aktivitäts- und Leistungsideal in ihren Köpfen schwanger. Sie spüren sekündlich, dass mit Ihnen was nicht stimmt, weil sie aus diesem Schema mit viel Leid herausfallen, und beginnen sich damit, von den scheinbar hofierten Normal-Ich in eklatantem Ausmaß zu unterscheiden.

Häufig ist es ein Wust an lange Zeit vorher aufgestauter Wut, Verletzung und Rachegelüsten, die – oft ausgelöst durch minimale zusätzliche Verletzungen – sich dann gegen die eigene Person richten. Die Depression ist dann die Summe die Geschichte einer langen Kette persönlicher Zurücksetzung und eklatanter Entfremdungserlebnisse und -zustände.

Unerwartet tritt die Depression der vielen einzelnen deshalb in den Vordergrund, weil sich zu wenige Personen aus der Umwelt in diese Personen hineinversetzt, -gefühlt und -gedacht haben. Die würden dann nämlich Verzweiflungstaten jeglicher Art, die den eigenen Suizid zum Inhalt haben, auf Anhieb verstehen und möglicherweise erübrigen.

Suizidgedanken beinhalten den Wunsch nach der völligen Abkehr von dem eigenen Ich-gebundenen Leid, somit vom eigenen ganzen Ich und Ihrem Leben, das für das Ich zum gegebenen Zeitpunkt so nicht mehr möglich erscheint und / oder ist. Häufig ist es die Last, die entsteht, wenn das eigene Ich mit Ihren Bedürfnissen nie zu Wort kommen durfte und konnte.

Nur ein von der Kindheit an fest verankerter Verbindungsstrang zu einer zutiefst sitzenden Überzeugung, dass das eigene Leben, durch die Beziehung zu den liebenden Bezugspersonen geprägt, wert ist gelebt zu werden, kann dem Prinzip Hoffnung, besonders in diesen existentiell schwersten Lebenskrisen, Raum geben.

Diesen Raum braucht es, um den in diesen Situationen Schwerstleidenden ein Überleben zu ermöglichen. Und es ist dann immer wieder eine aktive Entscheidung zum Leben, die das Überleben dann letztlich realisiert und in und vor einer miterlebenden Sozietät Platz greifen kann.

Ob Die einzelne Suizidgefährdete überlebt, hängt unter anderem davon ab, wie sehr sämtliche BeziehungspartnerInnen des eigenen sozialen Netzes unter Wahrung des freien Willens der Gefährdeten präsent sind und es phasenweise als ihre heilige Pflicht ansehen, darauf zu schauen, dass die Suizidgefährdeten genügend würdevolle Zuwendung bekommen.

Wenn Die PsychiaterIn die Depressiven fragt: „Denken Sie an Selbstmord / wollen Sie Selbstmord begehen?" verstößt Sie einerseits gegen das gesellschaftliche Tabu des Schweigens zum Themenkreis des (selbstgewählten) Todes und mischt sich andrerseits gleichzeitig in die persönliche Entscheidungsfreiheit der Betroffenen ein.

Und das löst Widerstand bei den Betroffenen aus, der dazu führen kann, dass

- sich die psychische Selbstorganisation der Betroffenen herausgefordert sieht und die Betroffenen sich wieder aufrichten können, und / oder
- die Entscheidung zum Selbstmord vom Zaun gebrochen wird, weil sich die Betroffenen durch die sie wieder einmal mehr allein lassende Gedankenlosigkeit der vielen anderen und deren himmelschreiendes Unverständnis den letzten Ausschlag zu ihrer nicht mehr rückgängig zu machenden Entscheidungstat liefern.

Das Heraufheben des Selbstmordwunsches und der Selbstmordabsicht durch die ärztlichen BetreuerInnen birgt also ein gewisses Risiko, das nur durch ein *waches und diesbezüglich aktives soziales Beziehungsnetz* abgebremst, gemildert und heruntergefahren werden kann. Wenn das nicht gegeben ist, kann das ärztlich-psychiatrisch-psychotherapeutische Vorgehen eine Beihilfe zum Selbstmord sein.

Die Ereignisse des Ich als Soziätätskorrelat

Das Bewusstmachen, dass diese Situation der vielen Einzelnen auch und vor allem ein gesellschaftliches Ereignis darstellt, würde und könnte das Bewusstsein der Gefährdeten verstärken, dass alles, was sie tun, ein integraler Bestandteil der Gesellschaft ist. Das Ausformulieren des tabuisierten Selbstmordthemas stellt in diesem Fall den Aspekt heraus, dass alles, was dem Einzelnen passiert, ein Teil des sozialen Gesamtkörpers ist und dieser somit für die Gesamtgesellschaft eine über den individuellen Rahmen hinausgehende Bedeutung hat.

Dem wird zuwidergehandelt, wenn die Stadtverwaltungen festsetzen, dass die Personen, die sich vor die U-Bahn, Zug oder aus dem Fenster stürzen, verschwiegen wird, und der Gesellschaft somit alles Wichtige, was so wieder mal passiert ist, vorenthalten. Das ist das, was die Stadtverwaltungen und staatliche Entscheidungs-trägerInnen auch dazu beitragen wollen, dass diese Verzweiflungstaten nicht die Schule machen.

Zumindest ex post hätte die Gesellschaft aber ein Anrecht darauf, mittels öffentlichkeitswirksamer Statistiken zu erfahren, wie es ihr selbst geht und wie es um ihr selbstschädigendes Verhalten und Befinden bestellt ist.

Der soziale Zusammenhalt, der ein Begleitaspekt eines aktiven und regen sozialen Austausches ist, der über die relevanten Anderen und die eigene Familie weit hinausgeht, ist und wird der Garant und die Vorbedingung sozialer und individuell-psychischer Gesundheit.

Diese lebendige und vitale Verbindung der Einzelindividuen ergibt das überindividuelle soziëtäre Ganze, auf der sämtliche psychischen Ich-Operationen der vielen Einzelnen basieren. Das ist die Botschaft einer nach psychohygienischen Kriterien ausgerichteten Ideologie, die der Konkurrenz der vielen Ich-Manager ihre Grenzen und ihren Platz zuzuweisen hat, damit die eigene Anfälligkeit der vielen Einzelnen, auf der Grundlage ihrer sozialen Bedürftigkeit nicht mehr verleugnet, abgespalten und anderen zugeschrieben werden muss.

So wie der Tod die nicht mehr auflösbare Negation des Lebens ist, ist die Depression die individuell zumeist phasenweise nicht auflösbare Negation des aktiven Lebens, sie ist eine Ausformung des von Freud geprägten in gewisser Weise radikal gedachten Todestriebs.

Die Depressiven sind so weit weg von jeglicher Handlung, dass ihnen alles Alltägliche und Sachzwängliche völlig entrückt und absurd erscheint. Eine junge österreichische Schauspielerin hat über sich selbst in der Depression formuliert: „In der Depression findet man keinen Zugang zu Situationen (gmx-Nachrichten Mai 2021)". Das gibt sehr treffsicher die allgemein-grundlegende Gefühlsdynamik von Depressionen wieder.

Für die soziale Umwelt ist die Depression als vorweg- und wiederbelebte hilflose Abhängigkeit eine markante Absage an und Negation der fortlaufenden Aktivitäten und der hyperaktiv gemanagten äußeren Umgebung, die durch bestimmte Beziehungsqualitäten gekennzeichnet ist. Diese Beziehungsqualitäten können die

Depressiven zumeist nicht nur nicht zulassen, sie blenden diese im Beziehungsalltag meist gänzlich aus und spalten sie ab.

2. Panikattacken

In der Panikattacke kommt, im Gegensatz zur Depression, noch die Überzeugung, dass das eigene Leben kontrollierbar ist, zum Ausdruck. Der Kontrollversuch scheitert aber gleichzeitig, sodass ein Kompromiss zwischen kontrollierender Erregung und depressivem Scheitern das erregungsseitige Ergebnis ist.

Angst ist die mental probehandelnde Vorwegnahme möglicher Handlungen, die nicht ausgeführt werden können, weil sie durch eine Angstschranke blockiert sind und werden. Viel grundlegender definiert gehört Angst zur emotionalen Grundausstattung des Menschen, das sein Überleben sichern hilft, es ist eine Form der Grunderregung, die in einem Organismus gut messbar ist.

Eine Panikattacke ist die punktgenaue Produktion einer Maximalangst zu einem durch das Selbst unvorhersehbar erzeugten Zeitpunkt, sie ist weder für das eigene Selbst, noch für die umgebenden Anderen ab-, einschätzbar und kontrollierbar.

Diese, in ihrer Grundeinschätzung radikale Definition weist die Hilflosigkeit der helfenden TherapeutInnen aus, die sie so nicht stehen lassen wollen, weil es die Sinnhaftigkeit ihres Berufes, die für die Heilbarkeit von Panikattacken zuständig sind, massiv in Abrede stellen würde.

Was nicht zu leugnen ist, ist die Tatsache, dass Angst eigentlich als die Grundlage des menschlichen Lebens definiert werden müsste, weil sie im konkreten alltäglichen Handlungsvollzug die eigene Ich-Schwäche fokussiert, die sich auch in der eigenen Unfähigkeit, richtige Entscheidungen zu treffen, zeigen kann und in der eigenen Überzeugung, dass die selbst getroffenen Entscheidungen, auch sehr wahrscheinlich falsch sein können, zeigt.

Der Inhalt von Angst kann es sein, dass Die Angsterleidende zu diesem Zeitpunkt das unmittelbare Herannahen des Todes spürt oder zumindest das Versterben des eigenen Selbst körperlich genau in der Sekunde und den Minuten der Attacke als ein sich selbst nicht mehr spüren können quasi punktgenau erfährt.

Dahinter kann die Angst liegen, sich auf eine schnell verändernde Umwelt nicht adäquat und schnell genug einstellen zu können und darauf reagieren zu können.

Während einer gegebenen starken Angstepisode ist auch die normale Gedächtnisleistung fundamental eingeschränkt und somit die Angst vor dem Vergessen real und zentral. Besonders bei einer rapiden Veränderung einer immer technischer werdenden Welt wird diese Angst zur fast unangreifbar-immunen Selbstblockade der diesbezüglich nötigen Anpassung.

Angst kann sich in der Form einer Totallähmung zeigen, die die Betroffenen unfähig werden lässt, alltägliche Alltagsgeschäfte, wie zum Beispiel Einkaufen im Supermarkt zu tätigen, die Computertechnik zu bedienen oder das Flugzeug, den Zug, U-Bahn und Straßenbahn zu benützen.

Speziell bei chronischem Schlafmangel kann sich die Angst potenzieren und eine kumulative Unerträglichkeit besetzt dann die psychische Zeit und den psychischen Raum.

Erregung und Depersonalisation

Bei der Panikattacke kommt zum Aspekt der *Lähmung* eine maximale Form der *Erregung* hinzu, sie ist eine an der Außenhaut befindliche Form der Aggression und Gewalt, die ins Stocken geraten ist und bei der es keinen Innen-Außen-Austausch mehr gibt und geben kann.

Starke Angst tritt als eine Form der *Depersonalisation* auf, die reine Empfindungsgefühle unüberbietbaren Unbehagens bei gleichzeitiger sensorischer Überempfindlichkeit ohne sonstig bekannte und greifbare Gefühle und Handlungstendenzen darstellen.

Gefühle der Depersonalisation können bedeuten, dass die eigenen Körpersensationen so weit in den Hintergrund gedrängt sind, dass zum Beispiel die Füße nicht in ausreichendem Maß gespürt werden können, was zum Unvermögen und der Unfähigkeit des Gehens führen kann. Depersonalisation bedeutet dann, dass das Ich sich nicht in genügendem Ausmaß selbst spüren kann.

Für die soziale Mitwelt ist bei Panikattacken ein beschleunigter Lidschlussreflex, eine Angespanntheit und eventuell ein in sich

Zusammensacken bei gleichzeitiger Atemnot zu beobachten. Es ist ein voll virulentes Innenerlebnis absoluter Hilflosigkeit, Angst und emotionaler Bedürftigkeit.

Vielleicht kann dieser Ich-Zustand dieser nicht mehr steuerbaren äußeren Aktivitätslosigkeit dargestellt werden in Form einer relativ kurz andauernden Unterlassung jeglicher Handlungen, mit mangelnder Ansprechbarkeit bei hohem, nach außen nicht unmittelbar begründeten und begründbaren, inneren Druck.

Im Gegensatz zur Depression wird das Erleben von Hilflosigkeit, Angst und emotionaler Bedürftigkeit auf wenige Minuten komprimiert (wenngleich unkontrollierbar und häufig wiederholt), sodass dem Einzelnen keine Zeit zur Reaktion bleibt. Bei der Depression bekommen die Gefühle länger andauernde, lähmende Gewissheit.

Die Psychoanalyse beschreibt die Panikattacke als (konfliktäre) Erregungsform, die sich ergibt, wenn es für den gesamten Organismus unmöglich ist, die eigenen *Aggressionen* nach innen oder außen dirigiert abzuleiten. Diese Blockade sei Ausdruck eines aufgrund äußerer und innerer Faktoren unlösbaren Konfliktes (Brasch und Richberg 1994, S 51f).

Das klingt erklärend, ist es aber nur wenig, wenn man jemandem, Die von Panikattacken heimgesucht wird, über Ihre subjektiven Sensationen befragt. Wenn ein Konflikt da ist, dann sitzt der direkt im Kopf und dem Körper und der kognitivistische, also Kopf-Anspruch des Wortes ‚Konflikt' kann vom individuellen Erleben aus empirisch in keiner Weise aufgefunden und bestätigt werden. Der Konflikt kann bestenfalls als Spannungsphänomen beschrieben werden, das irgendwo zwischen dem Innen und dem Außen eines Ich lokalisierbar zu machen wäre.

Die Angst bezieht sich auf ein im Jetzt repräsentiertes Vergangenes wie das im Jetzt repräsentierte Zukünftige, aber in jedem Fall passiert sie im Jetzt. Und so können Panikattacken eine postspontane Reaktion auf Schockereignisse und -erlebnisse sein, oder es ist eine ganz kurz vor einem kritischen Ereignis einsetzende präspontane Angstreaktion, oder aber die Panikattacke tritt völlig losgelöst von jeglicher Kontingenz zu Umweltereignissen generalisiert auf.

Die Neuro- und Gehirnbiologie der Panikattacke

Neurobiologisch lässt sich bei Panikattacken ein *überaktiver Mandelkern*, die Amygdala *als Teil des limbischen Systems*, in der Gehirnstruktur isolieren (Davidson 2002, zitiert nach Stangier / Clark / Ehlers 2006, S 23). Der Mandelkern als paariges Kerngebiet im Gehirn spielt bei der Erregungsverarbeitung eine zentrale Rolle und dessen Überaktivität bei Angststörungen und Panikattacken ließe sich über therapeutische Maßnahmen beeinflussen (s.o. S 24), so schreiben die AutorInnen.

Die Aussagekraft von gehirnphysiologischen Erkenntnissen wäre breiter zu diskutieren, im Zusammenhang mit Panikattacken zeigt sich anhand der beteiligten Gehirnareale, dass *Ängste* gehirnphysiologisch tendenziell *außerhalb des limbischen Lustzentrums* zu verorten sind.

Angst ist in jedem Fall eine unspezifische Erregungsform, die in unspezifischen Gehirnarealen und im aufsteigenden retikulären System, der Formatio reticularis, stattfindet und verortbar ist. Die Formatio reticularis ist ein Neuronennetzwerk im Hirnstamm, das zwischen der medulla oblongata, dem verlängerten Rückenmark, und dem Diencephalon, dem Zwischenhirn, verläuft (vgl. diverse internetquellen).

Die Abwehr primitiver Ängste erfolgt gemäß Klein (1972, zitiert nach Staehle 1997, S 73) mittels omnipotenter Fantasien, was im Fall der Panikattacke gänzlich fehlschlägt, bei der Erregungsform der Panikattacke wird ein *kognitives Niveau* nur bei Beginn des Erregungsschubs eventuell als kumulativer Auslöser wirksam. Viele Angst applizierende Kognitionen können die Panikattacke einleiten, meist sind aber die auslösenden Bedingungen, wie vornehmlich die Verhaltenstherapie dies herauszuarbeiten versucht, nicht isolierbar.

Das primäre Anliegen der AutorIn ist auch hier eine oder die einfache Deskription von inneren, häufig sehr leidvollen psychologischen Bedingungen, die nur durch Exploration ermittelbar ist, im Wechselspiel mit den äußeren weltgegebenen und den durch das Selbst mit erzeugten Bedingungen.

Zusammenfassend ist zu formulieren, dass die Panikattacke als unmissverständliches innerorganismisches Alarmsignal anzeigt, dass beim Basiserregungshaushalt des Selbst, in Abstimmung mit sich selbst und der Umwelt, etwas ganz kräftig aus dem Lot gerät oder geraten ist, das, aus welchen Gründen auch immer zugelassen wird und zugelassen werden muss.

Dabei findet die in einem gesunden Ich-Zustand relativ *flexibel regelbare Permeabilität der äußeren Reize*, die in Anpassung an die äußeren Anforderungen Spannung erzeugen, an der Ich-Außengrenze eine hermetische Barriere. Das bedeutet, dass bei der Panikattacke ein sehr starker innerer Impuls auf einen nach außen jämmerlichen Kompromisszustand ‚herunterkastriert' wird, ist und bleibt, und sich somit nur mehr rundum destruktiv auf das Innere richten kann.

Die im Normalfall selektiv durchlässige innere Spannungsregulation ist bei der Panikattacke gänzlich devastiert (worden) und somit die umfassende *Beziehungsregulation zur Außenwelt* im Moment deren Auftretens ausgehebelt: Das Ich ist in Ihrer innere Selbstregulation bis zur Unkenntlichkeit zugerichtet (worden) und lässt diese Zurichtung zu, muss sie zulassen und / oder war und ist unfähig, sie abzuwehren.

Bei Panikattacken ist es deR Betroffenen oft nicht möglich, die eigene *Skelettmuskulatur* und vor allem die Beine zu spüren und auch deshalb wäre die Indikation zu Körperarbeit gegeben, die die ständige Verankerung des eigenen Bewusstseins in der eigenen vital gehaltenen Muskulatur ermöglicht und die Depersonalisation in Form einer Panikattacke erschwert.

An diesem Punkt sind wir bei der Verhaltenstherapie, die den Blick auf die Auslöser schärft und schärfen muss, will das Individuum sehr schnell wahrnehmen können, wann genau eine Panikattacke mit Körperentspannung konterkariert werden will und soll.

Diese muskuläre Präsenz und die gezielte Beobachtung und Steuerung der eigenen *Atmung* sollte besonders bei Angstschüben trotz möglicher innerer und äußerer Barrieren abrufbar sein oder werden. Dazu muss die *Eigenwahrnehmung* so weit in Stand gesetzt werden, um die kognitiven Phänomene, wie zum Beispiel eine spontan und unbegründet auftretende Todesangst, sehr schnell dechiffrieren zu können und die gelernten Methoden muskulärer und einer aktiv die Atmung einbeziehende Entspannung anlassbezogen einsetzen und aktivieren zu können.

Diese Methoden der Erkennung eigener psychischer Symptome mit und ohne Erkennung eines auslösenden Reizes der entfremdeten Ich-Zustände werden meist von TherapeutInnen, oft auch von SozialarbeiterInnen, und auf jeden Fall in den sozialmedizinischen Abteilungen von Spitälern ganz gezielt trainiert und eingesetzt.

Nach Einschätzung der AutorIn lässt eine Panikattacke deR Einzelnen wenig eigenen, subjektiven Erlebnisraum, der sich punktuell und bedarfsgerecht weniger mit Medikamenten, aber viel mehr mit der eigenen Muskelentspannung und gezielt-bewusster Atmung ein wenig neutralisieren lässt. Das Ziel ist es, den Vorgang und die Ausgangssituation der Panikattacke bewusst mit zu erleben und zu spüren, dass es unangenehm ist und daher nicht erlebt werden will.

Das Entspannungsprogramm der Verhaltenstherapie, das bei Panikattacken gleich zu Beginn der Attacke angewandt werden soll, schlägt am besten an und eröffnet eine Sicht auf die selbstaffirmativen Methoden, die dem Ich eine größere Selbsteffektivität beim Durchstehen und in weiterer Folge hoffentlich auch Abwehren des eigenen übermächtigen *Schockerlebens* während einer Panikattacke ermöglichen, immer wieder von Neuem eröffnet.

Wie es sich bei den erfolgreichen Behandlungen der Panikattacke zeigt – einige Betroffenen sind davon jahrzehntelang heimgesucht und werden von ihr terrorisiert, kann ein Wahrnehmungs- und Entspannungstraining oft nichts für oder gegen die jeweils eintretende Schocksensation tun, aber *auf Dauer und in Summe* kann sich dann eben letztlich doch ein Erfolg des gänzlichen Verschwindens der Panikattacken einstellen.

Die Theorie dahinter ist, dass einzelne erfolgreich einsetzende, organismisch gelernte Alternativen der Bewältigung, die nicht unbedingt direkt auf die Panikattacke einwirken, generalisieren und in einem gesamten Lebenszusammenhang zu greifen beginnen.

Auszunehmen sind dabei Betroffene, bei denen die Panikattacke aufgrund neurobiologischer Schädigungen in Form, als gänzlich stimulusunabhängig eingeschliffener Gehirnbahnen und -spuren vorstellbar, einsetzen. Diese Theorien gibt es und sie vertreiben die Hoffnung auf psychische Heilung leider sehr effizient, weisen aber andrerseits auf die Bedeutung einer pharmakologischen Heilbarkeit und Behandlung der Panikattacke hin.

3. Schizophrenie

Innere, unausweichlich-übermächtige Sensationen, die auf die Einzelnen einwirken, sind allumfassend und drängen den Betroffenen die Auseinandersetzung mit ihnen auf und erzeugen großes (psychisches) Leid.

Das Bezeichnende der Schizophrenie ist, neben dem breiten Spektrum an Symptomen, der psychologische Vorgang, bei dem Inneres nach Außen projiziert wird, sich quasi verselbständigt und von den Betroffenen dann als äußerer Teil der Umwelt wahrgenommen wird.

Schizophrene erleben häufig quälende und psychisch (auf sensumotorischer und optischer Ebene) folternde, in höchstem Maße marginalisierende, individuell-subjektiv-persönlich erlebte Realitäten, die nicht mit der unmittelbaren, physikalisch messbaren Umwelt übereinstimmen (vgl. Finzen 2001).

Die amerikanische psychiatrische Gesellschaft hat ein diagnostisches und statistisches Handbuch für psychische Störungen (DSM, letzter Version DSM 5) herausgegeben, in dem die *Schizophrenie bzw. die schizophrene Psychose* in fünf Kriterien und Kennzeichen beschrieben wird (vgl. Falkai / Wittchen 2005, zitiert nach Wikipedia ‚Schizophrenie'), die hier kurz wiedergegeben werden:

- „*Wahn:* Der Wahn beschreibt eine feste Überzeugung, die trotz gegenteiliger Evidenz nicht verändert werden kann. Wahninhalte reichen von Verfolgungswahn, Beziehungswahn, körperbezogenem Wahn und religiösem Wahn bis hin zum Größenwahn.

- *Halluzinationen:* Halluzinationen sind ... Erfahrungen, die ohne adäquate externe Reize auftreten [und eine normale Wahrnehmung simulieren]. Halluzinationen erscheinen den Betroffenen eindeutig und klar, können durch die Betroffenen nicht kontrolliert werden und treten mit der gleichen Intensität und Wirkung auf wie normale Wahrnehmungen.
- *desorganisiertes Denken (desorganisierte Sprache):* Auf desorganisiertes Denken (formale Denkstörung) wird üblicherweise aus den sprachlichen Äußerungen der Betroffenen geschlossen. Betroffene können von einem Gedanken zum nächsten springen („Entgleisung" oder „Assoziationslockerung"). Antworten können nur indirekt oder gar nicht mit den Fragen verbunden sein („Danebenreden").
- *grob desorganisiertes Verhalten oder gestörte Motorik (inklusive der Katatonie):* Grob desorganisiertes Verhalten kann sich auf unterschiedliche Weisen manifestieren, die von kindlicher Albernheit bis zu unvorhersehbarer Unruhe reichen. Probleme können sich bei jeder Form zielgerichteten Verhaltens bemerkbar machen und zu Schwierigkeiten bei der Durchführung von Alltagsaktivitäten führen.
- *Negativsymptome:* Negativsymptome erklären einen wesentlichen Teil der Morbidität bei Schizophrenie und sind bei anderen psychotischen Erkrankungen weniger ausgeprägt. Zwei Bereiche der Negativsymptome sind bei der Schizophrenie besonders häufig: verminderter emotionaler Ausdruck und die reduzierte Willenskraft (Avolition)."

Die aufgezählten Punkte der Schizophrene sind nicht alle gleichermaßen durchgehend bei den Betroffenen zu finden, es kommen nicht alle Punkte immer vor und auch sind einzelne Punkte stärker oder schwächer ausgeprägt.

In den späteren Kapiteln wird der Wahn, einerseits auf den Größenwahn spezifiziert und andrerseits als weiterer Themenkreis, der etwas breiter im Zusammenhang mit psychotischen Ich-Zuständen diskutiert und abgehandelt und dabei nicht dem Symptombild der Schizophrenie zugerechnet wird, sondern vielmehr wird die Schizophrenie dabei tendenziell als Unterbegriff des Wahns behandelt.

Bei der Schizophrenie als Oberbegriff ist es häufig zu beobachten, dass die persönlich erlebten Realitäten einen paranoiden Wahn beinhalten, der zu Flucht und aggressiv-gewaltsamen Befreiungsaktionen in subjektiver Notwehr führen können.

So begründet die grundlegenden Ängste und häufig antizipiert-vorweggenommenen Bedrängnisse sein können, in der gemäß Klein (Klein 1972, S 108, zitiert nach Staehle 1997, S 68) zugrundeliegenden frühkindlichen *paranoid-schizoiden Position*, wie auch in der späteren Schizophrenie stehen die stark überhöhten subjektiven Ausformungen drastischer Gefühlsüberschwemmungen und -ausbrüche im Vordergrund. Das inkohärente Selbst ist mit Vernichtung und Verfolgung bedroht (Klein 1972, S 73).

Gemäß Finzen (s.o.) kann die Medizin die Schizophrenie nur sehr rudimentär, lückenhaft und ganz und gar nicht ausreichend erklären, dies lässt sich auch für die Depression, die Panikattacken und die Manie festhalten.

Was sich eindeutig diagnostizieren lässt, ist, dass diese Krankheitsbilder zumindest phasenweise zu persönlichen Verschlussreaktionen und -handlungen vor dem Sozialen führen, es ist ein immunisierender Rückzug vom näheren und weiteren Umfeld, der von den Betroffenen nicht voll bewusst, und ohne bessere Option subjektiv und objektiv, häufig als Reaktion der eigenen sozialen Wehr- und Hilflosigkeit, einsetzt.

Auch ist die soziale Umwelt im Umgang mit Schizophrenen meistens zu wenig informiert über die sehr spezifischen Krankheitsbilder, um angemessen mit den Betroffenen umgehen zu können. Bei der Schizophrenie ist die Umwelt fast gänzlich auf die sozialen und sozialmedizinischen Berufe angewiesen, um ausloten zu können, welches eigene Verhalten und welcher eigene Umgang mit diesem Krankheitsbild angemessen, ratsam und sinnvoll ist.

4. Manie

Der Zustand der Manie ist der des permanenten, überschießenden psychoenergetisch-getriebenen Überschusses. Es ist die Unfähigkeit, mit dem Handeln aufzuhören und sich zu entspannen und zwischen wesentlichen und weniger wichtigen Umweltreizen, auf die das Ich meint, reagieren zu müssen, zu unterscheiden.

Die Grübelaktivität und die Unfähigkeit während einer Depression kippen bei einer Manie ins Gegenteil um. Es werden am laufenden Band spontane Entscheidungen wie aus dem Nichts getroffen, und Handlungen in einer häufig unangemessenen Weise dahingehend gesetzt, dass auf jeden auftretenden Anlass reagiert wird.

Im *Ich-Zustand der Manie* erscheinen die auch häufig nur kurz zurückliegenden depressiven Episoden passé und eine scheinbare Leichtigkeit in allen Dingen des Lebens scheint das jetzige, seit kurzem bestehende, subjektiv normale Lebensgefühl zu kennzeichnen. Fast alles wirkt wie ein positiver Verstärker und wird häufig durch eine eigene starke Wahrnehmungstendenz begleitet, die einem vorzugaukeln scheint, dass alles, was einem passiert, von einem gut gesinnten Schicksal genau so gewollt ist.

Als ManikerIn fühlt man sich häufig als *auserwählte soziale ImpulsgeberIn*, Die als schwer bedeutsame soziale ‚Institution' im Rampenlicht und Zentrum nicht nur der unmittelbaren sozialen Mitwelt, sondern in der Gesellschaft als Ganzes, steht.

Anfangs reagiert die Mitwelt auf ManikerInnen, indem sie innerlich-emotional die mitgebrachte Spannung der ManikerInnen mit- und weitertragen, im weiteren Verlauf tritt aber meist eine Distanzierung zu ihnen ein, eine Abgrenzung zu deren hyperreaktiven Handlungsmustern, von denen bald als krank etikettierten Ich-Zuständen man sich besser distanzieren und abgrenzen muss.

In der überwiegenden Mehrzahl von Manie ist sie verdeckt und nicht auf einen schnellen ersten Blick erkennbar, weil sie sich häufig als straighte, hyperangepasste und sehr leistungsfähige und -willige Ich-Haltung präsentiert, die eigentlich ein inkarniertes, soziales Ich-Ideal charakterisiert, auf das alle wie gebannt hinaufblicken müssen.

Die Manie ist die subjektiv-emotionale und dann objektiv nach Außen gerichtete Seins- und Aktivitätsform des Ich, das eine Mobilisierung des idealisierten *Größenselbst* ermöglicht. Laut Psychoanalyse verwirklichen sich in manischen Phasen nicht durchgearbeitete, von idealisierten Bezugspersonen übernommene Ziele und Werte, die in der Depression nicht relativiert werden konnten. Es gelingt nicht, eine größere innere Distanz zwischen das Ich und den individuell wirksamen ‚Vorschreibungen' des Größenselbst, dem *Ich-Ideal*, zu bewerkstelligen.

Das von psychoanalytischen AutorInnen nahegelegte oder zumindest unterstellte ‚Loslassen von Idealisierungen' ist somit stark zu kritisieren, weil es die Macht des Sozialen in Richtung eines angeblich gänzlich ‚selbstverantwortlichen Individuums' herunterspielt und die real gegebenen persönlichen Grenzen der Individuen negiert. Mit so einer Zielsetzung kann die Psychoanalyse auf der falschen Seite stehen, nämlich nicht auf der der ‚Kranken'.

Meist ist es nämlich nicht so leicht möglich, die Ideale zu verändern, weil die Umwelt so mächtig ist, die eben genau diese Ideale zum unabdingbaren Vorbild macht und auch die situative Bedingtheit der sogenannten Kranken erzeugt immer wieder das die eigene *Ohnmacht* reproduzierende *Beziehungsgefüge*, das genau eben in einer Manie überspielt wird und mit einem permanenten Handlungszwang überspielt werden muss.

Oft ist es eine Folge von unvermeidlichen Kränkungen in der Arbeits- und / oder Beziehungswelt, die zunächst scheinbar gänzlich folgenlos weggesteckt wird, dann aber a la long zu Buche schlägt.

Eine grundlegende Fähigkeit des Menschen ist es, sich auch selbst in einer sehr schlimmen Situation auf die trotzdem auffindbaren positiven Aspekte dieser Situation zu zentrieren und auf diese zu fokussieren. Die Manie ist eine Form einer überhöhten Fixierung positiver Seinsaspekte, die sich als permanent-fixierte Hyperreaktion zeigt.

Anpassung-Manie-Anpassung

In der Manie wird psychische Lebensenergie frei, die zuvor in *Überanpassung* an die soziale Umwelt in ihrer ursprünglichen Form für das Ich zu sehr beschnitten und reduziert wurde. Durch die vorher verdrängten Empfindungs-, Wahrnehmungs- und Handlungsanteile während der Überanpassung ist die psychische Reaktionsform während der Manie stark komprimiert und von einem Drang zu einer permanenten, weil vorher versäumten Reaktion geprägt und dominiert.

Die Manie stellt die psychische Energie bereit, die für einen Ausstieg aus unerträglich gewordenen Bedingungen benötigt wird, aber da eine Veränderung essentieller Lebensbedingungen meist gar nicht oder auf jeden Fall nicht so schnell erfolgen kann, ist ein Rückfall in die Depression vorprogrammiert.

Es ist der Teufelskreis einer Krankheit, die die inneren und äußeren Ressourcen für eine Anpassung an eine vermeintlich gesunde Normalität nicht (mehr) aufbringen kann und sie daher auch als dauerhaften eigenen Wesenszug eines Ich, das sich eben gerade überhaupt nicht anpassen kann oder will, nicht durchsetzen kann.

Manie ist die Phase und der Zeitabschnitt eines überschießenden, scheinbaren Selbstvertrauens, und einer eigenen Maßlosigkeit, die die eigenen Grenzen negiert. Sie ist der Rahmen für eine Abwehr durch Rollenumkehr, das heißt, dass die anderen in die gleiche Rolle gebracht und gepresst werden sollen, wie die manische Person selbst zu einem vormaligen Zeitpunkt.

Das verzweifelte Scheitern an der realen Normalität und der normalen Realität

Die Basis von manischen Ich-Zuständen ist unzweifelhaft die *Depression*, so sehr es die gesellschaftlich gehypten, hoch erkannten, verdeckten ManikerInnen es auch zu überspielen suchen, indem sie sich als die großen Vorbilder schlechthin fühlen, küren und sich küren lassen.

Das *negative Residuum* der immer nur schöne Gesichtsausdrücke erpressenden öffentlichen Gehirnwäsche dürfen die Einzelnen in Form von Depression zu Hause in ihren Zimmern und Wohnungen mit sich selbst austragen und ausmachen, oft gepaart mit einem Übermaß an Alkoholkonsum, denn ein Herzeigen von unlustigen Gefühlsformen ist in unserer repräsentativen, arbeitsbezogenen Lächelkultur nicht vorgesehen; bestenfalls im Sessel der Therapiestunde darf darüber *geredet* werden. Natürlich nur in der Zweiersituation und nicht in einer größeren Öffentlichkeit. Die Therapie ist wie ein Geheimbund von Depressiven, der öffentliche Tabus nicht anzugreifen wagt.

Bei diesem Gedankengang können jetzt PsychiaterInnen und TherapeutInnen ganz schnell mit der abwehrenden Diagnose ‚paranoid-aggressiv' bei der Hand sein, was den Grund der schwierigen eigenen Handhabbarkeit solchermaßen geäußerter komprimierter Gefühle in einem Therapieverlauf anzeigt, die die zur Geltung kommende persönliche Betroffenheit und / oder Wut im Mix mit einer oftmals sehr treffenden kognitiv-sozialen Wahrnehmung beinhaltet.

PsychiaterInnen und TherapeutInnen sind geschult, die persönlichen Emotionen zu verstehen und darauf zu reagieren, minus einer Richtigkeit und Wichtigkeit der individuellen Emotion im Zusammenhang und vor dem Hintergrund einer gegebenen Gesellschafts- und Lebensform. Nur der Ansatz einer begleiteten Selbsthilfegruppe zum Beispiel inkludiert die soziale Bedingtheit individueller Emotionen und kann überindividuelle Lösungsansätze fördern. Das ist der Ort, wo TherapeutInnen über ihre Ausbildung hinaus am meisten lernen könn(t)en über die gesellschaftliche Einbettung von Emotionen und deren (Un-)Möglichkeit eines Aufbrechens triggernder gesellschaftlicher Bedingungen.

Auch ManikerInnen können sich nicht spüren und haben die Verbindung zu ihrem eigenen Selbst verloren, weil auch sie ständigen *Ich-fremden Aktivitäten* ausgesetzt waren (und es ihnen nicht möglich war, die eigenen und fremden Bedingungen zu modifizieren) und sind und jetzt versuchen, sich der Hyperaktivität durch noch mehr Aktivität zu entledigen. Man kann aber kein Körpergewicht loswerden, indem man noch mehr isst (außer man stopft kiloweise Gemüse täglich in sich rein, was aber nicht der Regelfall ist).

Wie die Depressiven spüren auch sie einen massiven *Entfremdungsdruck*, der unsere heutige Gesellschafts- und Arbeitswelt signiert, am eigenen Leib und stellvertretend für die übrige, ständig lächelnde Berufsumwelt, die vergessen hat, was ihre eigenen, nicht fremdbestimmten Bedürfnisse sind, ja diese sind sogar häufig gänzlich zu einer unbekannten Variablen mutiert.

Manien können von *Fressattacken* begleitet sein, in der Manie ist das *Zeiterleben* sehr kurz getaktet, das heißt, die Zeit vergeht subjektiv sehr rasch, im Gegensatz zur Depression, bei welcher die Zeit unerträglich nicht vorübergehen wollend erlebt wird.

Diese soziale Herleitung und Begründung der Manie ist in der *medizinischen Theorie* nicht gegeben, sie ist ausschließlich darauf ausgerichtet, Belastungen, die über die Grenzen des Individuums hinausgehen zu behandeln und erkennen zu helfen.

Die Medizin setzt das Individuum in Stand, diese Belastungen, die zum Beispiel durch zweideutige Kommunikation innere Konflikte heraufbeschwören, ein bisschen besser auszuhalten. Der medizinische Ansatz hilft den einzelnen ‚Kranken', ein sozial kärgliches Auskommen zu ermöglichen, in besserer Anpassung an die Realität und das sind die anderen angeblich Gesunden, die das normative Gesellschaftsgefüge vorgeben, reproduzieren und gegen Eindringlinge und Angreiferinnen einer im Moment gegebenen sozialen Ordnung verteidigen.

Bei der *Depression wie bei der Manie* stehen die *fremdbestimmten Ich-Anteile* im Vordergrund, die sich kompromisshaft mit dem Drang der Ich-Ansprüche zu arrangieren versuchen und die sich mit diesem Spannungszustand dem unmittelbaren Zugriff der Personen, die dem eigenen Ich ihren Stempel aufzuoktroyieren suchen, entziehen.

Dabei verenden in der Manie sowohl die fremd- wie die eigenbestimmten Ich-Anteile quasi auf halber Strecke in einer intro- und extravertierten Kompromisslinie mit einer starken Tendenz zur Selbstaggression und Selbstdestruktion, und mit einer relativ schwachen Tendenz zur Fremdschädigung.

5. Wahnhafte Ich-Zustände

Ein wahnhafter Ich-Zustand ist eine äußerst heftig und massiv einsetzende Handlungsbereitschaft, mit und ohne darauf einsetzende faktische Handlungen, als Reaktion auf höchst intensiv erlebte Wahninhalte. Dabei verschmelzen leidvolle passive Ich-Anteile mit den aktiven Ich-Anteilen des Ausagierens.

Beim *Wahn*, seiner Bildung und den *paranoiden Ich-Zuständen* wird die Realität der weiteren und engeren Umwelt subjektiv stark überzeichnet und es besteht die starke Wahrnehmungstendenz von Betroffenen, die die soziale Umwelt als stark bedrohlich, schädigend und verfolgend einstuft und das zum zentralen Erlebensinhalt hat.

Wikipedia (‚Wahn') beschreibt das innere und äußerlich-zugeschrieben und erlebte ‚Wahngebäude' von Wahnkranken:

> *„Wahn* ist der Name für einen seelischen Zustand, der von starker Ichbezogenheit und falschen Urteilen über die Realität geprägt ist und so zu unkorrigierbaren Überzeugungen führt. Wenn eine solche Privat-Wirklichkeit das Leben der betroffenen Person vollständig bestimmt, kann der Wahn als Krankheit aufgefasst werden. In der Medizin wird der Wahn als Symptom von dem Vorkommen eines *paranoiden Syndroms* unterschieden, das bei verschiedenen Krankheiten auftreten kann und auch als ‚Wahn' bezeichnet wird. Darüber hinaus kennt man eine spezifische Krankheit, die ebenfalls mit dem Begriff benannt wird. Wahnsyndrome sind nicht selten, sie treten am häufigsten im Rahmen einer Schizophrenie auf und werden entsprechend den Richtlinien für die Therapie dieser Störung behandelt. Die Wahninhalte sind vielfältig, kulturell geprägt und historisch kontingent."

Ernst (1995, S 89 in Grond 1996, S 56) schreibt über das wünschenswerte Gesprächsverhalten von ÄrztInnen, PflegerInnen (und Angehörigen):

> „Niemand schafft es, die Wahnideen auszureden. Ich nehme den Kranken nicht ernst, wenn ich ihm vorheuchle, daß ich auch an seine Wahnideen glaube. Es ist [aber] nicht aussichtslos, zu einem ‚Konsens über den Dissens' zu kommen (vgl. Ernst in Grond 1996, S 56)."

Dieser geteilte Konsens über den gegenseitigen Dissens ermöglicht den Kranken, erstens die Gewissheit über ihr Leid nicht allein ertragen zu müssen und zweitens Hilfe bei der Relativierung ihrer

Wahninhalte zu erhalten. Äußern die Wahnkranken nichts über ihren Wahn, vermeiden sie damit die Konfrontation mit ihrer Umwelt. Dadurch können sie keine Hilfe, aber auch keine Ablehnung erfahren.

Die Wahninhalte der Betroffenen überzeichnen die äußere Realität und nehmen vorgestellte Entwicklungen in und mit näheren und fremden BeziehungspartnerInnen vorweg. Der Wahn kehrt dabei die Effekte einer abgewandten und auf jeden Fall nicht die eigenen Interessen verfolgenden und sogar schädigenden Umwelt heraus.

> „Der Wahnkranke wird immer wieder versuchen, uns zu überzeugen, dass nicht der Arzt oder der Pflegende, sondern die Polizei oder der Rechtsanwalt [für sie] zuständig seien (Blonski 1996, S 56)."

In der Tat sind auch in der derzeit wirksamen gesellschaftlich-politischen Gewaltentrennung die Psychiatriekranken bezüglich Zuständigkeit im Gesundheitssystem auch der staatlichen Exekutive, der Polizei, zugeordnet. Mit dieser unerbittlichen inneren subjektiven Überzeugung bilden die Wahnkranken die sehr effektiven Tendenzen von Staaten, auch in den letzten Jahrzehnten, ab, die gerade benachteiligte Schichten an staatlichen Kontrollen, unter der massiven Zuweisung des Etiketts ‚krank' im alltäglichen Gesellschaftsklima unausweichlich zu spüren bekommen.

Der Wahn ist das unbedingte und für die Betroffenen unausweichlich leidvolle Erleben einer bereits erlebten oder einer in dieser realen Ausprägung nicht gegebenen, aber vorweggenommenen unausweichlich schädigenden Umwelt.

Gehirnphysiologisch ist der Wahn als „Störung der neuronalen Transmission" kurzzufassen (vgl. Nervenarzt 2016, S 69f), aber ganz wichtig ist beim Wahn als gesellschaftliches Thema folgender Tatbestand zu berücksichtigen:

Je mächtiger, intelligenter und durchsetzungsfähiger der Wahnakteur ist, desto mehr kann davon ausgegangen werden, dass der Wahn der Motor ist und sein kann, *neue Realitäten zu schaffen* (vgl. Aichele 2003, S 333) und auch eine gesamtgesellschaftliche Wirklichkeit kann somit als das Erzeugnis von Wahn und als Summe vieler individueller Wahngeschehen ausgemacht werden.

Mit dieser Feststellung bewegt sich Die Analysierende aus dem Bereich der zugleich stigmatisierenden und schützenden Krankheitsdefinition hinaus in eine allgemein unausgesprochen-akzeptierte und gesellschaftlich anerkannte Sphäre, in deren Zentrum das erzeugte Produkt von KünstlerInnen, Wirtschaftstreibenden und PolitikerInnen steht, die den Wahn auch als einen gesellschaftsfähigen Ich-Zustand ausweist.

Das sollte aber nicht den Blick vernebeln, dass auch die drei eben angeführten Berufsgruppen sich ständig an der Grenze zu hundertfach vervielfältigten Wahninhalte transportierenden Bedingungen befinden, und man dabei unter einem *Schaffens-, Wertschöpfungs- und politisch-juristischen Erzeugungs- und Herstellungswahn* von Lebensbedingungen leiden können.

Der Wahn ist dabei als übermächtige, Handlungen provozierende Neigung des Ich zu definieren, die *keine eigene innere Reflektionsdistanz und Aktions-, Anstoßungs- und (provokatorische) Bestimmungs- und Durchsetzungsabstinenz zulässt und dabei von einer sehr starken und bestimmenden inneren Drangrealität und einem daraus folgenden, dominanten Anordnungs-, Bestimmungs- und Missionierungsdrang ständig (virulent) geleitet wird.* Auch die Manie kann von einem Wahngeschehen begleitet oder sogar dominiert sein.

Die innere subjektive Logik eines Wahns (vgl. Trincia 2003 S 63 ff) ist durch eine innere subjektive Gewissheit gekennzeichnet, die fortbesteht, auch wenn sie sich in einem (heftigen) Widerspruch mit einer gesunden, durchschnittlichen Mehrheit befindet (vgl. Arbeitsgemeinschaft für Methodik und Dokumentation in der Psychiatrie 1995, zitiert nach Luderer 2003, S 35).

An dieser Definition zeigt sich, wie sehr die Diagnose und die Beurteilung von Einzelpersonen ein abbildendes Spiegelbild einer sozialen Gesamtheit ist, die eine unübersehbare Differenz von Einzelpersonen feststellen muss und von dieser in einem sehr breiten Ausmaß betroffen ist und sein kann und sie daher ins Zentrum der (wissenschaftlichen) Aufmerksamkeit stellt.

Die ausgeführte Doppelgesichtigkeit des Wahns macht die Diagnose des Wahns sehr zentral und bedeutsam für eine Gesellschaft als Ganze, die darüber entscheiden muss, ob und inwieweit sie sich von Wahngetriebenen im positiv konnotierten, wie im negativ abgewerteten Sinn (an)treiben lassen will oder ob sie nicht besser über die eigene Souveränität bei der Auswahl ihrer antreibenden Kräfte selbst verfügen will. Beim negativ konnotierten Wahn hat sich die Gesellschaft zum Delegieren an die Gesundheitsversorgung entschieden, beim positiv konnotierten Wahn befindet sie sich erst am Anfang der Wahrnehmung und Ausformulierung eines viel stärker zum öffentlichen Diskurs zu machenden und viel weitläufiger zu problematisierenden Themas.

Auch im Folgenden geht es um die *zentralen klinischen Bestimmungsmerkmale* eines oftmals als wahnhaft zu bezeichnendem Phänomen, das eine massive Wahrnehmungsverengung zum Thema hat.

6. Hassen

Mit der Fragestellung des Hassens befinden wir uns im Themenbereich der energetisch gebundenen Ich-Zustände, die eine starke Ausrichtung auf die äußere Umwelt aufweisen. Während die Depression als passiv-aktiv-passiver Ich-Zustand charakterisiert werden kann (der aktive Ich-Zustandsanteil ist zum Beispiel ein grüblerischer, tendenziell selbstvernichtender Gedankenzwang), kann der Ich-Zustand des Hasses bzw. des Hassens als passiv-aktiver Ich-Zustand charakterisiert werden.

Der passive Ich-Zustandsanteil des Hassens ist der imaginativ-imaginierend-Probe handelnde Ich-Zustandsanteil, der das Hassen nicht unmittelbar in eine Handlung münden lässt. Der Ich-Zustand des Hassens ist eine sehr labile Situation mit einem hohen Entscheidungsdrang, durch welche das Ich perseverativ eingeengt und ge- und befangen ist.

Die Depression lässt sich mit dem von Richter (vgl. Richter 1997) geprägten Begriffspaar ‚machtloses Leiden' und der Ich-Zustand des Hasses und Hassens, wenn wir das handelnde Niveau betrachten, als ‚leidloses Machen' fassen und das Niveau der Probehandlung verlassen haben. Bei diesem kleinen Unterkapitel liegt der Fokus auf dem probegehandelten inneren immer wieder Hassen (müssen).

Fremd zugefügte, durch nichts zu rechtfertigende ungerechte Unterdrückungsaktionen, die zu Modi einer unüberschaubaren Menge an hilflosen, zumindest inneren Schreien der Verzweiflung geführt haben, führt zu einer höchst instinktiv-emotionalen und letztlich auch *kognitiv bestehenden Überzeugung*, dass die Welt, so wie sie ist, nicht gerecht, in höchstem Maß verbesserungs- und deshalb möglicherweise auch wert ist, zerstört zu werden. Das übernimmt beim Hass die völlige innere, Subjekt mächtige Steuerung.

Der Ich-Zustand des Hassens passt deshalb zu den energetisch gebundenen Ich-Zuständen, weil fast alle psychischen Funktionen diesem Zustand nachgeordnet sind bzw. diesem zuarbeiten. So wie bei der Manie und bei den Fluchttendenzen, die paranoide Ich-Zustände oft kennzeichnen, ist auch die Ausrichtung auf ein Handeln hin extravertiert nach außen gerichtet, zumindest gedanklich so beim Hassen, als die hier gewählte Beschreibung eines ganz zentralen *Ausgangspunktes* von Hass geleiteten Handlungen.

Mit dem Hassen geht auch oft ein Wahn einher, der sich auf die sich *eskalatorisch zuspitzende Fremdwahrnehmungen* bezieht, als bisher abgespaltener und nicht oder zu wenig gelebter Abgrenzungsrest von durch das Objekt des Hasses repräsentiert-generierten Szenarien der eigenen Hilflosigkeit. Die Fremdwahrnehmungen haben peinlich genau die *Ereignisse und AkteurInnen* im Blick, die die *eigene Unterwerfung und Demütigung* zum gegenständlichen Inhalt haben.

7. Überinkludierende Realitätsbewertung als regressive Ich-Störung

Die energetisch gebundenen Ich-Zustände, das so gefasste Wahnhafte und die Depression haben alle als zentrales, durchgehend auffindbares Merkmal eine überinkludierende Wahrnehmungs- und Denkhaltung, die über alle spezifischen Facetten hinaus als Psychose und Denkstörung oder *psychotische Denkstörung* etikettiert wird.

Bei der Panikattacke ist es die Denkstörung, die subjektiv massiv gefährdende Inhalte aufweist, die mit nur durch innere, oft äußerlich getriggerten Eintrittsreize ihr Instinkt dominiertes Programm abspult. Die zugrundeliegende Wahrnehmungsabweichung von einer täglich reflexhaft funktionierenden Routinewahrnehmung mündet dann ganz rasch in ein nur mehr nicht kognitives, gesamtorganismisches Erregungsgeschehen und die Panikattacke findet genau darin ihren hauptsächlichen Verlauf und Ausdruck.

Das gesamtorganismische Erregungsgeschehen ist auch ein ganz zentraler Aspekt der psychotischen Denkstörungen. Beim Hass ist meist eine klare kognitive innere Position gegeben, die aber von einem hohen inneren Erregungsniveau eingeleitet und begleitet wird. Dadurch ist der aktivere Hass und die passivere Panikattacke gekennzeichnet und signiert.

Bei den Denkstörungen ist eine riesenhafte schablonenmäßige Vereinfachung, Schematisierung und eine auf einem einzigen Wahrnehmungsfokus verengte Auffassungstendenz isolierbar, die Wirklichkeiten virulent auch übersubjektiv erzeugt. Diese verengte Auffassungstendenz ist zwar verengt, sie ist aber auch gleichzeitig andrerseits auf ein sehr weites Reizspektrum bezogen überinkludierend und generalisierend. Die eigene Sicht auf die auslösenden Reize ist dann sehr breit organisiert, die daraus schlussfolgernde Denkhaltung aber sehr eingeengt.

Will man eine Denkstörung also korrigierend von außen beeinflussen, müsste die Breite der Wahrnehmung eineR sogenannten als Denkgestörte Etikettierten verkleinert werden und die Breite der eigenen Schlussfolgerungen ausgeweitet werden. In jedem Fall müssten die Betroffenen es zulassen und sich den vermehrten psychischen Raum und die Zeit nehmen dürfen lernen, die Denkinhalte bewusster und eingehender wahrzunehmen, sich damit zielgerichteter auseinandersetzend zu befassen und zu präzisieren. Meist sind aber die zugrundeliegenden Kognitionen so eingeschliffen, dass das eine psychoemotional sehr aufwendige und eine mit vielen Widerständen behaftete, sehr umfassende psychosoziale Themenstellung darstellt. Dabei stehen die Aspekte einer Selbstschädigung meist im Vordergrund der Denkstörung.

Schödlbauer (2016, S 191) beschreibt als Besonderheit von psychotischem Denken, von Psychose und Wahn:

„Norman Cameron beschrieb 1939 als Besonderheit psychotischen Denkens eine Tendenz zum ‚overinkclusive thinking', zur Erweiterung der Begriffsgrenzen. Begriffen wird etwas eingeordnet, was nicht zur Sache gehört, den konzeptuellen Rahmen dehnt oder gar sprengt ...
Besonders wenn persönlich besonders nahegehende Themen und die Beziehung zu anderen berührt seien, soll es Cameron zufolge dazu kommen, dass sich Konzepte mit [stark eigenzersetzenden] Gehalten anreichern (Poljakov 1973, S 74; siehe kritisch dazu S 125) ...
Im Begriffsumfangstest (BUT) von A. Maerker und C. Winzer wird das Overinclusing als schizophrenes Symptom computergestützt zu messen versucht ...
Kliniker haben früh die Neigung zu ungewöhnlichen Verallgemeinerungen beobachtet, aber auch die Schwierigkeit, Relevantes von Irrelevantem zu unterscheiden, was als Filterstörung beschrieben werden kann (siehe Mahler 1988, S 113) ...
Wenn im Wahn alles bedeutsam werden kann, verwundert es nicht, dass das, was Außenstehenden als irrelevant gilt, vom Wahnkranken nicht ignoriert werden kann (Schödlbauer 2016, S 191)."

Das für psychotisches Denken im Allgemeinen und für die Schizophrenie im Besonderen designte Merkmal des ‚Overinclusing' findet sich, wie eingangs erwähnt, auch bei sämtlichen energetisch gebundenen Ich-Zuständen. Diese weisen als zentrales Konstruktionselement die Tendenz zu *logisch unzulässigen Verallgemeinerungen häufig logisch richtiger Ausgangsannahmen* aus (Schödlbauer 2016, S 186ff).

Nach Meinung der AutorIn erklärt sich die Denkstörung und das informationelle logische Deduktionsdefizit durch den unverarbeiteten, weil situativ-subjektiv bzw. subjektiv-situativ jeweils unverarbeitbaren, stark emotional-verstörenden Druck und durch die synchron auf die Betroffenen einprasselnde, innere und äußere nicht nur aktuell-situativen Anforderungen. Dieser innere Anforderungsdruck und die konfliktäre Spannung sind so hoch, dass die Einzelindividuen eigentlich schon lange aufgegeben haben sollten und müssten.

Die Rolle der zentralen Bezugsperson(en) und deren immanenter Prägungsfaktor bei regressiven Denkstörungen

Die Bewerkstelligung einer geregelten Abwehr innerer und äußerer Konflikte, ist in ein fundamentales und massiv-virulentes Umdeutungs- und Umschichtungsproblem zwischen den Ich-Instanzen hineingeraten, zwischen den Fronten *unterschiedlich libidinös besetzter Bezugspersonen, -situationen und -konstellationen* (zum Beispiel Schödlbauer S 225, ‚Verwerfung des Namens-des-Vaters … ')".

Die Betroffenen befinden sich dabei somit gleichzeitig in einer eben nicht frei flottierenden Unlösbarkeit ihrer innerpsychischen Probleme, sondern geraten in eine psychisch-magische Denkstörung, die zu einem vehementen Verlust der Ich-Steuerung führt und führen muss. Der Ich-Zustand, der sich auch aus schnell wechselnden Ich-Zuständen zusammensetzen kann, wäre mit der Höhe an Wechselfrequenz auch für Gesunde letztlich nicht mehr bewältigbar.

Gleichzeitig besteht eine übermächtige Fixierung auf das in der Kindheit immer unerreichbar gewesene Objekt und die PsychotikerIn bildet mit ihren nicht nur internen Bewertungsverkrampfungen an die auch kulturell schwer konnotiert-gehypten Vaterleitbildfiguren, die psychisches Leid erzeugen, eine allgemeine, für eine ganze Gesellschaft stellvertretende Symptomatik aus.

Das Problem dabei sind die massenhaft geteilten, patriarchalen Leitbilder in den Köpfen vor allem der jungen Männer, die sich dort unverrückbar eingebrannt haben dergestalt, dass es einer übermächtigen Verrückung bedürfte, um diese eingravierten Leit-Vaterbildfiktionen wieder an den ursprünglich auslösenden Mann zu bekommen.

Der Grad, mit der diese alt hergebrachten, längstens tradierten Rollenbilder auch aus der Religion entlassen und entmystifiziert werden müssten, lässt sich als das notwendige Ausmaß an Veränderung bisheriger, noch immer patriarchal ausgerichteter Gesellschaftsordnungen ausweisen, die auch Psychosen, die valide ungelöste Anteile durch nicht verrückbare Vaterfixierungen unwahrscheinlicher machen würde.

Die regressive Turbulenz der Denkstörung

Man kann sich jetzt darüber streiten, wie krank die sogenannten Kranken sind, und inwieweit sie nicht Dinge spüren und ausagieren, die die Gesellschaft als Ganzes betreffen, aber als gesichert kann gelten, dass unsere ganze Gesellschaftsformation noch immer stark an einem Leitbildbias zum patriarchalen Mann hin erkrankt ist und leidet.

Dieser Leitbildbias bewirkt eine zusätzlich gegebene Regressionstendenz, die immerwährend auf gesellschaftlich geprägte regressive Denkstörungsmuster zurückfällt. Der Denkstörung kommt dabei der das Ich schädigende Aspekt zu, der den Denkgestörten den Weg zu einer realitätsangepassten Wahrnehmung dahingehend verbarrikadiert und verbaut, als sie für sie Wesentliches von Unwesentlichen kaum mehr zu unterscheiden fähig sind. Und das auch deshalb, weil die innerlich erlebte Dringlichkeit der einströmenden Reize insgesamt ein zu hohes Niveau erreicht hat.

Der Grund dafür ist letztresultierend das sehr feinreaktive innerpsychische Bestands-, Zusammensetzungs- und Abstimmungsgleichgewicht zwischen den Ich-Instanzen und den abzuwehrenden inneren und äußeren, das Ich bedrängenden und gefährdenden Fremd-Ich-Anforderungen und -einflüssen und einer angemessen-zutreffenden Zuordnen- und Erkennbarkeit relevanter innerer und äußerer Situationsbestände.

Diese kognitive Fehleinschätzung und klinisch als Denkstörung fixierten kognitiven Muster, die in einer komplexen Welt andrerseits ständig quasiprogrammatisch passieren müssen, führt dann zu einer regressiv ausgerichteten emotional nicht mehr steuerbaren virulenten Turbulenz, weil der psychische Raum und oftmals auch die unterstützenden BegleiterInnen dabei abgängig sind. Das sind zwei Faktoren, die bei allen psychisch relevanten Störungsformen zentral zu verorten sind.

IV. Ich-Zustände als Ausgangspunkt und Folge der sozialen Bedingungen

Im Folgenden werden zwei Beispiele energetisch gebundener Ich-Zustände, die polar entgegensetzt sind, im Rahmen der Themenstellung dieses Kapitels behandelt. Auf der einen Seite steht das rundum zum Tragen kommende Unvermögen der Depression, die Ich-Zustände nach außen wirksam werden zu lassen, und auf der anderen Seite ein zum Teil gegebener dominant werdender Außenbezug, der im Hass zur Geltung kommt.

1. Depression

In jedem dieser beschriebenen Ich-Zustände geht von den jeweiligen Personen ein Zwang aus, der für die anderen Bedingungen schafft und der sie dazu bringt, sich vermehrt dieser Person zu- oder von ihr abzuwenden. Diese Formation eingelernter, gegenseitiger Zu- und Abwendungen erzeugt die mit Ich-Zuständen durchzogenen, von der Umwelt erzeugten Rollenfixierungen.

Die Ausübung einer jeweiligen Rolle hinterlässt Spuren im Sozialen, die die Rollen von ‚Kranken' auf diese selbst projizierend und damit externalisierend wirksam festschreibt: Das bewirkt, dass der Gehalt und die Aussage der Ich-Zustände und Handlungen von ‚Kranken' erstens negiert und dadurch für die Gesellschaft als Ganzes neutralisiert und bedeutungslos wird. Die Ich-Zustände der als krank ausgewiesenen Personen unterliegen damit der gesellschaftlichen Ausrichtung einer Tendenz zum Negieren, die einer durch spezifische Handlungszwänge bestimmten Ordnung folgt.

Diese solchermaßen hinterlassenen Spuren der spezifischen Ab- und Zuwendungen im Sozialen führen ergebnishaft und zielgerecht zur Reproduktion von Bedingungen, die für manche sehr vorteilhaft, für viele aber nachteilhaft und schädigend sind.

Die Rolle der Depression im (über)individuellen Handlungsverlauf

Für die soziale Umwelt sind die Depressiven als wieder- und vorwegbelebte hilflose Abhängigkeit der Einzelnen eine signalhaft-markante Absage an die fortlaufenden Aktivitäten der eben nicht als Depressive ausgewiesenen AkteurInnen. Häufig sind die hilflos abhängig Depressiven komplett passiv, ohne Bezug zu einem sozialen Netz und isoliert.

Nur der scheinbar überschießend Aktive steht im Zentrum der postindustriellen und postmodernen, in höchstem Maß individualisierten Gesellschaftsform.

Die Depression ist die negative Blaupause von einer als gesund ausgewiesenen Normalität, die sich in der als normal befundenen Abfolge von Aktion und Reaktion, einer jeweils speziellen Zusammensetzung von aktiven und passiven Anteilsstrukturen des Ich zeigen und darstellen.

Die Depression setzt nicht nur sämtliche Aktivitäten der eigenen Ich-Anteile außer Kraft, sondern auch die im eigenen Selbst befindlichen Fremd-Ich-Anteile und löscht sie unintendiert.

Für ein Lernen ist das Löschen durch Vergessen mindestens ebenso wichtig und zentral wie die Aufnahme von neuem Lernmaterial, das sogenannte ‚Merken', das das Leben laufend zur Verfügung stellt. Depressive sind in einem überaus leidvollen Ich-Zustand in einer gesellschaftlichen Position, in der sie durch nichts und niemanden mehr kompromittierbar sind.

Es ist das ‚Aus' und ein komplettes Löschen für sie und deren Beziehungen zu ihren familiären und sozialen Beziehungsnetzen, und vor allem für die ständig wirkenden repräsentativen gesellschaftlichen Funktionen, die im Lebensablauf von Depressiven ebenfalls gänzlich deren Wirksamkeit verlieren, was für die Betroffenen existentiell eine große Bedrohung darstellen kann.

Im sozialen Ganzen lässt sich die Depression wie folgt positionieren:

Im Inneren von Depressiven ist der unlösbare Kampf und Konflikt *zwischen* nach außen gerichtetem Wut- und Angriffsimpulsen *und* Widerstand gegen die krank machenden Bedingungen, die eine nach innen gerichtete Selbstschädigung verursachen und betreiben, entschieden worden. In dieser konfliktären Polarität erscheint jegliche Aktivität sinnlos und zum Scheitern verurteilt, weil eine quasi verlängerte gesellschaftliche Bestrafungsform immanent wirksam ist.

In einer anderen Lesart sind diese für die einzelnen unlösbaren Konflikte zwischen dem Individuum und den gesellschaftlichen Verhältnissen: DIE einzelne unterliegt den Verhältnissen in Form einer nicht geglückten, gescheiterten *Anpassung* an die relevante soziale Umwelt und die relevante soziale Umwelt vermag es nicht, das Individuum mit dem entscheidend Nährenden zu versorgen und / oder das Individuum vermag es nicht, sich entscheidend, vor allem vom näheren sozialen Umfeld nähren zu lassen.

Die Relationierung, die die Umwelt meint, vornehmen zu müssen und die Relationierung, die das Individuum meint, vornehmen zu müssen, gehen ins Leere und verfehlen ihre Passform und ihr Ziel.

Depressionspharmakologie als Abbild einer Unlustgesellschaft

Diesen Überlegungen kommen auch die Erfahrungen von Betroffenen mit der Theorie der sogenannten Serotoninwiederaufnahmehemmer zu, die als Glaubenskonstrukt die letzten Jahrzehnte der psychiatrischen Behandlung und in Form von Behandlungsdogmen, die sich in den Gehirnen der Betroffenen, dank der nachplappernden Replikation von ganzen medizinischen Behandlungsapparaten, eingebrannt haben: Richtig dabei ist, dass es bei der Depression ganz entscheidend um einen allgemeinen Lustmangel geht, wofür die Depressiven stellvertretend für eine ganze Sozietät stehen. Falsch ist, dass diese Medikamente, die in diesen Serotoninerzeugungszyklus eingreifen, in der gewünschten Weise wirken.

Die Zurückweisung dieser paradigmatischen Hypothese der Pharmakonzerne und ÄrztInnen wird durch viele Aussagen von Betroffenen validiert, die angeben, dass die Einnahme der Serotoninwiederaufnahmehemmer zu einer momentan einsetzenden massiven Verschlechterung des eigenen leiddominierten Ich-Zustands führen. Die Effektivierung der eigenen Unlust ist genau das, was Depressive punktgenau während ihrer Leidensperiode, die ohne Anfang und Ende erlebt wird, am wenigsten brauchen können.

Abgesehen von weiteren, auch medizinsoziologisch äußerst erkenntnisträchtigen Überlegungen ist festzuhalten, dass sich am pharmakologischen Horizont ein Hoffnungsschimmer abzeichnet: Substanzen, die am nicht süchtig machenden Anteil der *Marihuanapflanze* ansetzen, kommen immer mehr in den Behandlungsfokus. Und die Substanz der magic mushrooms, das *Psilopsybin*, womit im letzten halben Jahrhundert nur alternative Freaks Selbstexperimente durchführ(t)en, befindet sich in einer fortgeschrittenen pharmakologischen Studien- und Testphase.

Nicht nur für die AutorIn ist der sozietäre Tatbestand der Depression ein Symptom westlicher Gesellschaften, der anzeigt, dass die zielgenaue Verfolgung von Lebenslust der vielen Einzelnen massiv ausgehebelt wird, mit massiven Barrieren belegt wird und ist, und in fundamentaler Weise fehlgeleitet wird, was nicht zuletzt von den Dogmen einer individualistischen Konkurrenz- und Erfolgsgesellschaft systematisch be- und hintertrieben wird. Hintertrieben wird die Lebenslust der vielen ganz gezielt und systematisch. Und das mit einem ständig vorzuzeigenden Glücksgefühl, das an den wahren und authentischen Gefühlen der vielen Genötigten geradewegs vorbeiführen.

Aufgrund der sozialen Signalwirkung der Depression stellt sich ganz zentral die Frage nach der Bedeutsamkeit des sozialen Rückhalts und des regen Austauschs in sozialen Netzen – inklusive der familiären (Kern)Familiennetzen, die öffentlich, exklusive der familiären Netze, so mit Füßen getreten werden und in der gehypten Rezeption des Einzelindividuums nur schlecht wegkommt, dadurch, dass zu diesem zentral-wichtigen Thema keine explizite öffentliche Erwähnung stattfindet.

2. Hassen

Ohne Autorität, Macht und Unterwerfung ist der Ich-Zustand des Hasses nicht zu denken. Auch schon ohne manifeste Gewalt erzeugt der instinktemotionale bzw. emotionalinstinktive Ich-Zustand des Hasse(n)s Unterwerfung und soziale Ausgrenzung und wird und wurde davon und dadurch erzeugt. Der Befehl und die fremderzeugte Regel, dem und der alternativlos Folge zu leisten ist, erzeugt Hilflosigkeit, die nach Überwindung dieser fremd erzeugten Hilflosigkeit zu Hass führt. Durch Hass als unteilbares Aktivitäts- und Aktivierungspotential, das mit einem überdeutlichen und übermächtigen Ziel ausgestattet ist oder scheint, kann und soll diese Hilflosigkeit verhindert oder zumindest abgespalten werden. Oft geht es auch um die bloße Abwesenheit von Empathie, die Hilflosigkeit und Hass erzeugt und erzeugen kann.

Die Rolle des Hassens im (über)individuellen Handlungsverlauf

Der Befehl, der dem Selbst die eigene Hilflosigkeit vorgibt, die durch Fremdbestimmung Selbstentfremdung und die Preisgabe 5des eigenen Ich vorschreibt und dem Körper deR Anderen einschreibt, wird von einem oder dem Fremd-Ich erzeugt.

Es sind dies die Ergebnisse einer geforderten unbedingten Anpassungsleistung, deren Nicht-Befolgung schon im geringsten Ausmaß zu einer insgesamt wirksamen gesellschaftlichen Sanktionierung führt und / oder zumindest zu einer Reihe von aversiven Reaktionsaussichten und -versprechungen, die durch die selbst gesetzte Nicht-Befolgung quasilogisch und folgerichtig ausgelöst werden.

Eine zentrale Folge der erzwungenen Befehls-Hilflosigkeits-Anpassungskette ist, so die hier vorgetragene Hypothese, längerfristig der Hass. Dieser stellt sich ein, wenn das Trauma einer (massiven) Fremdbestimmung durch das Durchleben der dadurch entfalteten Eigenlähmung nochmals durchlebt und überwunden werden kann, worauf dann die Wut einsetzt und später auch möglicherweise der Hass, in Abhängigkeit davon, ob und inwieweit, diese nicht im Vorfeld schon durch (zu erwartende) Sanktionen zugedeckt, abgespalten und ausgelöscht wird und werden muss.

Der überindividuelle und gruppenbezogene Lernprozess des Hassens ist von dem individuellen Prozess dahingehend zu unterscheiden, als er über ein viel größeres Generalisierungspotential und über eine weit höhere Generalisierung verfügt, der über das Lernen am Modell ganz leicht übertragbar proliferieren kann. Von den auslösenden Faktoren ist dann so gut wie nichts mehr zu bemerken und diese sind dann tendenziell nur mehr sehr schwierig auffindbar, weil der Gruppenprozess alle äußeren Faktoren zudeckt und zuzudecken bestrebt ist.

Psychoanalytisch ist es aus der Perspektive der Befehle erteilenden und ausübenden Personen auch der früh erlernte und aufgestaute Hass zu verorten, der in irgendeiner Weise pariert und somit abgespalten werden musste, damit diese jetzt selbst gewissen- und bedenkenlos Befehle ausschüttend erzeugen können. Es ist der Hass, der die Befehls-Anpassungs-Hilflosigkeitskette frühzeitig und originär generiert und in Bewegung setzt.

Der instinktemotionale und emotionalinstinktive Ich-Zustand impliziert durch seine meist ausschließliche *Fokussierung auf das gehasste Objekt*, dass es um die Verwirklichung von Angriff und Verteidigung in dem jeweiligen Alltag eines hassenden Subjekts geht, das eine Hintanstellung und auch eine Abspaltung zentraler Bedürfnisse eben dieses Subjektes bewirkt. Das hassende Subjekt, das dem oder den Fremd-Ich seinen Willen aufdrängt und überstülpt, wäre als primär auslösendes Moment zu isolieren.

Unterwerfungsereignisse im Zeitverlauf

Zeitlich gesehen gibt es vorher, jetzt und nachher ein faktisch stattfindendes, fremd zugefügtes oder fremd zufügendes Unterwerfungsereignis, und ein jetzt und nachher antizipiertes (fremd zufügendes oder fremd zugefügtes) Unterwerfungsereignis, das meist unter- und / oder überlagert ist von selbst erlittenen Ereignissen des Unterworfenseins, im vorher, jetzt und nachher.

Im sozialen Ganzen lässt sich das Hassen wie folgt positionieren: Das Hassen ist der Preis einer erzwungenen Anpassung, die auf Unterwerfung folgen kann und ziemlich wahrscheinlich einsetzt. Wenn die Traumen nicht bewältigt werden können, führt das zu wiederholter Fremd- oder Eigenunterwerfung. Eine Fremdunterwerfung ist nur dann möglich, wenn die AkteurIn über eine ausreichende Machtposition verfügt.

Der Hass ist die emotionale Instanz, die in einem psychischen und sozialen Umfeld Unterwerfung und sozialen Ausgrenzungsdruck bewirkt und erzeugt, in einer *präkognitiven, kognitiven und / oder faktischen Ereigniserzwingung.*

Bei einem Psychopathen ist der Platz des instinktemotional und emotional-instinktiv gesteuerte Hasses durch die gefühlskalten, rein rational wirksamen Feldzüge gegen die dem eigenen Willen widerstrebende Objekte, die sogenannten Konkurrenten und Feinde, ersetzt.

Im repräsentativen Normalfall ist Hass also die instinktgesteuerte emotionale Instanz, die erlittene Unterwerfung durch zugefügte Unterwerfung ersetzt, er dient nicht nur der unmittelbaren Unterwerfung, sondern soll auch die Erfahrung der vorher stattgefunden Eigenunterwerfung präventiv abfangen und postaktional zumindest schrittweise verunmöglichen.

Er dient auch der Verunmöglichung und der Abwehr paranoider Ich-Zustände, die meist erst postoperativ auf die Handlungen von Aggressoren als zu spät erfolgende, hilflose, zumindest innerpsychische Fluchtversuche, einsetzten.

Der Ansatz von Psychoanalyse und Psychotherapie ist es, durch die bewusste Aufarbeitung der eigenen Traumen einen psychischen Raum zu schaffen, der eine notwendige Abwehr des Gewalt zufügenden Objektes und eine breitere Auswahlmöglichkeit eigener Handlungsalternativen ermöglicht.

Klein (1940) deutet mit Ihren Ausführungen zur depressiven Position die (Un-)Möglichkeit des Säuglings an, intrapsychisch und (extra)motorisch, mit Wut (, Hass) und Zurückweisung der Mutter zu (re-)agieren.

Die (Un-)Möglichkeiten, auf sehr verschieden zu skalierende, fremd erzeugte Anpassungsanforderungen, Unterwerfungsansinnen und -modalitäten und auf die von außen herangetragenen Autoritätsansprüche zu reagieren, die zuerst von den Eltern, Freunden und Nachbarn, etc., dann von den LehrerInnen, Universitätslehrenden, etc. und den PolitikerInnen, UnternehmerInnen, usw. ausgehend ausgeübt werden, wandeln sich im Verlauf der individuellen Leben, je nach ökonomisch-kulturellem Lebensumfeld, persönlicher Resilienz, Ich-Stärke, usw.

Im Zentrum steht die perseverativ erlebte Kontrolllosigkeit durch eine oder mehrere psychosoziale Umwelten und in ihr stattfindenden, kontroll- und hilflosen Ereignisse, die es zu minimieren gilt, soll und will eine Hassprävention möglich werden und sein.

V. Das Fremd-Ich der Anderen und das eigene Ich

Die Fremd-Ich / Eigen-Ich Beziehung ist eine Matrix, die ständig, auch hinter den energetisch gebundenen Ich-Zuständen und den sehr grundlegenden menschlichen Positionen der Hilflosigkeit, Abhängigkeit und Regression, präsent und wirksam ist. Und das eigene Ich ist vom Fremd-Ich durchsetzt und durchzogen auf eine ganz eigentümliche Weise.

Es sind im besonderen Ausmaß die soziale Bande zwischen dem Ich und dem Fremd-Ich, die von Kindheit an das Ich in Ihrer originären Modalität bedingen und prägen. Vor allem die relevanten Anderen tun dies, aber insgesamt ist es ein Ensemble der relevanten Anderen mit den übrigen, in den persönlichen Leben auftretenden Kontakten und Beziehungen.

Scheinbar fugenlos und hauptsächlich durch das äußere Erscheinungsbild erfass- und unterscheidbar, treffen Personen im Alltag aufeinander und die Grenzen zwischen ihnen, die nicht manifest wahrnehmbar sind, gehören zu einer nicht unmittelbar sichtbaren und erlebbaren Entität, die die Koexistenz unterschiedlicher Ich-Zustände regelt.

Betrachten wollen wir hier die zeitlich überdauernden Ich-Zustände, die Personen in ihrem Umgang mit sich und den anderen kennzeichnen und die über die Zeit hinweg relativ konstant bleiben. Ob und inwieweit von einer Gesellschaft Ich-Zustände als begehrenswert, nicht von Belang oder verachtenswert eingestuft werden, hängt von einer von dem näheren und weiteren Umfeld ‚geteilten' *sozialen Norm* ab.

Wie die vornehmlich abstrakt gedachte Norm (als soziologische Domäne) ‚geteilt' wird, wäre ein eigenes Thema, das sozialpsychologisch und analytisch sich über Einzelpersonen, die aus deren Gesellschaftsschichten und deren auch politisch verortbaren (Berufs)Gruppen ihre Idealisierungsschemata beziehen und von diesen bespeist werden, erschließen ließe.

Diese (nicht nur als ‚*Gruppenwolke*¹ visualisierbare, sondern ganz manifest über Polizei und Gerichte tagtäglich exekutierte) Norm bestimmt darüber, ob und inwieweit Ich-Zustände entweder kontrolliert und weggesperrt werden (müssen) oder ob sie gehypt und nachgeahmt werden. Hier im Mittelpunkt steht der Fremd-Ich Bezug, der die Ich-Zustände in der *Selbst- und Fremdbilddimension* und -definition impliziert, manifestiert und referenziert.

Aus der *Entwicklungspsychologie* ist bekannt, dass das Verhalten der unmittelbaren Umwelt gegenüber dem Neugeborenen in den ersten Jahren entscheidend ist dafür, wie sich das Ich im späteren Leben mit den anderen zurechtfindet: Je nach Persönlichkeit wird dabei die Tendenz in Richtung *selbst- und / oder fremdaggressiven Verhaltens* einprogrammierend grundgelegt. Ganz zentral dabei für eine gelingende oder scheiternde Ich-Fremd-Ich-Relation ist die Frage, die sich einer psychohygienischen Perspektive stellt, welchen Stellenwert direkte innerfamiliäre Gewalt in einem individuellen Leben eingenommen hat oder einnimmt.

Bei den ersten und entscheidenden Ich-Reaktionen auf die mitmenschliche Qualität des ersten sozialen Umfelds spielt die persönlich-charakterliche Grundausstattung eine zentrale Rolle in einem Prozess, der die grundsätzliche Relation zu den (nachhaltigen) Ich Zuständen der vielen Fremd-Ich der näheren und ferneren Umgebung zur Geltung bringt und austariert.

Zentral zu unterscheiden und als sehr wesentlicher Parameter der Ich-Fremd-Ich-Beziehung und Relation ist im weiteren Lebensverlauf der *Grad an Selbstausbeutung*, die die Personen imstande sind, anderen zu verordnen oder sich selbst abzuverlangen, als generelle Tendenz der Eigen-Ich / Fremd-Ich-Sicht und -Pragmatik.

Dieser Grad an fremdaggressiv verordneter Selbstausbeutung und / oder selbst abverlangter, selbstaggressiver Ausbeutung bestimmt als ein wesentlicher Bestimmungsfaktor die Position, die in der gesellschaftlichen Hack- und Rangordnung erreicht und eingenommen wird. Der *größere Verbund der vielen Fremd-Ich und Eigen-Ich Anordnungen* in einer Gesellschaft ist durch einen spezifischen Fremd- und Selbstaggressionsfaktor gekennzeichnet, der die jeweilig ausgeprägte Gesellschaftsform signiert.

Das Ich kommuniziert mit dem Fremd-Ich und tauscht sich mit ihm aus. Während es sich mit ihm austauscht, nimmt die soziale Norm, die Regelung des Verachtens- und Begehrenswerten, ihren täglichen Tribut. Es ist, als wäre der Interakt zwischen zwei Personen ein abgekartetes Spiel, das nicht unmittelbar sicht- und erlebbaren Zeugen Rechenschaft schuldig ist.

Die soziale Norm sitzt dabei quasi immer im Hinterkammerl und bestimmt darüber, ob und inwieweit dem Ich die Nase des Fremd-Ich behagen soll oder nicht. Diese Hinterkammerl-Bewertung ist insofern öffentlich, als sie sich im Alltag erlebbar zeigt in Form von Bemerkungen, Kleidung, Aussehen und Handlungen und anderen sichtbaren Korrelaten der subjektiv-individuell sich ausdrückenden Werte.

Diese Werte stehen in einem geheimen Zusammenhang mit den Orientierungspunkten, die valide zu sein haben für den kollektiven Rechenschaftsprozess, der in allen Gesellschaftsmitgliedern in ihrer jeweils eigenen Prägung ständig innerlich abgespult werden: Die *Ich-Zustände* des einzelnen sind das *innere Korrelat und Desiderat der Sozietät* und da wieder insbesondere der Ursprungs- und der Wahlfamilie.

Wenn das Ich sich zu den (relevanten) Anderen, dem Plural des Fremd-Ich, verhält, ist das der Niederschlag von äußerlich wie innerlich wirksamen Protokollen, die beständig in Form von Gedächtnisoperationen und -spuren festgehalten und ausgewertet werden, wie im Fahrtenschreiber eines Kraftfahrzeugs.

Die *Ich- / Fremd-Ich Relation* ist somit das Ergebnis jahrhundertelanger genetisch abgelegter Information zwischenmenschlichen Handelns, Denkens, Reagierens und des beim Anderen Auslösens, Provozierens und Initiierens, sie ist ein Abbild der gesellschaftlichen Normierung und trägt ihren Stempel in sich beständig mit.

VI. Extravertierte, Gewalt vermittelnde Ich-Zustände

Das *Fremd-Ich* der anderen ist die (primäre und sekundäre) Umgebung des *eigenen Ich* und des *eigenen Selbst*. Das Ich wie auch das Fremd-Ich, welches das Ich umgibt, vor allem in den ersten Lebensjahren, kann vom Ich nicht ausgesucht werden, es ist diesem a priori vorgegeben und aufgegeben.

Bereits und sehr fundamental werden in frühesten Kindheitsjahren die Grundfesten einer Persönlichkeit festgelegt, die von psychopathisch zu psychohygienisch erstrebenswert reicht. *Habitus* ist der von der SoziologIn Bourdieu geprägte Begriff, der Einstellungszusammensetzungen, die eine Person kennzeichnen, als nachhaltige Denk-, Wahrnehmungs-, und Handlungsbilanz fasst und darstellt.

Im Folgenden soll es darum gehen, Ich-Zustände von Personen, die einer Mehrzahl von Personen in einer Gesellschaft aufgegeben sind, zu untersuchen, und dabei stehen deren *Glaubensüberzeugungen* im Fokus.

Bei der Thematik *Glauben* ist es strittig, inwieweit dieser wissenschaftlich akzeptiert werden sollte oder doch als Wahn (ab)klassifiziert werden muss (Schödlbauer 2016, S 262). Bei den sehr grundlegenden Glaubensüberzeugungen des Habitus und seiner letztresultierenden Haltung und Sicht der mitmenschlichen Qualität einer Gesellschaft und einer Person geht es um eine quasiphysikalische Gesetzmäßigkeit, die einige persönlichkeitsimmanente Variablen, die über das Verhalten einer Person Auskunft geben, erklärt.

Im Folgenden sollen die Variablen im Zentrum stehen, die Individuen, die *monumentartig versteinerte (Glaubens)Gewissheiten* aufweisen, wie sie sich auch immer zeigen, darstellen. Eine wesentlich Variable zeichnet sich dadurch aus, dass diese Form von Glaubensgewissheiten einen absoluten Charakter aufweisen, der absolut a priori gesetzt ist, also immer als nicht mehr hinterfragbare Prämisse eigenen Glaubens und Handelns als unveränderbares Fundament zu finden ist und das einer tiefer gehenden Analyse gänzlich unzugänglich ist. Personen mit diesen oft sehr platten und hermetischen

Glaubensgewissensausprägungen verfügen über wenig oder gar keine reflektive Distanz zu sich selbst und ihren Handlungen und spüren sich hauptsächlich in ihrer unanzweifelbaren und primär von den relevanten anderen als unanzweifelbar anzuerkennenden Aktion.

Bei den nun folgenden Fallbeispielen von *Ich-Zuständen*, die in der Politik, der Wirtschaft und den Institutionen bei den dort wirkenden tätig-effektiven ‚Führungspersonen' auftreten, sich äußern und beschreibbar sind, lässt sich die ungefähre Häufigkeit von durchschnittlich jedem siebzehnten Ich beobachten. Die dort gegebenen Formen der klinisch *psychologisch-psychiatrischen Störungsbilder*, kommen implizit und explizit durch die sich selbst und anderen vorgetragenen Glaubensüberzeugungen und -gewissheiten über sich selbst und die anderen zum Vorschein. Es kommen dabei oft nur sehr fragmentierte, dafür aber aus sehr bekannten und gängigen Facetten bestehende Persönlichkeiten mit ihren zusammengesetzten Persönlichkeitsstörungen zur Geltung.

Die mediale Öffentlichkeit zeigt die Spitze des Eisbergs, die geglaubte Creme de la Creme, nicht aber die Unzahl an zivilgesellschaftlichen SteigbügelhalterInnen, die die Medienpsychologie als die vielen ‚kleinen' Meinungsoperatoren in den sozialen Netzen – die ‚opinion leaders' als multifaktoriell-proliferativ-vervielfältigend-tätige Basisaktivisten bezeichnet. Diese meist öffentlich nicht Wahrnehmbaren, weil nicht in genügend Ausmaß öffentlich Dargestellten, übersetzen die von oben verordneten, oft morbiden Trends nach unten.

Die Störungsbilder enthalten und zeigen die psychologisch-psychiatrisch etikettierten und diagnostizierten, in Richtung Umwelt nachhaltig nach außen getragenen und wirksamen Ich-Zustände. Die Störungsbilder beinhalten das permanente verhaftet sein und Abspielen ganz spezifischer Ich-Zustände, die kennzeichnend sind für die jeweiligen psychiatrisch auffälligen Persönlichkeitsstörungscluster.

Die *Diagnose von Persönlichkeitsstörungen* in der Öffentlichkeit weithin anerkannter Personen ist deshalb so kompromisslos und kontroversiell, weil eine momentan gültige Ordnung von partiell intelligent und übermäßig durchsetzungsfähigen, aber gleichzeitig häufig in höchstem Maße psychohygienisch schwer beeinträchtigt-morbiden Persönlichkeiten geprägt und gesteuert wird.

Beschreibt man die *Ich-Zustände* von Führungspersonen, die man selbst mitgewählt hat, beschreibt man zum guten Teil die Wunschprojektionen der eigenen Person, die gesellschaftliche Realität ist nicht nur durch sich selbst verursacht, sondern auch rekursiv, das heißt auf sich selbst rückgekoppelt wirksam. Darüber hinaus sind die eigenen Wunschprojektionen nur zum Teil bewusst und unterliegen daher in einem hohen Ausmaß dem eigenen Tabu und den Tabus von ganzen Gesellschaften und sind daher nur sehr vermittelt psychisch und psychologisch bearbeitbar und veränderbar.

Trotzdem ist es ein sehr zentrales Kriterium demokratischer Gesellschaftssysteme, dass deren Bevölkerung vermehrt dazu fähig werden und sein sollte, sich die sie selbst Treibenden, selbst als permanent Getriebene, Führungsidole, -ideale und -personen auszusuchen, die sie nicht oder nur minimal selbst schädigen. Die selbst gewählten Leitfiguren sollten sich von deren sie wählenden Bevölkerungen kritisieren und anleiten lassen können.

Meist jedoch veranlassen die psychischen Strukturen der ‚führenden', oft Wahnhaft-Dissozialen, die über deren Ich-Zustände dekodier-, les- und interpretierbar sind, die untergeordneten Personen zu sich selbstschädigenden Ich-Zuständen, Glaubensüberzeugungen und Handlungen.

Der psychohygienisch modernen Intention, auf die Auswahl der Führungspersonen Einfluss nehmen zu wollen, läuft der Tatsache zuwider, dass *der* Akteur am erfolgreichsten ist, der sich mittels des Spektakels der Gewalt die Loyalität der Geführten erzwingend erzeugt. Und Gewalt ist per se bewusstseins- und reflexionsminimierend, indem sie Angst und kritiklose Abhängigkeit erzeugend erpresst.

1. Abwesenheit von Empathie und wahnhafte Realitätsfixierung

Ohne Empathie ist es zappenduster am psychohygienischen Himmel, es ist eine Art psychologische Hölle. Die AutorIn fasst den Begriff der Empathie in einem weiteren Rahmen, Sie will Empathie als die Fähigkeit des Ich verstehen, sich in andere Lebewesen (logisch und psychisch) hineinzuversetzen, um dessen Gefühle und Motive, *nicht* zum Zweck einer besseren Ausbeutung, zu erfassen, sondern um die eigene Lust an einem egalitären Ich und Lebewesen zu kultivieren.

Wenn die Abwesenheit von Empathie mit Wahn und Glaube einhergeht, kann man von psychisch präsenter, allseits wirksamer Gewalt sprechen, die von einem dissozial und disempathisch operierenden Persönlichkeitstyp ausgeht und von einer großen psychisch resonanten Masse aufgefangen, aufgenommen und (weiter)getragen wird.

Fallbeispiel 1

Im Folgenden sind die Persönlichkeitsstrukturen von *A. Hitler* das Thema, zum einen, weil es ein bisher sehr mannigfach psychopathologisch rezipierter, analysierter und ausgeführter Forschungsgegenstand ist, und zum anderen, weil ganz Europa seit dem zweiten Drittel des 20. Jahrhunderts den entwicklungsgemäßen Ausgangspunkt bei und in diesem Politiker gefunden hat und finden musste.

Das eingangs in diesem Unterkapitel formulierte psychologische Ideal des sehr basalen Ich-Zustands der Empathie ist bei dem nun folgenden immer mitzudenken und es ist dabei nicht davon auszugehen, dass die mächtigen, tonangebenden führenden Politikerpersönlichkeiten über diese damit fixierte Ich-Ideal-Eigenschaft verfügen und daher von diesem psychohygienisch formulierten Ausgangspunkt als psychologisch und psychisch nicht erstrebenswerte Persönlichkeitsstrukturen gefasst werden.

Wenn die LeserIn es so will, kann und sollte daher, auch im aktuellen historischen Zeitverlauf, auf keinen Fall nolens volens davon ausgegangen werden, dass, weil eine Person über eine mächtige gesellschaftliche Position verfügt, sie auch über ein als Musterbeispiel anzuerkennendes psychologisches Persönlichkeitsideal verfügt.

Ganz im Gegenteil, es ist eine große Erleichterung, axiomatisch und sicherheitshalber davon auszugehen, dass das Gegenteil der Fall ist, weil Macht und Persönlichkeitsstruktur und -störung sich häufig eskalatorisch gegenseitig mitbedingen und zum Ausschluss des Kriteriums der Empathie führen.

Und es ist genau diese Form der *Beweislastumkehr*, die den unterdrückten ‚Geführten', letztlich nicht rechtfertigbar und ganz selbstverständlich, ohne jegliche logische Voraussetzung und Begründung, ganz axiomatisch nach unten gerichtet zugemutet wird. Die Beweislastumkehr besagt: Du musst nachweisen, warum Du empathisch denkst, handelst und eigentlich müsste die Beweislast auf Seiten der nicht empathisch agierenden Personen verordenbar sein und eben nicht genau umgekehrt.

Zur historischen Person *A. Hitlers und dessen schizophrenen Ich-Zuständen* schreibt die NeurologIn und PsychiaterIn Treher, dass *A. Hitler* für seine „unablässige Selbstwertsteigerung" und für den von ihm benötigten „immer härter und unzerstörbarer werdenden Volkskörper" er die Begriffe „Bluteinsatz und Blutstrom" zum Einsatz brachte. Mit diesen Begriffen begründete er „die Vernichtung und den Blutstrom von Seelen, die dem Kampf nicht standzuhalten vermochten (Treher 1966, S. 153f)".

Mit dem Blut als Vermehrungsprinzip sei die Person *A. Hitler* unter den schizophrenen Geisteskranken keineswegs allein gewesen (s.o.). Heute spricht man nicht von Geisteskrankheit, aber von einer fundamentalen Persönlichkeitsstörung, die massiven, geografisch nicht mehr eingrenzbaren Schaden anrichtet.

Wie im Kapitel der Schizophrenie ausgeführt, stehen subjektiv-obsessive Wirklichkeiten im Vordergrund. Konnte die schizophrene Person ein von der eigenen Macht bespeistes Netz aufbauen, kann sie diese primär eigenen Wirklichkeiten zur überindividuell-übersubjektiven, auch massenhaft geteilten Wirklichkeit und Leitideologie machen, wie das bei allen wahnhaften mächtigen Diktatoren, Autokraten und Konzernbossen in unausweichlicher Art und Weise beobachtbar ist.

Eine politische Definition von externalisiert zum Tragen kommenden Schaden ist auch deshalb höchst kontroversiell, weil das Kriegsrecht sich mit einem historisch relativ jungen europäischen Menschen- und Völkerrecht befassten internationalen Gerichtshof in Konflikt befindet, der nur langsam an internationaler Bedeutung gewinnt.

Das ist in einem psychologischen Werk insofern von Bedeutung, als davon auszugehen ist, dass sich damit mit der persönlichkeitsstrukturellen Aussagekraft einer Sozialpsychiatrie, die sui generis und per se unpolitisch und nach oben im Allgemeinen äußerst defensiv agiert, menschenentwicklungsgeschichtlich junge AkteurInnen nach wie vor erst herauszubilden beginnen.

Und größere, stark verändernde Entwicklungsschritte, passieren meist im Schulterschluss unterschiedlicher politisch-juristischer, aber auch sozialpsychiatrisch-psychoanalytisch-psychologisch denkender und agierender AkteurInnen, die von der hier vorgetragenen und vertretenen Perspektive bespeist und befeuert werden will und soll.

Beim nationalsozialistischen deutschen Politiker österreichischer Herkunft *A. Hitler* ließ sich neben Größenwahn, ein *Beziehungswahn* und daraus folgend ein *Verfolgungswahn* diagnostizieren. Beziehungswahn heißt, dass dort, wo bei einem gesunden Normal-Ich keine Beziehung wahrgenommen wird, Beziehungen als überdominant wesentlich in den Vordergrund treten und damit verbunden, sich quasi logisch ableitend, die Schädigungsaspekte dieser übermächtigen, so verfasst-erlebten Beziehung imaginativ zur unausweichlichen Zukunft des Ich werden, die meist mit aller Kraft verhindert werden will, soll und muss.

Was *A. Hitler* als Paranoiker erlebte, war zum Beispiel die Illusion eines tatsächlich schon stattgefundenen Angriffs der Polen, der sich mit dem für die eigene Bevölkerung illusionierten, vorher schon stattgefundenen Angriffsschlages der damit bereits unter Beweis gebrachten Feinde. Veranlasst und inszeniert hatte er bekanntermaßen den vermeintlichen Angriffsschlag der Polen zum Beispiel rechtzeitig vorher durch eigene Geheimpolizei in den vormals noch nicht feindlichen Reihen selbst.

Die bekannte Aussage Hitlers „Wir schlagen zurück", zeigt nicht nur das täuschende Vermächtnis eines mächtigen Psychopathen, sondern seine psychologisch sehr bedeutsame Erlebnissicht seiner Realität als maßgeblicher, vorwegnehmender Beziehungsparanoiker.

Mit diesen wenigen Aspekten seiner Persönlichkeit lässt sich ein permanent gewaltsamen Druck ausübender Ich-Zustand skizzieren, der selbst beständig unter psychopathologischen, sich selbst stark verengend-verengten Druck gesetzt-setzend und der sich mit Gewalt seine loyale Gefolgschaft erzwingt bei Ich-Zuständen von Personen, die über ein Mehr an Empathie verfügen als der zentrale Aggressor selbst.

Fallbeispiel 2

Geschichtlich weit zurückliegende Persönlichkeitsstrukturen lassen sich aus heutiger Sicht eindeutig diagnostizieren, es scheint einfacher, mit modernen diagnostischen Mitteln das Vergangene zu etikettieren.

Bei zeitlich synchronen politischen Phänomenen ist es a) aus Gründen eigener blinder Flecken, bedingt durch die eigene Involvierung in das jeweilige Geschehen und b) aufgrund einer scheinbar ähnlichen Situation der Beschriebenen mit den Beschreibenden, wie es uns die massenmediale Vermittlung suggeriert, sehr schwierig, eine auch sehr Ich-relevante Fremddiagnose zu erstellen.

Auch die früher regierende, amerikanisch-politische FunktionsinhaberIn und Person G. W. *Bush* lässt sich zu dem schizophrenen Formationsformenkreis hinzurechnen, Sie spricht in einem Fernsehinterview unumwunden von Ihrer eigenen göttlichen Erwähltheit. Das entspricht zumindest einem von mehreren klassischen Merkmalen eines schizophren-religionspsychotischen Wahns.

Viele Schizophrene sagen, dass sie der Überzeugung sind, dass sie Jesus wären und die Person G. W. *Bush* dachte, Sie sei ein gottgleiches oder -ähnliches Wesen, das weit über der jämmerlichen Normal-Ich-Seele einzuordnen wäre. Als zumindest teilpsychotisches Symptom wird dieses *Selbstbild* deshalb gefasst, weil – im Gegensatz einer kulturell (vor)gegebenen Religiosität – hier ein psychiatrisch-psychologisches *Persönlichkeitseigenschaftskonstrukt* zur Anwendung gebracht wird.

Natürlich ist *G.W. Buschs* Aussage auch als politischer WählerInnenfang bei der starken Religiosität und Christlichkeit, die in der Bevölkerung verankert ist, zu interpretieren. Eine sozialpsychiatrische Diagnose ist aber deshalb hier zentral, weil die Ausrichtung pathologischer Ich-Strukturen und Ich-Zustände für die Analyse politischer FunktionsträgerInnen einen zentralen kriteriengeleiteten Ausschlag geben und geben sollten.

Das *hypertrophe Größenselbst* zeigt sich in Form einer pseudoreligiösen Überzeugung, die eine noch zusätzliche Überhöhung darstellt zu einem strukturpolitisch bereits chronisch überbewerteten, scheinbar personenzentriert, anmaßend gegebenen und nach außen repräsentierten Ich-Anspruch.

Es lässt sich auch die These formulieren, dass das politische Amt eine Verkörperung von asozial überhöhten Selbsteinschätzungen des Ich hervorrufe und für einen Amtsinhaber ursächlich provoziere, bedinge und auf den Weg bringe. Bei diesem Punkt gelangen wir wieder zur Bedeutsamkeit politisch-juristischer Strukturen als valide, handlungsimmanente, psychologische Bedingungs- und Bestimmungsfaktoren.

Die Persönlichkeitsstörung, die diesem psychiatrischen Formationsformenkreis zugeordnet wird, adressiert damit auch spezifische Ich-Zustände, die zu nachhaltigen Persönlichkeitsphänomenen wurden und von der Psychiatrie als solche dingfest gemacht werden und zu machen sind.

Wenn die AutorIn damit psychologisch-merkmalsorientiert bei der Diagnose von Einzelpersonen argumentiert, will Sie den Argumentationsstrang auch auf diese Art und Weise weiterführen. Es sei an dieser Stelle jedoch nochmals vermerkt, dass eine ganze Bevölkerung sich ihre politisch, wirtschaftlich, institutionell und zivilgesellschaftlich tätigen und wirksamen Führungspersonen bis zu einem gewissen Grad selbst aussucht, die über spezifische, als die von ihr favorisierten und idealisierten Merkmale verfügt. Damit sind bestimmte spezifische Persönlichkeitsmerkmale hausgemacht, das heißt von außen und unten mitgeprägt und mitverursacht.

Eine Allgemeinheit ist also für deren Leittierfunktion und deren durch sie selbst beworben-verbreiteten ‚Leittiereigenschaften' selbst verantwortlich zu machen insofern, als sie es auch ist, die mit den dabei implizierten und unterlegten Übergriffen umzugehen hat. Und hoffentlich findet sie a la long Wege, die an sie adressierten Zwangsstrukturen zu entkräften und die übergriffigen Fremdentfremdungsversuche an die Veranlasser auf die eine oder andere Weise zu retournieren.

A. *Hitler* bezeichnete die Haltung, die er von seinen Untergebenen auf keinen Fall voraussetzen wollte, als „verweichlichte Mitleidsmoral". Heute ist die wohl auch noch nicht so richtig hoch im Kurs und sie beruht nach wie vor darauf, dass Empathie in breiter Manier von den oberen Dissozialen abgespalten wird. Dabei unterliegen die Dissozialen der allgemeinen Erwartung, die immer in enger Abstimmung mit dem geführten – von ihnen oft als solchen titulierten – Mob einerseits und mit dem direkt unterstellten Führungspersonal andererseits ihre Ausgestaltung findet, dass sie dabei perfekt sind.

Die Chance der Unteren, Partei für sich selbst als ‚Geführte' ergreifend, bestünde darin, ihre eigenen Erwartungen an ein externes Größenselbst zu entkräften, indem sie das Phänomen eines wahnhaft getriebenen Dissozialen entlarven und gänzlich einer psychologisch-rationalen Analyse unterwerfen.

Das Wort GeführtE wurde von der AutorIn deshalb unter Anführungszeichen gesetzt, um auf den dabei unterlegten euphemisierten *Legitimierungsdruck* auf die Geführten herauszustreichen, der von Seiten einer Führungsperson ausgeübt wird und ausgeübt werden muss, will die Führungsperson ihren Führungsanspruch auch a la long perpetuieren und fortsetzen.

Und bei dieser Analyse sollte man schon im Vorfeld nicht den Fehler begehen, sich bereits durch die Wortwahl, welche, die Wirklichkeit von ‚Führung' thematisierend, zur alltäglichen Agenda erhebt, auf das Terrain eines eine große Mehrheit bekämpfenden Gegners zu begeben, der einen beständig zu unterjochen sucht.

Es sind nämlich genau jene Führungspersonen, bei welchen ein *wahnhafter Wille zur Unterdrückung* – mit jeweils unterschiedlicher Ausprägung – beobachtbar ist. Der jeweilige Unterdrückungswahn ist dabei oft als hermetischer, psychisch völlig abgeschlossener *Ich-Zustand* vorstellbar, der gegenüber Zugriffen von außen völlig immun ist und sich jeglicher rationalen Argumentation nach

Innen, gegenüber dem eigenen Selbst, und nach Außen, gegenüber der näheren und ferneren sozialen Umwelt, entzieht.

Aus klinisch-psychologischer und psychiatrischer Sicht wäre also zumindest – wenn man den Begriff der Führungsperson unbedingt weiter bedienen will – eine *notdürftige Unterscheidung* zwischen wahnhaft und psychohygienisch operierenden Führungspersonen zu treffen!

Psychopathieforschung

Es gibt unzählige historische Beispiele und Beispiele aus der Gegenwart, in denen der Wahn in Komorbidität zu einer eiskalten Persönlichkeitsstruktur besteht, die als Psychopathie bezeichnet und gekennzeichnet wird.

Externbrink / Keil (2018, S 13) schreiben zum anthropologisch-psychologischen Phänomen des Psychopathen, zur *primären und sekundären Psychopathie* und deren *gehirn- / neurophysiologisch* beschreibbaren Realität:

> „Während die primäre Psychopathie vor allem die furchtlose Dominanz einer Person umfasst (Stressresistenz, soziale Potenz, Furchtlosigkeit), sind für die sekundäre Psychopathie im Sinne einer egozentrischen Impulsivität die beschreibenden Selbstkontrolldefizite zentral (machiavellistischer Egoismus, Impulsivität, Externalisierung von Schuld, sorglose Planlosigkeit; Benning et al. 2003) …
> Sucht man nach den Ursachen für Psychopathie, so sprechen nicht nur Studien mit klinischen, sondern auch mit subklinischen Stichproben für die Bedeutung neurobiologischer Faktoren (z. B. Blair 2007). Hier zeigen sich unter anderem Beeinträchtigungen zweier Hirnregionen, die an Empathie und Selbstkontrolle beteiligt sind: die Amygdala und der präfrontale Kortex."

Hier sollte festgehalten werden, dass diese Messung von Psychopathie dem Behaviorismus zuzuordnen ist, die die innere Welt des Psychopathen ausspart. Die würde die begründenden Gedanken des eigenen Handelns und das komplette Nichts, das die PsychopathIn innerlich kennzeichnet, das bei einer normalen Mehrheit zum Beispiel durch Empathie und sozialmoralisches Denken ausgefüllt wäre, in den Blick nehmen.

So einfach eine PsychopathIn, meist ein Psychopath, testpsychologisch an seinen veräußerten Handlungen zu messen ist, umso schwieriger sind zumeist diese im sozialen Verbund als andersartig

Einzelpersonen auszumachen. Je größer seine soziale Intelligenz ist, desto unmöglicher ist das, durch seine häufig überdurchschnittliche Anpassungsfähigkeit an eine sozioemotional normal funktionierende und ablaufende Umwelt (vgl. M. Kislinger 2019).

Es ist ein Höchstmaß an interpersonellem Misstrauen nötig, und ein sich selbst im Durchschnittsfall völlig in Frage stellender Zugang zu einem gänzlich psychologisch und empathisch nicht mehr nachvollziehbaren Charakter und einer kaum selbst zu erzeugenden inneren und äußeren menschlichen Realität. Der nahe Kontakt zu Psychopathen zerreißt das durchschnittliche menschliche Selbst und löst es in der von außen erzeugten, eigenen Widersprüchlichkeit auf, auch nachdem es sich in Sicherheit begeben hat und sich in einen rundum wirksamen Schutz befindet, das sich in einem Rückhalt bei gleichgesinnten Anderen weiß.

Täterdiagnostik ist wichtig und überlebensnotwendig, doch die öffentliche und wissenschaftliche Aufmerksamkeit sollte auf den Widerständen der Opfer liegen, die es verunmöglicht, sich der eigenen Enttäuschung und der Scham, in die falschen Personen libidinös investiert zu haben, zu stellen. Das ist deshalb auch so schwierig, weil die öffentliche Aufmerksamkeit auf dem Täter und seinen Followern liegt, die ihrem unbewussten Sadismus auf der Seite der Täter folgen.

Aufmerksamkeit verdienen jene, die ihren unbewussten Sadismus überwinden und den traumatisierten Opfern in ihrem Libidoverlust und ihrer Scham beizustehen vermögen. Und das ohne Angst vor Statusverlust und vor dem Spott, der von den PsychopathenfollowerInnen zu erwarten ist, weil das eigene Ich sich damit aus dem Kreis derer, die den Starken anhimmeln, ostentativ oder im Geheimen verabschiedet haben müssen.

Trotzdem ist es wichtig, die inneren psychischen Mechanismen zu verstehen, die die Psychopathie, den Wahn und die Dissozialität antreiben und bedingen.

2. Größenwahn

Häufig geht Psychopathie mit Größenwahn und Größenwahnideen einher, der Psychopath muss sich schließlich nicht mit niederen existentiellen Themen des eigenen Überlebens herumschlagen, weil er die anderen meist allzu effizient und nicht durch soziale Moral und empathischen Emotionen behindert am Gängelband halten kann, und sich daher nicht um eigene, in dieser Art nicht in einer allgemeinen ‚Problemlösung' verfangenen durchschnittlichen Existenzhaftigkeit herumschlagen oder -ärgern muss.

Die von der PsychiaterIn Avenarius ausgewertete Studie an 57 Kranken der Psychiatrie zur innerpsychischen Bestand- und Regelhaftigkeit eines Größenwahns verortet die Beobachtung, dass

> „Megalomanie – soweit sie nicht als Ausdruck einer expansiven Verfassung von gehobener Stimmung und gesteigertem Antrieb besteht und nach deren Abklingen beibehalten wird – Ausdruck einer *Leidentlastungstendenz* und einem Streben nach Ausgleich einer Unlustspannung ist."

Avenarius (1978, S 24) grenzt Megalomanie von Manie ab und thematisiert zentral das Vorliegen einer Leidentlastungstendenz, die in ein Vermeiden einer Unlustspannung mündet. Das Klientel einer *größenwahnfixierten Phantasiewelt* sei zumeist *männlich*:

> „Die Idealvorstellung und der Wunschtraum, ein an Geistes- und Schöpferkraft die Mitwelt einsam überragendes Individuum zu sein, gehört im Allgemeinen eher der männlichen als der weiblichen Phantasiewelt an."

Die Größenwahn*ideen* grenzt Avenarius (1978, S 51) ein und verortet sie im Zusammenhang mit Verfolgungswahnideen:

> „Kraepelin (1915) schreibt: Größen- und Verfolgungsideen treten vielfach in eine gewisse Beziehung zueinander. Ihre Verbindung ist hier wie bei den verschiedenen anderen Krankheitsformen eine so häufige, dass wir an einem inneren Zusammenhang zwischen beiden nicht zweifeln können."

In seinem Wahn fühlt sich der Kranke von seiner Umwelt missverstanden und als inneren Ausgleich entwickelt er eine

> „tiefe Sehnsucht nach etwas Großem und Hohem, ein geheimes Drängen nach kühner Bestätigung ...

> Mehr und mehr festigt sich in ihm die Überzeugung, zu etwas ‚Besonderen' geboren zu sein. Er glaubt an seine ‚Bestimmung', an seine Mission, die er zu erfüllen hat ...
> Die Größenideen pflegen in der Regel erst dann hervorzutreten, wenn der Kranke im hoffnungslosen Kampf gegen die feindlichen Kräfte mürbe geworden ist (s.o. S 52)."

Diese Facette des Größenwahns grenzt an das Symptom- und Beschwerdebild der Manie, die libidinös eher übervernetzt agieren muss, im Gegensatz zum Größenwahn, der meist auf psychopathisch-pseudorationalen Gefühlskälte basiert und die sozialen Banden zu den anderen leichtfertig herum taktiert. Die Manie hat demgegenüber etwas dranghaft Schweres im sozialen Zusammenhang. Es ist die Gesamtheit der bisher aufgelisteten Bestandsmerkmale, die in bulk den Ausdruck und das Beschwerdebild des Größenwahns konstituieren.

Zum Themenkomplex des Größenwahns beschreibt Avenarius (1978, S 52) weiter, zur zyklischen Achse der Erniedrigung, Erhöhung, des Größen- und Verfolgungswahns:

> „Jaspers (1965) schreibt in der allgemeinen Psychopathologie:` ... daß im Wahn Entgegengesetztes ineinander gebunden ist, denn der Wahn umfasst durchaus beide Pole, Erhöhung und Erniedrigung der eigenen Person. Erhöhung und Erniedrigung, Größenwahn und Verfolgungswahn gehen zusammen.'"

Avenarius (s.o.) ist der Auffassung, dass sich der Größenwahn nicht immer, aber meist aus dem *Verfolgungswahn* heraus entwickelt hat.

> „Dadurch bleibt die Erlebnisweise des Erleidens auch dann erhalten, wenn der Größenwahn den Beeinträchtigungswahn weitgehend oder auch gänzlich zurückgedrängt hat ...
> Wenn die Ich-Grenzen durch (Libido)Besetzungsverlust eingeschränkt werden, dann erscheint vieles, was eigentlich zum Ich gehört, als außenständig, was dann passiv als Beeinträchtigung erlebt wird."

Als weitere Facette des Größenwahns wird von Avenarius (s.o.) zentral also herausgearbeitet, dass Dinge, die zum eigenen Ich gehören, als in der Außenwelt stattfindende Zuschreibungen und Ereignisse erlebt werden.

Und als inneren reflexhaft-psychischen Mechanismus beschreibt Avenarius (1978, S 51) die *Absenkung der Kritikschranke*, der in einer Abspaltung der eigenen Kritikfähigkeit besteht, Sie schreibt sogar von einem ausgeschalteten Kritik*bedürfnis*, das häufig mit einer Sprachverwirrung einhergeht:

> „Der Kranke verfügt ja erwiesenermaßen über einen intakten, die Kritikanwendung möglich machenden intellektuellen Apparat. Jedesmal, wenn er über seinen Wahn sprach und dann in unserer Sicht das Kritikbedürfnis unterdrückte, machte er nicht nur keinen Gebrauch von seinen kritischen Fähigkeiten, sondern er schaltete sie vorübergehend weitgehend aus, indem er sich in einen Zustand der Sprachverwirrtheit versetzte, in dem ihm die Möglichkeit zu selbstkritischen Einwänden gegen seine monströsen Größenideen nicht mehr gegeben war. Die dazu notwendigen intellektuellen Abläufe funktionieren in einem derartigen Zustand nicht mehr."

Das Wesentliche des psychischen Symptombild des Größenwahns sei kurz zusammengefasst:

Megalomanie ist meist männlichen Personen zuordenbar, Größenwahnideen gehen in überwiegender Mehrzahl mit Verfolgungswahnideen einher, die Größenwahnfixierung ist Ausdruck einer Leidentlastungstendenz, die durch die chronische Überzeugung dekompensiert wird, es gehöre zu der eigenen Bestimmung, auch durch den häufig hoffnungslos erscheinenden Kampf gegen feindliche Kräfte, sich nicht mürbe machen zu lassen. Erhöhung und Erniedrigung, Größenwahn und Verfolgungswahn gehen zusammen.

Wenn die sehr weiten *Ich-Grenzen durch Machtbesetzungsverlust eingeschränkt* werden, dann erscheint vieles, was eigentlich zum Ich gehört, als außenständig, wodurch dann folgerichtig sich als passiv Erlebende und Erleidende eine heftige Beeinträchtigung lokalisiert wird, derer man sich, in höchstem Maße legitimiert, dann entledigen muss.

Die Ich-Grenzen lassen sich also nicht durch die gesetzten Grenzen der Umwelt aufhalten, vielmehr setzten innere Mechanismen ein, die die Aktionsgültigkeit der Umwelt massiv entwerten und damit beschränken und prinzipiell hintanstellen. Zuerst im Inneren und dann nach außen, vom eigenen Größenwahnselbst exekutiert.

Oft setzt ein psychotischer Sprachverwirrungszustand ein, in dem die Möglichkeit zu selbstkritischen Einwänden gegen die monströsen Größenideen nicht mehr gegeben ist, bei dem die notwendigen intellektuellen Abläufe nicht mehr uneingeschränkt funktionieren können.

Der Mechanismus, *erlebte Erniedrigung mit Größenwahnfixierung bei deutlicher Herabsenkung der Kritikschranke zu dekompensieren* ist zentral für die Megalomanie, die auch und eigentlich in erster Linie bei groß-wichtigen politischen Führungsfiguren und Strategen immer wieder vermehrt diagnostizierbar wäre, hätte die Psychiatrie, Psychologie und Psychoanalyse einen größeren Einfluss auf die gesellschaftlichen, politischen und wirtschaftlichen Entscheidungen, die die Auswahl von Führungspersonen und Strategen bestimmen.

Im Wahn wird die *irreale pathische Erlebensweise*, die den Wahnhaften als Kompensation für seine permanent erlebten sozialen Zurückweisungen sich als göttlich gesendet missdeuten lässt, in die Realität geschoben dergestalt, dass seine irrealen Wahninhalte als Realität erlebt werden können und müssen.

Der Wahn schützt den Wahngetriebenen vor einer Realität, die anders, schlechter, schrecklicher ist und schafft damit einen Ich-Zustand, der gleichsam gegen diese ungefragt real sein müssende Realität immun ist.

Dieser Ich-Zustand ist insofern mit starker Religiosität vergleichbar, als der Religiöse sich innerlich auf eine Ebene begibt, die es erlaubt, von einer aversiven Realität wegzusehen, sich abzuschotten, durch Konzentration und Bindung an eine innere, diversifizierte Realität und damit insgesamt einen hohen innerspsychischen Schutz und damit einen gewissen Grad an innerer Immunität erreicht. Der Unterschied zum Wahngetriebenen besteht jedoch in einer Drangrealität, in der das Ich gefangen ist, zum Unterschied zu einer typischen religionsbedingten und -begleiteten In-Sich-Ruhens Mentalität.

Die Modalität und Funktionsweise des Gesunden kann von den medizinisch-psychiatrisch so bezeichnet-etikettierten kranken Ich-Zustände hergeleitet und (re-)konstruiert werden, wie auch die Psychopathologie die Lehre des Leidens der Normalseele ist (vgl.

Wikipedia, ‚Psychopathologie'). Recht treffend die Wikipedia Definition:

> „[Die Psychopathologie] beschäftigt sich mit der Erfassung der verschiedenen Formen eines krankhaft veränderten bzw. gestörten Erlebens und Verhaltens. Dazu beschreibt sie psychische Symptome, die in ihrer Komplexität dann als Erscheinungsformen psychischer Erkrankungen benannt werden."

Die psychischen Symptome ermöglichen einen Rückschluss auf die Konstitution und Aufstellung eines gesunden Ich, das dadurch gekennzeichnet ist, dass es eben die kranken Symptome gänzlich nicht oder aber in Ansätzen aufweist.

Und so weist die psychische Regelhaftigkeit des Wahns auf allgemeine Wirkmechanismen des Ich hin. In seiner Komplexität wird auch der Größenwahn als spezifische Erscheinung der psychischen Erkrankung eines Wahns ausgewiesen, bei welchem die normale Erlebensweise des Ich in den Hintergrund gedrängt ist, zugunsten einer wahnhaften Symptomatik, die als übermächtige Drangrealität in Erscheinung tritt und sich ausformt.

Der Größenwahn ist an sich ein energetisch gebundener Ich-Zustand, die Art der psychischen Selbstwertanpassung und -regulation ist aber ein Ich-Zustand, der sich im Wechselspiel mit den (relevanten) Anderen abzuschottend abzugrenzen vermag, und der damit den defensiven Charakter des energetischen gebundene Ich-Zustands zugunsten eines offensiven Charakters verliert, der je nach den jeweiligen Psychopathiewerten, Intelligenz, Anpassungs-, Durchsetzungswille und -vermögen bzw. -resistenz ausgeprägt ist und sein kann.

Eigentlich wäre diese Kenntnis von morbiden Persönlichkeitsstrukturen und deren Persönlichkeitsprofile von namhaft-öffentlichen Personen vorauszusetzen, aber diesbezüglich ist der öffentliche Kenntnisstand und der Wirkungsradius psychiatrischer Morbiditätskriterien bisher noch ziemlich eingeschränkt gegeben.

In den USA war in den letzten Jahren jedoch bezüglich eines psychiatrischen Bewertungskodex der regierenden Person D. *Trumps* ein bestimmter, relativ hoher Kenntnisstand in den öffentlichen Medien spürbar.

Der fließende Übergang von einer vorliegend-gegebenen Komorbidität zu einem realitätenschaffenden Wahn mit höchster sozialer Akzeptanz, ja massiv-massenhafter Bewunderung, ist dafür verantwortlich zu sehen, dass auch erfahrenen DiagnostikerInnen eine angemessene Einordnung dieser sozialpsychiatrisch relevanten Phänomene nicht leicht von der Hand gehen oder sogar gänzlich scheitern. Wie in vorigen Kapiteln ausgeführt wurde, ist Diagnostik immer an das Empfinden und Befinden einer psychisch gesunden Mehrheit gebunden und der wertende Ausdruck dieser Mehrheit.

Umso mehr ist ein Höchstmaß eines auf bestimmte Phänomene sensibilisierten Zuganges und einer fortgeschrittenen Diagnosekompetenz vonnöten, um an das oft auf feinen Nuancen beruhende psychische Konvolut und an das Unterscheidende eines dann als krank bewerteten Wahngeschehens wahrnehmend herankommen zu können.

Dieser Tatbestand und diese Bestandhaftigkeit von Persönlichkeitsstörungen und dem allgemeinen Wissen darüber in einer Bevölkerung sind vor allem beim nächsten Punkt in höchstem Maß gegeben und relevant, weil es eine, zurzeit erlebende und bewertende Mehrheit ist, die eben genau bei einer realitätsangemessenen Wahrnehmung und Bewertung der *manischen Ich-Zustände* einen großen blinden Fleck hat und scheitern muss.

Die Manie ist nämlich als konstitutiv und grundlegend für eine epochenhafte Konstitution eines westlichen, *gesellschaftstypischen und gesellschafts(an)leitenden Ich-Zustands* auszumachen, wenn man sich an die wohlbegründeten psychiatrischen und psychologisch-klinischen Lehrbücher hält.

3. Manie als realitätsfixative Ich-Störung

Die pathische Erlebensweise, die alle möglichen und auch zum Teil eintretenden Ereignisse der Selbstabwertung psychisch hermetisch abriegelt und damit verunmöglicht, ist in der Manie ein ähnlich zentrales psychisches Element, das aber etwas weniger unausweichlich für die innere und äußere Realität der Einzelnen ist, als bei der pathischen Erlebensweise eines Wahns.

Vornehmlich im Wahn wird das eigene Kritikbedürfnis auf ein Minimum heruntergefahren, das Ich zieht sich quasi dabei selbst umschmeichelnd über den Tisch und gaukelt sich vor, dass das nach Außen projizierte Klima des permanenten Wohlwollens für das eigene Ich durchaus und durchwegs gegeben ist und dem eigenen Ich beständig entgegengebracht wird.

Es ist also keineswegs so, dass äußere Kritik abgewehrt werden muss, weil es im psychischen Vorfeld schon gänzlich entschärft und entkräftet scheint und / oder auch tatsächlich entschärft und entkräftet worden ist. Es ist vielmehr so, dass die Kritik gar nicht aufkommt, weil sie schon im Keim erstickt wird, indem sie im manietypischen Aktionsdrang untergeht.

Die ManikerIn ist allen anderen so voraus, dass Sie wie auf den Wellen einer mittelmäßig zugewandten Umwelt reiten kann, Sie weiß sich im Ensemble des Publikums geborgen und angenommen. Und eigentlich kompensiert Sie dabei die auch eintreffende Kritik und die abwehrende Abweisung mit körperbeschwertem Gestus.

Wenn die vorletzte Microsoft *GeschäftsführerIn S. Ballmer* vor einigen Jahren coram publico, per You tube übertragen, bei einer Firmenpräsentation mit einem Triumpf- und Kampfschrei vom Boden springt, dann ist das als manisch-exhibitionistisches, die eigene Wirtschaftsmacht herauskehrendes Verhalten klassifizierbar, das die individuelle Freude an Geschafftem verdeckt und nicht nach außen lässt.

Die dabei empfundene Freude ist bei der Analyse dieses Erscheinungsbildes in intrinsisch und extrinsisch relevante Anteile zerlegbar, wobei die extrinsischen Anteile die intrinsischen bei diesem Beispiel überdecken.

Scheinbar wirkt der Luftsprung als kindlicher Ausdruck von Freude, tatsächlich ist es aber ein bulliger Kampfschrei und der Ausfluss und die Demonstration provokatorischer Allmachtsdarstellungen. Dieser Triumpfschrei ist ein Manie-generierendes Verhaltens-Gefühlskonglomerat, das einen *wirtschaftssystemtypischen Ich-Zustand* markiert, der auf einer extensiv-expansiven Kraftdemonstration (be-)ruht.

Dieser Ich-Zustand ist dadurch gekennzeichnet, dass eine kritische Distanz zum eigenen Größenselbst nicht gegeben ist oder zumindest für die Zeit der manischen Episoden so weit in den Hintergrund gedrängt ist, dass sie dann für das eigene und fremde Ich nicht mehr erreichbar und wirksam ist. Vielmehr verhindert es ein bei sich sein Können und bei den eigenen Gefühlen von Kleinheit, Schutzlosigkeit, Ohnmacht und einem Angewiesensein auf gleichberechtigte Ich-Kontakte und -beziehungen.

4. Die psychische Gewalt der extravertierten Ich-Zustände

4.1. Die psychische Ich-Fremd-Ich-Relation

Bei allen Betrachtungen zum Ich muss in erster Linie das Ich im Zusammenhang und Wechselspiel mit Ihrer Umwelt in den Blick genommen werden, wie das ontogenetisch beim Menschen als Einzelwesen in direkter Symbiose mit Ihrer Mutter grundgelegt wird und wurde. Die Ich-Fremd-Ich Beziehung ist also zentral und grundlegend für die menschliche Existenz. Und diese grundlegende Relation ist grundsätzlich und prinzipiell prägend für das Ich und Ihre Ich-Zustände. Psychologisch sind die jeweiligen Gewaltformen in erster Linie in der Einstellung und Haltung des Ich zum Fremd-Ich sicht- und ablesbar. Die extravertieren Ich-Zustände tendieren dazu, Gewalt nach unten zu delegieren, und damit hauptsächlich indirekt auszuagieren.

4.1.1. Ich, Ich, und Ich: Die Kontaktstörung

Die *direkte, psychologisch messbare Form von Gewalt*, mit der ein Ich ein Fremd-Ich mit entfremdenden Führungsansprüchen bombardiert, zudeckt und außer Kraft setzt, lässt sich in Anlehnung an Rauchfleisch (1981, S 89) mit dem Begriff der *Kontaktstörung* in folgenden Punkten kurzfassen. Der Begriff Kontaktstörung weist darauf hin, dass im Vergleich zu einem durchschnittlich gegebenen Kontaktverhalten ein defizitäres Kontaktbedürfnis beobachtbar ist:

- Nicht-Wahrnehmen-können und -wollen eines menschlichen Gegenübers,
- Nicht-Loslassen können der eigenen, überdominant-getrieben zu Geltung kommen wollenden Motive der solchermaßen penetrant-aufoktroyierenden, der sogenannten führenden Drangsubjekte,
- Ein permanenter Kontroll- und Erfolgszwang, der meint, sich ganz zentral auch im Bereich der eigenen ‚Liebes'beziehungen mit seinem Ich immer nur Ich-gerechte Ventile verschaffen zu können und zu müssen.

Die Formen von Kontaktstörung führen bei den Personen, denen sie in einer Interaktion unausweichlich übergestülpt und aufoktroyiert wird, zu einer sich selbst generierenden Selbstschädigung.

Das aufoktroyierte, libidinös wirksam-verordnete, *hierarchisierte Beziehungsverhältnis* reproduziert die Selbstschädigung beim Fremd-Ich. Die Selbstschädigung besteht darin, dass immer von Seiten der durchschnittlichen InterakteurInnen versucht wird, einen Kontakt herzustellen, was mit keiner natürlich erwartbaren Gegenreaktion beantwortet wird. Es wird versucht, ein Defizit mit eigener Anstrengung auszugleichen.

Die Kontaktstörung eines Ich führt bei einem zweiten von ersterem abhängigen Ich in der Kindheit zu keiner Gegenwehr, und bewirkt, dass das ständig in Atemnot um die eigenen legitimen Ansprüche befindliche Ich sich selbst ganz grundsätzlich nicht mehr spüren kann. Die negative Blaupause des kontaktgestörten Ich ist im geschädigten Fremd-Ich die Nötigung zur Abspaltung deRen Bedürfnisse, Wahrnehmungs-, Denk- und Fühlweisen.

4.1.2. Ich, Ich und Ich: Die Absenkung der Kritikschranke

> "Wenn Du mit der Kritik meines Ich Deine Ansprüche gegenüber mir durchsetzen willst, dann werde ich Dich dafür eklatant bestrafen",

so könnte die permanente Abwehrbotschaft eines Ich mit habitueller negativer Kontaktstörung lauten. Dazu kommt in vielen Fällen der eigene blinde Fleck, wenn es um die Kritik des eigenen Ich geht, die besagt, dass fremde Kritik (wie auch die eigene Kritik) nicht an das eigene Ich und Selbst herangelassen wird.

Das auf den eigenen Habitus beschränkte Ich verwehrt dem Fremd-Ich nicht nur die eigenen Ansprüche auf die Kritik des anderen Ich, sondern auch Ihre legitimen Ansprüche auf das eigene Selbst.

Das Vorliegen einer deutlich abgesenkten Kritikschranke als Abbild eines *massiven Ich-Du-Relations-Defizits* und, wie bereits zum Teil ausgeführt worden ist und noch weiter ausgeführt werden wird, ist unter *fremdschädigender Eigenliebe* eines Kontaktgestörten gefasst. Sowohl im psychoanalytischen Gebrauch wie auch im Umgangssprachlichen wird dieser Aspekt und Symptom auch als *Narzissmus* bezeichnet.

Narzissmus meint damit meist einen pathologischen Narzissmus, der in allen seinen Wahrnehmungs-, Denk- und Fühlmaximen ausschließlich auf das eigene Ich fixiert ist.

4.2. Die Ich-Fremd-Ich-Unterdrückungsrelation

Diese psychologischen Formen der Fremd-Ich Ignoranz, die nicht einmal willentlich intendiert, sondern vielmehr automatisiert und selbstverständlich für das Gegenüber zumindest episodenhaft zur Geltung gebracht wird und dann somit geltungswirksam ist und wird, ist Grundlage und Kennzeichen von häufig *manischer* und (absolut) *wahnhafter* Ich-Fixierung. Bei der Manie wird die stringente Abgeschlossenheit mit einem *großen Aufwand* psychisch-libidinöser Energie erzeugt und beim Wahn wird die hermetisch nach außen verschlossen-wirksame Ich-Fixierung für die Umwelt und deren Kontaktversuche, Annäherungen und Auseinandersetzungen eingesetzt.

4.2.1. Das Manische und seine Fremd-Ich-Wirkung

Das Manische ist dabei die am untersten Teil der Skala befindliche Form einer Ich-Fixierung. Gerade bei der Manie ist die Bewältigungsmodalität und -form, in der eine psychodynamische Umkehr stattfindet, noch am leichtesten und klarsten dechiffrierbar.

Bei der inneren Realität der Manie haben alle Umweltreize einen unabdingbaren Aufforderungscharakter, in der eine innere Distanz zur Wirklichkeit und zur eigenen Verwobenheit mit der

Wirklichkeit dahingehend abgeht, als jede Situation für einen perfekt inszenierten, unaufhörlichen öffentlichen Auftritt genutzt werden muss.

Diese manische Verwobenheit mit der Wirklichkeit übt eine unnahbare Wirkung auf die Umwelt aus, die dieser sich nicht oder nur schwer entziehen kann. Die Botschaft der Manie ist dann: ‚Ich bin für Dich, das Fremd-Ich, jederzeit verfügbar, aber während ich für Dich verfügbar bin, bin ich eigentlich nur für mich verfügbar und ich bin von dieser, meiner Linie nicht abzubringen'.

Das Ich fixiert sich selbst in einer der Umwelt zum Teil zugewandten Ich-Haltung; diese Mischung einer zugewandten Abgewandtheit oder abgewandten Zugewandtheit ist unnahbar und übt daher eine bestimmte Form und einen bestimmten Grad mitmenschlich erfahrbarer Aggression und Gewalt einerseits und eine magische Anziehungskraft andrerseits aus.

Diese sehr spezifische Form der zweideutigen und aggressiven Gewalt zieht ihre Spuren in den sozialen Körper, der auf diese zweideutige Kommunikationsform nur Ich-gespalten reagieren kann, es spaltet die Umwelt in, zum verursachenden Ich, zu- und abgewandte Effektpersonen. Diese Spaltung der Fremd-Ich in zugewandt und abgewandt ist ein Abbild einer nicht sehr schweren, aber auf jeden Fall spür- und erfahrbaren Manipulation und in weiterster Form einer Unterdrückung.

Die Unterdrückung basiert auf dem Abziehen der Aufmerksamkeit für das eigene Ich hin zu einem Fremd-Ich, das dem eigenen Ich die libidinös besetzte Eigenenergie entzieht.

4.2.2. Das Psychopathische und seine Umgebung

Da Psychopathie ein menschliches Eigenschaftssyndrom ist, das Personen robust, unangreifbar und erfolgreich macht, sagt das sehr viel darüber aus, wie unser westlich geprägtes Wirtschaftssystem psychodynamisch beschaffen ist, das auch die Organisationspsychologie zum Thema hat: Es befördert die sogenannten starken Charaktere.

Die Organisationspsychologie als universitätseigener etabliert psychologischer Forschungsansatz befördert den Menschentyp des emotions- und empathielosen ‚Starken', indem so sie deren eigene

Wirkmechanismen bis ins Kleinste aufdröselt und erläutert. Damit reproduziert sie diesen ganz spezifischen Wirklichkeitsentwurf der Unangreifbarkeit der projiziert-erzeugten Stärke besser, als die Psychopathen es selbst vermögen. Der nicht nur psychische Gewinn dieser wissenschaftlichen Operationen wird dann von diesen unangreifbaren Leitfiguren eingestreift und vereinnahmt.

Damit verhilft die Organisationspsychologie den bei diesem Entwurf der Starken zu kurz kommenden Aspekte zu neuem Leben, was Ich-Zuständen der vermeintlichen Schwäche systematisch das Wasser abgräbt und entzieht.

So werden sie zu ErfüllungsgehilfInnen der unangreifbaren Psychopathen mit deren Wahn- und Wirklichkeitsgebäuden und -entwürfen, wozu sie prostituiertengemäß und originär die *Ideologie zur zusätzlichen Deutungsoberhoheit* der so noch stärker Gemachten liefern. Diese ErfüllungsgehilfIn steuert die psychische Exploration der Ich-Zustände des Psychopathen bei und wird dadurch zur linken Hand des psychopathischen Ausbeuters und eiskalt-rücksichtslosen Verwerters.

Die blutig erarbeitete Lieferung der, einem übergeordneten Fremd-Ich äußerst zweckdienlichen Matrize deRen Oberhoheit, die für das nicht geliebte, sondern gefürchtete Fremd-Ich bereitgestellt wird, *beinhaltet den Bauplan auch der eigenen Ausbeutung.*

Zuweilen wird diese Matrize – in den letzten Jahrzehnten bei psychologischen Beiträgen zu übermächtigen Leitfiguren beobachtbar – mit zärtlich-mildem, ach so lustigen Sarkasmus, der nichts anderes als die liebevolle Hingabe der Ausgebeuteten an den oder die unangreifbaren Psychopathen zum Ausdruck bringt und zum libidinösen Ziel hat, garniert ... Well done, Organisationspsychologie?!

Die OrganisationsforscherInnen und -psychologInnen haben nicht begriffen, auf wessen Seite sie mit ihren Beiträgen stehen, die hier ganz schematisch und mit grober Verpixelung ausgearbeitet vorgetragen auf den Punkt gebracht werden. Oder sie wehren es gezielt ab, weil sie es als ihre Aufgabe und Mission sehen, die starke Leitfigur zu befördern und sich ihrer bewundernden Aufopferung für eben diese hinzugeben.

Der erste Schritt bei einer systematischen psychologischen Analyse sollte und muss daher im Zusammenhang dieses Kapitels die Frage, in Abwandlung eines medienpsychologischen Leitsatzes sein: Wer erzeugt bei wem mit welchem Wahngebäude welche Effekte und wer sind welche ErfüllungsgehilfInnen für wen? Und wie können welche Ehrerbietungs-, Loyalitäts- und Zuwendungsbekundungen und -beteuerungen indirekt oder direkt für wen aussehen? Sind sie bewusst und gewollt, oder reproduzieren sie sich auf einem reflexhaften Niveau? usw.

Das Psychopathische findet ganz leicht seine Proliferation in Form von AspirantInnen, liebdienerischen Steigbügelhalter-Innen und ErfüllungsgehilfInnen usw., mit den von ihnen in selbstausbeuterischer Form frei zur Verfügung gestellten Mitteln etc. und es ist fast unmöglich, ihnen mit voller sozialmoralischer Berechtigung, Begründung und psychologischer Einsicht in ihrem Treiben das Wasser abzugraben.

4.2.3. Das Wahnhafte als hermetische Autorität

Wie bei den psychischen Kennzeichen des psychiatrischen Syndroms des Wahnhaften gezeigt wurde, hat eine wahngetriebene Machtrealität eines Volkstribuns, einer zentralen Führungsfigur, eines Konzernchefs, eines Unternehmers, etc. Wahncharakter, der durch die *offensive Selbstwertregulation, eine hermetische Form der eigenen Kritikabwehr und einen irrationalen und wirksamen Machtanspruch der Führungsfigur* gekennzeichnet ist.

Das sind die formalen psychischen Kennzeichen eines Wahns, der bei den energetischen gebundenen Ich-Zuständen von der inneren subjektiven Logik im Vergleich zu einem durchschnittlichen sozialen Ganzen beschrieben und analysiert wurde. Dieser Vergleich zum sozialen Ganzen ist beim Wahn nur in einem stark reduzierten Ausmaß möglich, da nur jeder 17. in überschaubarer Dimension oder bei den historisch beobachtbaren Wahnkranken in größtmöglicher Dimension nur jeder zum Beispiel 7 Millionste die hermetischen Kennzeichen eines Wahns aufweist.

Den zugrundeliegenden Definitionsgesichtspunkten liegt ein pathisch-kompensatorischer Bewältigungsmodus zugrunde, der kennzeichnend ist für das eigene Ohnmachtsgefühl defizitär erlebter früherer und jetziger Ich-Realitäten. Der Wahncharakter der Defizitregulation der Ich-Zustände wird im Folgenden in Bezug auf die soziale Außenwirkung analysiert.

Wie festzustellen ist, befinden wir uns jetzt im normalen, psychisch und sozial akzeptierten wahnanalytischen Bereich, der – wie nochmals herausgestrichen werden soll – die (vereinfacht) einerseits die stigmatisierte und andrerseits die gesellschaftlich geschützte Sphäre verlässt und den Blick auf die häufig heroisierten und die in höchstem Ausmaß libidinös besetzten Leitfiguren lenkt. Der Wahn ist, wie bereits ausgeführt, eine mächtige psychische Gestalt und Instanz, die Realitäten erzeugt.

Die Form der *ichfixierten Abwendung vom Fremd-Ich* innerhalb eines Interaktes, die jeglichem Wahn zugrunde liegt, macht die äußere Realität eines Wahngeschehens aus und ist eine sehr fundamentale Form zwischenmenschlicher Gewalt.

Das zentrale Merkmal dieser Ich-Zustände liegt in der wahngetriebenen *Überzeugungsmacht*, die über soziale Operatoren vermittelt auf eine ganze Bevölkerung, über zentrale Bevölkerungsteile, wirksam gemacht wird von einem Ausgangspunkt der einem psychischen Wahn zuordenbar ist.

Diese Formulierung wird deshalb gewählt, weil die soziale Wahrnehmung der Quelle des Wahns im sozialen Bevölkerungskörper einerseits zielgerecht dem positiv wahrgenommenen Wahngetriebenen zugeschrieben wird, die negativen Ausformungen des Wahns im sozialen Zusammenhang aber andrerseits genau nicht diesem Wahngetriebenen zugeschrieben wird. Das klingt kontradiktorisch und widersprüchlich, trifft aber die Wirkungsweise des Wahnphänomens in dessen sozialpsychologisch wirksamen Kern.

Die *sozialen Operatoren*, und das sind meist die Personen, mit denen sich psychopathisch-pathologische Führungskräfte umgeben (wie Conzen 2005 am Beispiel des nationalsozialistischen deutschen Politikers österreichischer Herkunft A. *Hitlers* ausführt), werden zum integralen Bestandteil der schizophrenen Visionen des Herrschers, sie durchschauen die Schwächen der überzeugungsmächtigen Person, die sie flankieren, komplettieren und ergänzen. Untereinander teilen sie die

„... eigentümliche Schizophrenie [des von ihnen selbst Erwählten], um sich im nächsten Moment noch mehr von seiner Suggestion blenden zu lassen (Conzen 2005, S 147)."

Die Gewaltspirale *zwischen Unterdrückern und Unterdrückten*, vermittelt über die zentralen sozialen Operatoren, lässt sich in Anlehnung an Conzen (s.o. S 93) als einen *Kreislauf* zwischen einem ohnmächtig Machen, einem ohnmächtig gemacht werden und einem selbständig kontrollierten, weiter sich selbst kontinuierlich ohnmächtig machen, charakterisieren.

Ein *wichtiges kognitives Merkmal* der vorherrschenden Ich-Zustände von gewaltauslösenden wahnpathologischen Akteuren und deren untergeordneten realitätsfixativen Ich-Zwänge und Narzissmen, ist die offensichtliche und überdeutliche Absenkung der persönlichen *Kritikschranke*.

Diese Absenkung der Kritikschranke führt schon bei minimaler Kritik aus der Umwelt zu massiven Abwehrreaktionen des kritisierten, gewaltsamen Unterdrückers, dessen zentrales Merkmal das massive Ich-Fremd-Ich-Relationsdefizit ist. Oft bedeutet die Abwehrreaktion den massiven Einsatz von Gewalt, um die Unterdrückten willfährig zu machen und / oder aus dem Weg zu räumen.

Das oben skizzierte *Führungsmodell A. Hitlers*, das durch seine ihn umgebenden *sozialen Operatoren* wirksam war, ist in kleinerer, unauffälligerer, stark abgeschwächter, modernerer Form gut auf die Praktiken in den kleinen Fürstentümern von aktuell tätigen Manager(In)n und Politiker(Inne)n übertragbar. Sie basieren auf Führungsmodellen, die auch oft auf das wahngetriebene und -betriebene Durchsetzen der eigenen Strategien mit schizophrenogene Außenwirkung spezialisiert sind.

5. Die dissoziale Gewalt der extravertierten, Gewaltvermittelnden Ich-Zustände

Die ausgeführten *Persönlichkeitsstörungskomplexe* sind durch eine *Selbst(wert)- und Gewissensregulation* gekennzeichnet, die immun ist gegen Gleichheits- und Sozialisierungsansprüche der jeweiligen näheren und entfernteren sozial-psychischen Umwelt.

Für die jeweiligen sozialen und psychischen Umwelten bedeutet das eine Umlagerung und Aufbürdung sozialer, moralischer und gewissensbezogener Aspekte, die für und in einer Gesellschaft dann in eigener Sache gepflegt, betrieben, organisiert und vollzogen werden (müssen). Von oben gibt es dazu wenig bis gar keine Vorbilder.

Die extravertieren, Gewalt vermittelnden Ich-Zustände – die an historischen Beispielen leichter vermittelbar sind, sind in ihrem Kern *dissozial und disempathisch*. Neben den tiefenpsychologisch wirksamen Eigenschaften der Kontaktstörung und der Herabsetzung der Kritikschranke ist die Dissozialität ein weiteres Merkmal, die von Rauchfleisch (1981, S 89) – der Psychopathie zuordenbar – im Fehlen einfühlender Beziehungen als häufigstes und zentrales Merkmal ausgewiesen wird.

Das gänzliche Fehlen von Empathie, eine höchst defizitäre bis gänzlich nicht existente Form einer fremd- und selbstkritikfähigen Persönlichkeitsformation, die massive Absenkung der persönlichen Kritikschranke, die die gänzliche Verlagerung persönlicher Attribute in den Bereich sozialer Kriegsbedingungen bedeuten, die völlige Negation der dahinter- und zugrundeliegenden sozialen und moralischen Bewertungsschemata und die gänzlich Fremd-Ich- und Du-befreite Form einer alltäglich wirksamen Fremdaggression, stehen hier im Vordergrund.

Diese psychologischen Bewertungsschemata und deren Grundlagen, aufgrund deren sich die medial kolportierten öffentlichen Auftritte von PolitikerInnen bewerten lassen, sind deshalb so schwer mit Folgesanktionierung zu gewährleisten, weil es ein Höchstmaß an öffentlich ausgesparter Information bedarf, um die wenigen in der medialen Öffentlichkeit emittierten Worte einer psychologisch und sozialmoralischen Relevanz zuführen zu können.

Trotzdem lässt sich zum Beispiel an der vormaligen österreichischen BundeskanzlerIn *S. Kurz* mit nur wenigen, zentralen Informationen zu seiner Person beobachten, dass er soziale Beziehungen wie auf einem Schachbrett steuert, weil er nicht den langen (hier: Um)Weg über die normal-durchschnittlich beobachtbaren Emotionen gehen muss (vgl. Stout 2006). Die SozialdemokratIn *P. Rendi-Wagner* konnte im September 2019 diese, *S. Kurz'* fehlende

Emotion, wenngleich dort in einem sehr spezifischen und eng umrissenen Zusammenhang, in einer Fernsehkonfrontation herausstellen.

Gesellschaftlich breiter kann *Dissozialität* als die komplette Abspaltung und das daraus resultierende Fehlen der Fähigkeit und der Bereitschaft definiert werden, sich in das gegebene, in diesem Zusammenhang zu wichtigen Teilen selbst erzeugte Normen- und Wertesystem einzuordnen, die von allen übrigen Gesellschaftsmitgliedern als autopoietisch zu befolgen vorausgesetzt wird.

Die insgesamte Ausrichtung der ichfixierten Ich, die immer dem eigenen Selbst mit ungeteilter Aufmerksamkeit zuspielt, ist eine libinöse Rundumabsage an eine sozialmoralisch ausgewogene Außenwelt, die nicht nur wie auf einem Schachbrett instrumentalisiert und funktionalisiert werden will.

Die notwendige Prämisse der dissozialen Gewalt

Die dissoziale Gewalt der Gewalt vermittelnden Ich-Zustände beruht im Sozial- und Gesellschaftsorganismus darauf, dass es Personen geben muss, die die durch Stärkere gewaltsam vorgegebenen Regeln, die von den Regelerzeugern selbst nicht eingehalten werden, komplettieren und ergänzen, will eine Gesellschaft lebenswerte Bedingungen aufrechterhalten.

Durch die teilweise Heroisierung der Dissozialität in den Führungsetagen und bei den politischen Führungsfiguren wird diese Komplementarität der und der Anspruch auf nach unten delegierten Rapportbeziehungen und attunement der Unteren untereinander perpetuiert und legitimiert.

Im Folgenden geht es um das Ausloten dieser Komplementarität und das Zusammenwirken der Ich-Zustände und der dominant-dominierenden und vorherrschenden subjektiv-sozialen (Glaubens)Überzeugungen der in diesem letztwirksamen gesellschaftlichen Spiel beteiligten AkteurInnen.

Dass es ein sehr ernstes und für viele sehr benachteiligendes Spiel ist, dass das Wort ‚Spiel' als komplett deplatziert und fehlangebracht erscheinen lässt, sei in diesem Zusammenhang ganzer Gesellschaftsformationen überdeutlich hingewiesen. Das Wort Spiel ist genau dann gänzlich unangebracht und unbrauchbar, wenn es um die (Überlebens)Strategien von einzelnen unterdrückten Gruppierungen und Einzelpersonen geht, die in den Regeln des Spiels der *Wohlsituierten* Genüge leisten müssen.

Für die Oberen ist es ein Spiel mit kognitivistischen Verhaltensregeln, für die Unteren ist es ein oft verzweiflungsgetriebener und -behafteter Überlebenskampf. Die Spieltheorie ist eine mathematische Ausformung der Berechnung von Schachzügen, die rouletteartig schwarz-rote Gewinn- und Verlustszenarien von Personen adressieren, die mit sehr unterschiedlich hohen Einsätzen spielen müssen.

Die prahlerischen rhetorischen öffentlichen Ausformungen der als Spiel gekürt-getarnten gesellschaftlichen Auseinandersetzungsszenarien sind zumeist umgekehrt proportional zu den selbst erbrachten Leistungen und den in Kauf genommenen Risiken, die fast immer andere zu erbringen und zu tragen haben.

Wie sich die unterstellte Komplementarität zwischen den verschiedenen AkteurInnen und Gesellschaftsgruppierungen subjektiv organisiert und darstellt, soll nun näher beleuchtet werden.

VII. Die Realitätsvorschreibung weniger und die Ich-Zustände vieler

Es ist spürbar, dass die Beschreibung und Diagnose von Ich-Zuständen, je näher sie zeitlich, räumlich und auf die eigene Identität bezogen ähnlichen Ich-Zuständen von Personen rücken, desto eher werden die Realitäten abgestritten, geleugnet, ignoriert und nicht gesehen. Diese Grundhypothese ist im Folgenden immer mitzubedenken, denn die Macht der psychologischen blinden Flecke ist immer präsent und aktiv.

Aversiv und gänzlich unangenehm ist es, wenn das Ich von relevanten *Anderen bis ins kleinste Detail seziert wird; der moderne demokratische Mensch* sollte aber über ein gewisses Maß an Selbstreflexion verfügen und es sich gefallen lassen können, von einer auch sozial-empathisch empfindenden Mehrheit bewertet zu werden.

Auch bei diesen Überlegungen steht die *geschichtliche Frage* nach einer bestimmten Epoche und deren jeweils *gehypten psychischen Entwicklungsprofilen und -defiziten* im Vordergrund. Zum Beispiel lässt sich der postmoderne Charakter dadurch charakterisieren, dass er – vermittelt über Internetwissen immer zutiefst davon überzeugt ist, dass er alles weiß und überall mitreden kann. Fast gänzlich kognitiv geleitet ist er auch über seine emotionalen Bedingtheiten informiert – vor allem aber bei den anderen, die sich gerade in einer misslichen Situation befinden.

Was sich bei einer geschichtlichen Betrachtung als *gleichbleibendes Muster* jedoch herausbildet, ist die Tatsache, dass wenige dissozial und disempathisch operierende Personen vielen sozial und empathisch agierenden Personen gegenüberstehen. Das ist die einfache Gleichung und Wahrheit der Verteilungsstruktur von psychiatrisch-psychologisch diagnostizierbaren Persönlichkeitsstörungen in der Bevölkerung, die zumindest bei geschätzten 50% der (politischen) Führungskräfte und systemrelevanten Leitfiguren vorliegen, ja gerade aus systemtechnischen Gründen vorzuliegen haben, will man sich dafür ‚qualifizieren'.

Betrachten wir nun die weitgestreuten, scheinbar rationalen Glaubensüberzeugungen

Analyseschema und Ausgangspunkt: Kognition und Glaube weniger – empfindendes Denken vieler

Man kann die in der Bevölkerung gestreuten, mit den Lebensentwürfen der einzelnen einhergehenden kognitiv-emotionalen Überzeugungen und Einstellungen als hierarchisch miteinander verknüpft visualisieren.

Modelllernen und mediale Narrative sind als zentrale Faktoren zu identifizieren, die für die einzelnen höchst wirksame kognitiven Muster und Schablonen bereitstellen, die selektiv wahrgenommen werden und ganz einfach an die Begleitumstände der gesellschaftlichen Eigenposition gekoppelt und angepasst werden können.

Nicht nur werden dabei die Gewohnheiten und moralischen Orientierungspunkte der einzelnen geformt und von ihnen durch die übermittelten Botschaften gerechtfertigt, eine *introjektive Form der Manipulation* ermöglicht ein reibungsloses Funktionieren der übergeordneten Manipulationsakteure und der untergeordneten Manipulationszielobjekte.

In der Psychoanalyse wird das Wort ‚Objekt' vornehmlich für Liebesobjekte, im Neugeborenenalter zunächst für die zentrale / n Bezugsperson / en, aber generell für nahe- und fernstehende Personen verwendet, aber auch Objekte, die *Einstellungswelten* markieren, werden damit behandelt. Beide Objekttypen – die nahe- und fernstehenden Personen – werden mit psychischer Energie besetzt oder können besetzt werden und die psychische Energie kann von beiden Objekttypen abgezogen werden oder wird ihnen – auch ganz abrupt – entzogen.

Je nach fundamentaler psychischer Bedeutung für das Individuum ist eine Verschiebung von psychischer Energie mit psychischer Arbeit, psychischen Schmerzen, psychischem und faktischem Verlust und / oder mit Hinzugewinn libidinös besetzbarer Objekte und in diesem Fall mit Freude verbunden.

Diese introspektive Ebene ist nun mit der horizontalen Ebene der gegebenen (relevanten) anderen, der jeweiligen sozialen Netze, der BeziehungspartnerInnen, real und / oder virtuell, und deren *libidinösen Gewohnheiten, Einstellungen, Überzeugungen und Orientierungen* zu verbinden, da sie Die Einzelne bestärken oder abschwächen, in jedem Fall aber beeinflussen.

Die hierarchische und horizontale Verschachtelung dieser Glaubensüberzeugungen ist das Thema, das die Erklärung beinhaltet und birgt für das Funktionieren ganzer Gesellschaften, die sich über ihre sogenannten Führer(Innen) definieren und definiert werden.

Führungskompetenz ist ein bis zum Erbrechen abgehandeltes Thema wirtschaftspragmatischer und wirtschaftspsychologischer Provenienz der letzten drei bis vier Jahrzehnte, die nicht müde wurde und wird, *substantielle Abhängigkeiten* so lange kleinzureden und zu analysieren, bis am Ende eine vollständige Legitimierung der eben nicht abschüttelbaren und los zu werdenden Machtverhältnisse, die sich in Form von Ungleichheit und ungleichen Verhältnissen zeigt, herauskommt.

Zugegeben, das permanente Führungskompetenzgelaber hat auch dazu geführt, dass die politisch legitimierte Führungskompetenz zu einer wirtschaftlich anerkannt-honorierten Führungskompetenz mutierte, deren Deutungshoheit sich um nichts mehr nachstand. Aus der politisch-groben, weitflächigen Führungsblase wurde eine kleinzerhackte wirtschaftliche, bravo!

Diese dabei investierten Fraumonate führten aber auch ceteri paribus zu der Tatsache, dass den Unterdrückten durch diese Form von Wechselwirkungsforschung auf legitimiert-offizielle Weise ein gewisser Freiraum zugestanden werden konnte, der *in Summe* auch imstande ist, kleine Trends zu setzen, die sich dann im insgesamten gesellschaftlichen und wirtschaftlichen, *positiven* (von den relevanten Modellen und der medialen Narration so etikettiert) Output auswirken durften.

Die wundersame Richtung üblicher Erfolgsattribution

Rein namentlich ist dieser Output der unbedeutenden sozialen Basis aber auch weiterhin mit dem Mikroskop zu suchen, da die gesellschaftlich-mediale Narration *Erfolgsattribution nach oben*, und nicht nach unten, zu deren wahren, in Summe agierenden ErfolgsverursacherInnen, betreibt.

Psychisch und ökonomisch abgeschöpft wird wie immer, nur nachmals effizienter, nach oben. Und nie sind es die Frauen und Kinder oder die StudentInnen, etc., auf deren Mist ganz eigentlich der Erfolg gewachsen ist und sein sollte, wollte man konsequent dem VerursacherInnenprinzip folgen.

Zumindest brachte diese, durch das permanente Führungskompetenzgelaber losgetretene Entwicklung – unter ferner liefen hervorgebracht durch den Schweiß und das damit verdiente Geld der akademischen Führungsforschung – das Auffinden *dynamikfähiger* Unterdrückter auf den Weg.

Natürlich dürfen diese kleinschwachen, oftmals ausgewiesen minderwertigen, vornehmlich Ausgebeuteten durch die Oberen legitimiert, bestimmte, durch die psychischen und ökonomischen AbschöpferInnen *wohl zugeschnitten-bemessene Überzeugungen* haben.

Modellierte Leitbilder und zu idealisierende Gedankenschablonen werden von Politik, Wirtschaft und Forschung in Form medialer Narrationsrepräsentationen nach unten, auf die Seite und dazwischen transportiert.

Über- oder unterschreiten die kleinschwachen Ausgebeuteten – früher oder später zur Geltung kommend – diese wohlbemessen erlaubten Schemata von rationalen Glaubensüberzeugungen verquickt mit deren spezifischen *persönlichen Verantwortungs- und Schuldprofilen,* gibt es Verachtung und Verachtung, Sanktionen und Bestrafung, wohl eingefasst von konsequent perfider Ignoranz, bei der sich alle einig sind, und von oben oder der Seite dazu geeinigt werden.

JedE darf denken, fühlen und glauben, was Sie will, passt Sie nicht in den Mainstream, wird Sie isoliert, wenn Sie dabei zu aufsässig wird, wird Sie weggesperrt.

Wenn aus den vorgegebenen, legitimiert-erlaubten Pfaden und Korridoren der Glaubensüberzeugung abgewichen wird, setzt ein Strom von oben angeleiteter Sanktion und Bestrafung ein, der die verlorenen Schäfchen der Gesellschaft massiv korrigierend wieder zurück auf den rechten Weg bringt.

Ein zentrales Mittel dabei ist die Ignoranz und die Ausgrenzung: Die gesellschaftlich jederzeit wirksame Norm wird, vor allem durch die Unteren, wohl überwacht und jederzeit bereitwillig exekutiert. Das Mittel besteht darin, den Dissidenten die gesellschaftliche Aufmerksamkeit und Mittel, die die eigene Handlungsfähigkeit konstituiert, zu entziehen.

Im äußersten Fall wird eine in höchstem Maß deprivative Gefängnishaft verordnet, um mit einer Fülle ausgeklügelter Strafen, die designt werden, um die Dissidenten wieder auf den richtigen Weg zu bringen. Basis aller Bestrafungen sind die deprivativen Ich-Zustände, die die menscheneigene Reaktionsformation auf Bestrafung in Form von unterschiedlich eingesetzten und sozial wirksamen Deprivationen ist.

Die basalste aller Deprivationsformen sind Maßnahmen, die dazu führen, dass das Ich sich nicht mehr selbst spüren und erleben kann, Maßnahmen, die zu empfundener und erlittener Depersonalisation führen.

VIII. Der (sozial) deprivative Ich-Zustand

Deprivation bedeutet die *Abwesenheit von Dingen*, die für ein menschliches Lebens essentiell und vor allem lebensnotwendig sind und das Leben lebenswert machen. Entweder diese Dinge fehlen von Anfang an oder Dinge, die vorher da waren, sind jetzt nicht mehr da.

Deprivation bedeutet *Mangel an* in erster Linie positiv bewerteten und erlebten, unterstützenden *Reizen, aber auch an negativ bewerteten und erlebten Reizen*. Im Allgemeinen bedeutet schon das bloße Anwesendsein von Reizen eine Rückmeldung und die für das einzelne menschliche Wesen zentrale Form der beständigen Bestätigung, die so wichtig ist, weil sie es spüren lässt, dass es am Leben ist.

Fällt diese ständige Bestätigung und Rückmeldung der Umwelt für die eigene Existenz aus, droht der Mensch verrückt zu werden, ausgenommen ist der Fall, dass er über die (spirituelle) Kraft verfügt, sich diese bestätigende Umwelt von innen her selbst überdeutlich zu erzeugen, als die Möglichkeit einer immer für ihn repräsentiert-spürbaren äußeren Umwelt. Im durchschnittlichen Normalfall menschlicher Existenz kann diese innere Repräsentationskraft aber nicht vorausgesetzt werden kann.

Auch der Mensch zählt zur physikalisch-psychischen Umwelt des Menschen. Als *Ich-Du-Du-Ich AblegerIn* ist und bleibt Sie ein von äußerer Impulsdynamik und Wertschätzung in höchstem Maß abhängiges Wesen, das permanent am Infusionstropf der Gesellschaft zu liegen gekommen ist.

Die *Basismünze der persönlichen Wertschätzung* ist und war, ursprünglich von dem warmen Körper der Mutter ausgehend, die ‚nur' einfach *anwesende Mitperson* – die nicht abgewandt oder nicht simpel anwesend, aber dabei abweisend-ignorante (eigentlich dann Nicht-mit) Person – *mitmenschliche Wärme* erzeugt.

Und genau diese persönliche Wertschätzung ist ein seltenes Gut, das nur selten einfach so zu haben ist, vielmehr muss dafür bei einer TherapeutIn mit manifester Münze bezahlt werden.

Auch in früheren, feudalen Familiensystemen gab ein Familienoberhaupt vor, und erst unter ferner liefen war die Frau über Umwege dazu erlaubt, was für welches Verhalten an Gratifikation und Sanktion zu empfangen und zu haben war.

Jegliches Verhalten, das ein momentan gültiges Belohnungssystem nicht vorsieht, wird zumindest mit Ignoranz und Verachtung bestraft, wird es trotzdem ausgebildet und beibehalten, muss das jeweilige Ich sich auf die eine oder andere, sozial nicht vorgesehene Weise Ihre Belohnungen selbst besorgen. Gegen den Strom zu schwimmen ist zumindest libidinös sehr energie-, belastungs- und aufreibungsintensiv.

Offiziell und deutlich spürbar, setzt für das dem ständig implizit anwesenden Normierungsdruck ausgesetzten Ich ein psychischer Deprivationsdruck ein, der sehr vielgestaltig sein kann, aber im Kern immer die eine oder andere Form psychisch zentral erfahrbaren Mangels erzeugt.

A. Sozialer Anpassungsdruck

Das Lebensumfeld der einzelnen besteht aus dem Beziehungsgeflecht der unmittelbaren und der weiteren sozioökonomisch-politisch und psychisch geprägten *Umwelt*. Es bestimmt den sozial akzeptierten *Handlungsspielraum einzelner* und übt selektiv wirksamen Druck auf die einzelnen Gesellschaftsmitglieder aus.

Das grundlegende Ziel von menschlicher *Anpassung* ist das (nackte) Überleben. Man kann sich das an der färbigen Oberfläche von Tieren veranschaulichen, die aus der Umwelt optisch nur sehr schwer herausisolierbar sind, was bewirkt, dass sie für ihre Feinde, die ihr Leben bedrohen, kaum wahrnehmbar sind. Es geht dabei um die Anpassung an eine sich verändernde Welt mit sich verändernden persönlichen Mitteln.

Aus der Sicht einer Großgruppe und Gesellschaft stellt sich der Sachverhalt der Anpassung so dar, dass Die einzelne und die Großgruppe entscheidet, wer mit welcher *Anpassungsausgestaltung assimiliert* und auf- und hineingenommen wird, oder *dissimiliert* und ab- und ausgestoßen wird. Die Einzelne entscheidet auch, ob Sie hineingenommen wird, oder ob Sie draußen verbleiben will, wobei Die einzelne über eine deutlich geringere Entscheidungsmacht verfügt. Es ist die Summe der vielen Einzelentscheidungen, unter Anleitung der zentralen Leitfiguren, die darüber zu Rate sitzen, wer, was und wie assimiliert oder dissimiliert wird und werden soll.

Mit dem Begriff ‚Anpassungsdruck' ist der Teil der kohäsiven gesellschaftlichen Kräfte referenziert und adressiert, in denen ein (gerade noch) Nicht-Abgespalten werden möglich ist, andrerseits aber ein Kräftefeld für einen gewollt-ungewollten ‚Ausstieg' besteht.

Die libidinöse Besetzung von Objekten

Die Gesellschaft (und Die einzelne) muss sich entscheiden, ob Sie weiter oder nicht mehr in die fremde (eigene) Integration investieren kann und / oder will. Kognitiv, emotional und faktisch geht es beim sozialen Anpassungsdruck immer um die Bestimmung der *Relation zu den positiv libidinös besetzten Objekten.*

Wenn wichtige Teile der sozialen Umwelt bestimmte Werte und Wertkonstellationen favorisieren, bedarf es einer großen Kraftanstrengung, wenn Einzelne dagegenhalten (müssen). Meist müssen Ablösungsprozesse durchlitten werden, um persönliche Individuationen weg von tradierten Symbiosen zu bewerkstelligen. Und in vielen, oder sogar den meisten Fällen, wird Die einzelne nicht dazu befragt. Die Einzelne muss es erleiden, was eine Gesamtsozietät mit ihr zu machen gedenkt.

Eine individuelle Neubewertung oder eine gänzliche Ablehnung der jeweiligen sozialen Umwelten kann ein soziales Netz oder ein Individuum nur dann realisieren, wenn das Individuum / das soziale Netz es schafft, die internalisierte Konstellation der guten Objekte nachhaltig zu verändern. Im Allgemeinen muss sehr viel investiert werden, um sich in einem Anpassungsdruck behaupten zu können und / oder in einem sozial präsenten Anpassungsdruck entgegen halten zu können, mit dem Ziel, ein gutes Leben und ein als gut erkanntes Leben (ungehindert) führen zu können.

Sozialer Anpassungsdruck und die eigenen Ich-Bedürfnisse schließen sich dahingehend aus, als die Richtung des Anpassungsdrucks zumeist geradewegs an den eigenen Bedürfnissen vorbeiführen oder führen können.

Die Frage, die sich in diesem Zusammenhang stellt, ist also die zentrale psychohygienisch motivierte Frage, wie das Ich bei seinen eigenen Bedürfnissen bleiben kann und wie es bewerkstelligen kann, den innerpsychischen Kontakt und Ihre Verbindung zum eigenen, Freud'schen Es halten und das eigene sich selbst Spüren unter allen nur denkbaren Bedingungen und in allen, sich im Lauf eines menschlichen Lebens diversifizierenden Situationen aufrechterhalten kann.

Ich-Bedürfnisse

Die energetisch gebundenen Ich-Zustände sind in diesem Zusammenhang nicht manipulier- oder kompromittierbar. Sie können ein Hinweis darauf sein, dass es zuweilen sehr sinnvoll sein kann, die eigene Lebensenergie nur auf absolut Wesentliches zu beschränken.

Es ist schwer, die *lebensnotwendigen Ich-Zustände* zu fokussieren, derart, dass das Ich es schaffen kann, die Verortung der eigenen Grundbedürfnisse in ausreichendem Ausmaß auf die Reihe zu bekommen. Besonders in einer technischen, immer abstrakter werdenden Lebenswelt wird diese Fähigkeit der *bedürfnisgemäßen Selbstverortung zum self key account management Thema*.

Die Schwierigkeit dieser Selbstverortung liegt in der Tatsache begründet, dass Grundbedürfnisse, deren Befriedigung für ein Überleben zentral sind, erst durch einen *böse verschachtelten gesellschaftlichen Vernetzungsdschungel* verunmöglicht und / oder erst ermöglicht wird, der die Grundversorgungsleistungen zur Verfügung stellen und gewährleisten.

In den heutigen modernen, mitteleuropäischen Verhältnissen und Lebensbedingungen werden die menschlichen Grundbedürfnisse zum unbedingten wirtschaftlichen Kolonialisierungsobjekt und zum Objekt permanenter, unbeirrbar-hartnäckiger Einflussnahme mehrerer, in höchstem Maße selbstentfremdender, scheinbar menschenfreundlicher Einflussdirektiven.

So wird die unbedingte Erhabenheit der Befriedigung menschlicher Grundbedürfnisse für ein zufriedenstellendes Leben zum *Zielobjekt unverzerrter Selbstwahrnehmung* eines Ich und ist ein *stark umkämpfter Prozess* der Herausbildung *überlebensessentieller und -rationaler Prioritäten* der Gesellschaft, sowohl in der Gesellschaft als auch unter den BewohnerInnen des Planeten Erde als Ganzes.

Sozialer Anpassungsdruck wird in überschaubaren Einheiten erlebt und ausgeübt, sollte aber nicht über die Tatsache hinwegtäuschen, dass der sozial wirksame Anpassungsdruck immer irgendwo und zumeist in den Gewalt vermittelnden, extravertierten Ich-Zuständen seinen Anfangspunkt und seine Quelle der Verursachung hat.

B. Deprivation

a. Deprivation und religiöse Leidtheorien

Warum ist etwas und nicht vielmehr *nichts*, das ist die philosophische Grundfrage, die am Anfang und am Ende allen Seins steht, das Nichts umfängt das menschliche Sein. Und das bloße Sein wird im Alltag ausgeblendet und nicht erlebt und wir verlieren den Sinn über ein bloßes Sein, das sehr unvermittelt das vorher alltägliche Sein ganz plötzlich überborden kann.

(Yoga)Priester sind fast die einzige Bevölkerungs- bzw. Berufsgruppe, die Meditation und somit den stundenlangen, oftmals in der Gruppe und damit sich selbst verordnenden und selbstverordneten Mangel verschrieben haben, der das sich selbst verordnete Nichts zum Inhalt hat. Unfreiwillig Hungernde, vom Tsunami vom Verlust ihres Hauses Heimgesuchte, Obdachlose, Inhaftierte, etc. sind die Personengruppen, die die Deprivation ganz hautnah erleben müssen, weil sie plötzlich nichts mehr besitzen und haben.

Nur die Religion und die Theologie nähert sich dem Thema der Deprivation vom Blickpunkt des menschlichen Leides und Leidens aus, wie auch die östlichen Religionen, wie etwa der Buddhismus und Hinduismus dafür bekannt sind.

Dass die Religionen mit Ihren Leidensüberzeugungen nur sehr partiell auf Seiten der Ausgebeuteten stehen, wissen wir spätestens seit Karl Marx und sie machen sich auf Seiten der LeidverursacherInnen der Mittäterschaft verdächtig und schuldig. Andrerseits gibt es zum Beispiel die (menschliche) Natur, die nicht gänzlich vom Menschen kontrolliert werden kann und daher in vielen Fällen die Grundursache für menschliches Leid ist, das so erzeugt wird.

Deshalb ist genau diese religiöse Grundüberzeugung, das menschliche Leid und der Betroffenheit der Menschen als Ganzes betreffend, etwas, das nicht wegrationalisierbar ist aus dem menschlichen Dasein, das kraft dieser eigenen *Seinseinsicht* in die fundamentalsten menschlichen Schichten und Facetten des eigenen Organismus, der Organe und der Zellen, diese ganz substantiell beeinflussen und stärken kann.

Die vorherrschenden Axiome der Erklärungstheorien menschlichen Leids
Was in den religiösen aber auch psychologischen Theorien fehlt, die zusammenfassend als *Friedenstheorien* zu kennzeichnen sind, ist der Umstand, dass menschliches Leid in hohem Ausmaß menschengemacht ist. *Leid* wird in einem hohen Ausmaß von Psychopathen in Form von Kriegen oder geringfügigeren Erschwernissen des eigenen Lebens und der ‚ganz normalen' Ausbeutung der Ohnmächtigen durch die Mächtigen *produziert*.

Die sogenannten Leitwährungen bestimmen den Maßstab des Tauschens und geben vor, wohin massenhaft stetig und kaum merkbar kleinweise der Profit ‚naturgegeben' fließt und gibt damit den gesellschaftlichen Bias vor, der in seinem Wesen zwar ‚naturgegeben' ungerecht ist, aber von allen augenscheinlich als normal, richtig und gut (an)erkannt und ausgewiesen wird.

Natürlich ist diese Form der allseits gegebenen strukturellen Gewalt der zu operationalisierende Ausgangspunkt, der den ‚eigenen' Kontrollverlust zumindest mitverursacht und vor allem bei den Unteren, vorprogrammiert – hält man die Unkontrollierbarkeit der Natur außen vor und fokussiert die psychologisch-faktische Verursachung, die aktiv von oben nach unten, messbar auf einer psychosozial wirksamen Ebene, produziert wird.

b. Umfassender Kontrollverlust als Deprivation

Deprivation heißt Nichts und ohne dieses mangelerzeugende Nichts ist unser menschliches Leben nicht das menschliche Leben. Dem Nichts des Lebens sind wir hilflos ausgeliefert, ob und wie viele Krücken wir uns um dieses Nichts herum auch zu installieren versuchen.

Zum Thema Deprivation und ‚Psychologie der Deprivation' gibt es als Buchtitel, zumindest auf einen ersten suchenden Blick, kaum psychologische Publikationen. Zielobjekt der Suche sind weniger die psychosozialen Interventionen, die bei den Deprivierten gesetzt werden können oder sollen, sondern vielmehr eine analytische Auflösung der unmittelbaren Auswirkung von deprivativen Ich-Zuständen auf das menschliche Selbst.

Die Frage, was passiert, wenn bisher gegebene Reize und gewohnte Umweltsituationen nicht mehr da sind, bei Trennungen und Tod von PartnerInnen, Kindern, etc., beim Verlust von FreundInnen aus mannigfachen objektiven und subjektiven Gründen, bei (unvorhergesehener) Krankheit, Arbeitslosigkeit, der Wegfall der ArbeitsweggefährtInnen, bei Hunger, bei Obdachlosigkeit, bei Naturkatastrophen, bei Eingesperrtsein unter dem eingestürzten Haus oder im Berg, wenn der Lift zwischen den Stöcken stehenbleibt, das unvorhergesehenermaßen, bei und nach Unfällen, im Gefängnis, usw. steht im Zentrum dieses Deprivationskapitels.

Auch die gesellschaftliche Aufmerksamkeit für diesen thematischen Bereich ist gering und wird abspaltend als Ausnahmezustand abgetan. Dieser Themenbereich ist ein Lehrstück gesellschaftlicher Abwehr, das sich auch daran zeigt, dass von wissenschaftlicher Seite wenig explizit dazu geschrieben wird.

Das menschliche Nichts wird offenbar mit einem Nichts an wissenschaftlicher Publikation beantwortet, das heißt, der Mensch weiß mit dem Nichts nichts Besseres anzufangen und dem Nichts nichts hinzuzufügen oder entgegenzusetzen, als es totzuschweigen. Die Psychoanalyse würde und sollte dieses Reaktionsmuster als infantile, höchst defizitäre Verarbeitungsform klassifizieren.

Die Kontrolllosigkeit als direkter Bedingungsfaktor von persönlich erlebter Deprivation steht bei der wissenschaftlichen Analyse im Zentrum, immer mit dem Hintergedanken, dass diese nicht die Regel sein darf. Ist es die Regel, gibt die mittelständisch-akademische Psychologie nicht mehr sehr viel Ratschläge mit auf den Weg und überantwortet die heftig von Deprivation Betroffenen den Trauma TherapeutInnen und dieses grundexistentielle menschliche Thema der deprivativen Ich-Zustände als wissenschaftliche Rezeptionsthematik geht damit verschütt.

Auf dem eben kurz ausgeführten Beschreibungsniveau hantieren die typischen psychosozialen Theorien, die immer implizit als Erklärung von Deprivation und deren Verursachung herangezogen werden. Wie ausgeführt, fallen diese theoretischen Ansätze unter den Bereich der Friedenstheorien, die ihre Schwäche im Kampf mit der Ausbeutung in einer scheinbaren Neutralität halten, um mit den Mächtigen nicht in Konflikt zu geraten.

Die psychosozialen Theorien beinhalten somit notwendigerweise immer das Element einer naturgegeben so oder so ausfallenden psychischen Symptomatik und Gegebenheit. Das erklärt auch, warum zum Beispiel psychologische Theorien zu Psychopathie, vor allem in der aktuellen Literatur, so rar gehalten werden und gleich mit dem Mäntelchen, dass sie veraltet und viel zu simpel auf einem Schwarz-Weiß-Niveau gehalten und ausgestattet seien, versehen werden.

Das Leben in Konflikt wird auf diesem Weg den Dissidenten, WiderstandskämpferInnen, TerroristInnen und anders Widerständigen einer jeweiligen Gesellschaftsform mit dieser Vorgangsweise vorbehalten und zugewiesen.

Diese Vorgehensweise muss so unausweichlich gravierende Erklärungsdefizite und die Nachteile einer verfolgten Stabilisierungsstrategie herrschender Bedingungen aufweisen. Die Vorteile dabei sind aber natürlich die, dass man in Ruhe gelassen wird und in Ruhe der Ausformulierung Ihrer Theorien mit einer damit inkludierten Zielvorgabe für die jüngere Generation nachgehen kann. Ein weiterer Vorteil ist die Beibehaltung einer Mikro- und Mesoebene, die analytisch bedient werden kann, zuungunsten einer möglicherweise gänzlich überfordernden großpixeligen Makroebene.

Auch die Ziele universitärer Forschung sind also auch von dem hier gewählten Ausgangspunkt der vorherrschenden, gesellschaftlichen Kontrollverlust vermeidenden und abwehrenden Strategie zu analysieren. Die mit mehr den gesellschaftlichen Nerv frei legenden und angreifenden Theorien in Kauf genommene soziale Deprivation will vermieden werden.

Es steht immer die implizite Drohung im Raum, dass bei mangelnder Willfährigkeit der Job eineR Universitätsbediensteten (auf)gekündigt werden könnte. Diese Bedingtheit persönlichen Forschens stellt natürlich eine damit solchermaßen ‚naturgegebene' Barriere einer sogenannten freien Lehre heraus. Was wiederum sozialmoralische und sozial wirksame Vor- und Nachteile hat, die im Detail näher beleuchtet werden müssten, was einem forschungssoziologischen und -ökonomischen Ansatz zuzuordnen wäre.

c. Hunger als Essensdeprivation

In jedem Fall ist es die Aufgabe der universitären Psychologie, den ganz grundlegend-fundamentalen Machthierarchien dahingehend auf den Grund zu gehen, als in der Kindheit basale Mechanismen von eigenen Grundbedürfnissen und dem frühesten menschheitsgegebenen Angewiesensein auf ein Fremd-Ich analysiert wird. *Essen und Hunger* sind dem Menschen als Polarität auf einer Ebene der materiell-psychischen Grundversorgung ganz konkret und unausweichlich auf- und mitgegeben.

Beginnen wir bei der physiologischen Bedeutung von Essen und Hunger für das Ich, grundgelegt in der Mutter-Kind-Beziehung und bedeutsam in einem ganzen menschlichen Erdenleben.

In einem Artikel der österreichischen Zeitschrift Profil wurde vor einigen Jahren die Theorie ausgeführt, dass die wiederholten körperlichen Fettspaltungs- und Fettabbauprozesse bei *Hunger* zu einem langen menschlichen Leben führten.

Das heißt, gemäß dieser körperphysiologischen Theorie führen die Folgen eines mitunter wiederholten Nahrungsmangels zu langer Lebensdauer und vitaler Konstanz, was von vielen anderen wissenschaftlichen Befunden konterkariert wird (ungeachtet dessen, ob sie falsch oder richtig sind), indem unaufhörlich und penetrant auf die schädlichen Folgen des Fastens hingewiesen wird.

Die aktuelle europäische Gesellschaft als Ganzes ist vielmehr die Trägerin eines Essensbegriffs und -ablaufs, der auf einem beworbenen Sujet beruht, das mit der Darstellung einer gemeinsamen, gut begüterten Sinnlichkeit beim Essen eine absolut gesetzte *Abwesenheit von Deprivation* vorgibt. Personen, die sich mit anderen Personen bei einem voll gedeckten Tisch befinden, haben alles, was sie brauchen.

Die Psychologie des (Nicht)Essens(dranges)

Essen und Nicht-Essen ist der erste ursprüngliche Bereich, in dem der Mensch seine *Autonomie* wahrnimmt, wahrnehmen kann und wahrnehmen muss.

Das zeigt sich daran, dass Neugeborene ihre Nahrungsaufnahme verweigern, sich aggressiv durch Bisse in die Mutterbrust verteidigen können oder dankbar annehmend an der Mutterbrust nuckelnd zuzeln dürfen und sich daran erfreuen können.

Wie Kinder mit dem von den Eltern zur Verfügung gestellten Essen umgehen, zeigt schon früh den von ihnen gewählten individuellen Anpassungsgrad versus deren Widerstand gegen verordnet-vorgegebene Essensmuster.

Jongbloed-Schurig (2006, S 24) beschreibt aus der Sicht der Mutter-Kind-Dyade, die auf die ersten Lebensjahre im überwiegenden Normalfall passend und zutreffend ist (das Beispiel von schwulen Lebensgemeinschaften mit dem Aufziehen von Kindern mit Milchfläschchen müsste dabei ergänzt werden), das Kampfszenario zwischen Mutter und Kind.

Die Dynamik, in der aus der Notwendigkeit der Aufnahme von Nahrung zu einem Terrain der autonomen Selbstbestimmung werden kann, beschreibt Sie:

> „Wenn … Kinder aus medizinischer Notwendigkeit, oder aber zur eigenen Beruhigung der Mütter, über ihren Appetit hinaus zum Essen gezwungen werden, können affektive Faktoren in eine sonst problemlose Ernährungssituation eindringen. Das Essen führt dann zu Kämpfen zwischen Mutter und

Kind, in denen dieses, seine passiven oder aktiven sadistischen oder masochistischen Strebungen ausleben kann. In diesem Kampf zu siegen mag dann für das Kind wichtiger werden als die Befriedigung seines wiedererwachenden Hungers."

Wenn das Kind sich bei der Essensaufnahme in den darauffolgenden Jahren gänzlich verweigert, haben junge, aufgeschlossen-offene Eltern kaum eine Chance, das Kind zum Essen zu bewegen. Das ist bei heutigen Kleinfamilien immer wieder zu beobachten.

Die Einzelne und nur Die entscheidet letztlich, ob Sie sich dem im Außen gegebenen Nahrungsangebot annehmend öffnen will oder diese als grundlegendes Versorgungsangebot zurückweist und zurückweisen kann, will und / oder muss.

Der innere Monolog Der Fettleibig-fettsüchtigen (ich kann mich nur spüren, wenn und solange ich meine Bedürfnisse auf oraler Ebene, und nur dort, sofort und optimal befriedigen kann) deckt sich mit dem inneren Monolog Einer Magersüchtigen (nur wenn ich nichts esse, kann ich mich und meine Bedürfnisse spüren) in der Weise, als die Suche nach einer ‚reinen Identität' endlos und unerreichbar scheint und ist.

Inwieweit *Mangelzustände* als innerer Triumph gesehen werden können, beschreibt Jongbloed-Schurig (2006, S 366) anhand des inneren Denkens, Fühlens und Erlebens einer Magersüchtigen:

„Die Magersüchtige stellt die Dinge auf den Kopf. Weckt ein Mangelzustand normalerweise Begehren, den Mangel zu füllen und zu beherrschen, erlebt die Magersüchtige ihren Mangelzustand nicht als Defizit, sondern als Erfüllung. Sie hat eine besondere Begabung, und das meine ich jetzt nicht zynisch: Sie verwandelt den Mangel in Fülle und das Leiden in Genuss."

Die Magersüchtige, und meist sind es auch die Frauen und weniger die Männer, schafft das in einem pathologischen Ausmaß, was die Fettsüchtigen in einem pathologischen Ausmaß nicht schaffen, nämlich aus Mangel einen erstrebenswerten Zustand zu machen. Vielleicht sind diese beiden Phänomene ja die zwei Seiten ein und derselben Medaille.

Die bedrohliche Zunahme von Fettleibigen in den westlichen Kulturen zeigt überdeutlich, dass das Essensangebot und die vor allem medial transportierte Verleitung zum Essen eine Größenordnung an individuell nicht mehr zu verarbeitbaren Maß deutlich überschritten haben. Deshalb wären gerade Bulimie- und MagersuchttherapeutInnen dazu aufgerufen, auf dieses unerträglich gewordene, von einer großen Allgemeinheit als scheinbar normal be- und gefundenen Essensmarketing hinzuweisen!

Es sind die Extreme und die psychischen Störungen, die eine Gesellschaft als Ganzes, und hier vornehmlich die psychosozialen und medizinischen Berufe, als wichtiges Korrektiv einzuarbeiten hätte.

Essen als eigentümliche Machtdemonstration
Die individuelle Autonomie wird *öffentlich* hauptsächlich in Form von extremer *asketischer Verweigerung* bei vornehmlich weiblichen, aber auch männlichen Models sichergestellt. Oder sie geht gegenteilig in *willfähriger Anpassung* an die von Werbung und Wirtschaft aufoktroyierten, auf jeden Fall nachzuahmenden Essensvorgaben verloren, was sich an der unaufhaltsam und rasch anwachsenden fettleibigen Menschenspezies zeigt.

Und wenn man isst, sollte man das auch öffentlich tun, um den eigenen, sich selbst großzügig gewährten Basisreichtum möglichst *exhibitionistisch* unter Beweis zu stellen und vor anderen, sich dabei höchst potent glaubend, das eigene, äußerst begrenzte Repertoire, als höchst nachahmenswert markiert, auszuspielen und dabei und damit NachahmerInnen zu erzeugen.

Der gemeinsame Essensstil von Yogis wird aus hedonistisch-westlicher Sicht noch immer ein oftmals jämmerlich-ärmliches Etikett zugeordnet, das einzelnen abtrünnigen Spinnern in ihren ‚dämlichen' Gemeinschaften vorbehalten zu sein hätte.

Dass auch die gemeinsamen Essensgelage meist durch eine Person gesponsert oder finanziert werden, unterstreicht einmal mehr die universell geglaubte Gültigkeit des westlichen Individualisierungsdogmas, das ganz massiv und sehr leiderzeugend in den vielen, stetig ansteigenden Schicksalen der Fettleibigen ihren Ausfluss findet. Die Fettleibigen verkörpern diese allmächtig geglaubte Individualität, die auf der eigenen Finanzmacht auch schon bei den Investitionen in Essen aufbaut.

Der zurzeit gehypte westliche Menschentypus entspricht eben dem von der PhilosophIn Nietzsche konzipierten Übermenschen, der auch über seine diesbezüglich grundlegende Autonomie nur mehr in Form von Eigentumsattributen und -rechten verfügen zu können glaubt und tief und fest davon überzeugt zu sein scheint, dass Sie und nur Sie im Gegensatz zu den vielen Untermenschen, ein Recht auf Essen hätten und sich diesem eigenen Recht in keiner Weise mehr zu entziehen im Stande wären.

Genau das macht sie nämlich zu den Knechten und Untermenschen ihrer eigenen Eigentumsbestimmung. *We are poor guys* und das soll die individuelle Freiheit der BewohnerInnen eben vornehmlich gerade der reichsten Länder der Erde sein? Das ist die höchste Form einer ärmlich-dämlich-lächerlichen Havarie vorgelebter Möchtegernfreiheit!

Diese Form der öffentlich-oralen Fixierung geht auf eine ‚nicht erfolgreich absolvierte' frühkindliche Phase zurück, das werden ihnen die PsychoanalytikerInnen gerne als attestierendes Zeugnis ausstellen, da ist die AutorIn sich sicher.

Aber zurück zum genuin psychologisch-intravenösen Ursprung menschlicher Innerlichkeit: Eine ständige *libidinöse Basisfrustration* wird durch ein ständig gehyptes Überangebot an Essensverführung abgefüllt, kompensiert und wieder dekompensiert.

Diese uneingestanden-unbewusste Basisfrustration ist der Motor der ersatzhandelnden Befriedigung zugrundeliegender Bedürfnisse an denen konsequent, weil ach so hipp vorbeibefriedigt wird, mithilfe einer sich exhibierenden Machtdemonstration, die eine Aggressivierung und Sexualisierung der fundamental-basalen Essfunktion darstellt und anzeigt.

Ganz unvermischt wäre von psychoanalytischer Seite ins Feld zu führen, dass ein starkes aufmerksamkeitslibidinöses Defizit, viel wahrscheinlicher eine *nachhaltige, wertschätzende Aufmerksamkeitsdeprivation* die Basis des hier vorliegenden Selbstbetrugs ist, der in gemeinschaftlichen Formen des Essens nicht in diesem Ausmaß beobachtbar wäre und ist.

Die sich auf die Kompensation der libidinösen Basisfrustration rückbeziehende öffentliche Dekompensation (mit der zugrundeliegenden Botschaft: ‚Ihr esst sicher nicht, weil ihr zu wenig Aufmerksamkeit bekommt') wird von Wirtschaftsstrategen mit der Funktion von Verschleierung, Entstellung und Kastration der zugrundeliegenden basisfrustrierten Bedürfnisse gezielt eingesetzt, um die konsumierenden Massen willfährig brav-zufrieden nuckelnd klein und dumm zu halten.

Das, was in diesem Szenario jetzt noch fehlt, ist das *Eigentum auf Hunger*, der ist bisher noch nicht käuflich erworben worden. Und wenn´s soweit ist, dann wird sich die AutorIn dieses Eigentum auf Hunger patentieren lassen, darauf könnt ihr LerserInnen Gift nehmen!

Mit dieser halbironischen Willensbekundung soll auf die Notwendigkeit einer persönlichen wie öffentlichen Integration von basisdeprivierten Ich-Zuständen in die bewusste Handhabung und Hineinnahme der eigenen Bedürfnisse und deren bedürfnisimmanenten Mangelzuständen hingewiesen werden, die in den öffentlichen wie persönlichen Zusammenhängen nur als unbewusste Leerstelle ausgewiesen wird. Eine allgemeine unbewusste Leerstelle, die abgespalten und ignoriert wird, wie ein lästiger Bestandteil menschlichen Lebens, den es nicht auszuformulieren und auszuformen gilt.

Die Abwehr des weltweiten Hungers zeigt sich innerhalb der reichen westlichen Gesellschaften in Form der Abwehr der eigenen deprivativen Ich-Zustände, welche die befriedigten versus die nicht befriedigten Grundbedürfnisse zum Thema haben, in Form von Abspaltung und Überkompensation. Es ist, als hätte sich der blinde Fleck der reichen Nationen in die Körper und Köpfe ihrer BewohnerInnen einmarmoriert.

d. Überreizungsdruck versus erlebte Deprivation

Die Umweltpsychologie beschreibt sehr gut oder könnte sehr gut beschreiben, wie sehr vielfältige Reizsituationen der physikalischpsychischen Umwelt das Individuum unterwerfen können, das nicht (mehr) zwischen einem Zuviel an für es selbst negativen, nachteiligen Reizen und einem Zuwenig an positiven, für es selbst lebensnotwendigen, unterstützenden Reizen unterscheiden oder gar frei wählen kann.

Die Welt, die sich ständig aus einer unüberschaubaren Vielzahl von Reizen zusammensetzt, ist durch das hauptsächlich unkontrollierbare Nebeneinander und die Varietäten von miteinander in Konflikt und / oder in Einklang stehenden Reizen gekennzeichnet. Zumeist widersprechen sie sich oder haben überhaupt keinen Bezug zueinander und müssen erst durch die schöpferische Intelligenz des Menschen in eine Ordnung gebracht werden.

Aus der Perspektive der ständigen Beeinflussbarkeit und Angreifbarkeit des Ich ist zu konstatieren, dass diese gänzlich ungeordnete Ordnung der Reize eine sehr allgemein-grundlegende, ständig präsente Form von Gewalt in Form eines außen (vor)gegebenen Anpassungsdrucks ist, dem der einzelne Mensch ständig und mehr oder weniger ungefiltert ausgeliefert ist.

Im Fall von zum Beispiel ökonomischer Armut ist die Welt voll von Reizen, die gegen ökonomisch Arme arbeiten und gegen sie wirksam sind. Wenn jemand Hunger hat und ihm werden ständig Bilder von Essen zum Beispiel mittels Massenmediums eingebläut, dann kommt zu der traumatisierenden Form der gesamtorganismischen Belastung des Hungers noch die Belastung einer kalten und empathielosen Umwelt hinzu, die Anpassung und Kooperation einfordert, wo für die Betroffenen keine Möglichkeit der eigenen Compliance besteht. Dieser mittels Essensbildern injizierte Konflikt kommen dann zu der immensen primären Lebensbelastung noch on top dazu.

Situationsunabhängig und prinzipiell ist das menschliche Individuum sein ganzes Leben im Zwiespalt gefangen, zwischen seinem Reizhunger und Ihrer möglichen Reizüberflutung und -überforderung einen Mittelweg finden zu müssen, auch wenn man die Umwelt in ihrer immer variablen Anwesenheits- und Bekräftigungsform theoretisch und simuliert konstant hielte.

Die Betriebswirtschaft schreibt von Opportunitätskosten, die entstehen, wenn man sich für gegebene Alternativen ‚auf Kosten' anderer, nicht gewählter Alternativen entscheidet. Im Fall von Reizen muss sich der Mensch immer entscheiden, ob und welchen Reizen er seine primäre Aufmerksamkeit zuwendet, was immer von einer nicht oder gar defizitär gegebenen Konzentration auf andere Reize begleitet wird und eine Zuwendung zu anderen Reizen bedingt.

Reizvielfalt auf der einen Seite ist also immer an Reizarmut und *Reizdeprivation* auf einer anderen Seite gekoppelt, die einseitige Reizvielfalt bedingt quasi die andersseitige Reizarmut und -deprivation.

Im momentanen Zeitgeist kann die soziale Deprivation als der Preis definiert werden, den das Individuum für seine, der *eigenen Anpassungsunfähigkeit angelasteten* und dem ihr zugeschriebenen und / oder tatsächlich gezeigten Unwillen zur Anpassung zu zahlen hat, weil es ihm eine in Summe wirksame Mehrheit verordnet. In vielen momentanen gesellschaftstypischen Situationen bedeutet Anpassung die Anpassung an äußerst vielgestaltige und oft widersprüchliche Reizbestände und Reizbestandssituationen.

Ausgehend von einem, in der westlichen Welt gegebenen Überschuss an Reizbestandssituationen, die verarbeitend bewältigt werden müssen, um in einer beständig gegebenen Überlebenskonkurrenz bestehen zu können, sieht die Kehrseite Ich-Zustände vor, die Deprivation bedeuten und bedingen.

Um diese Ich-Zustände zu erklären, müssen psychologische Theorien herangezogen werden, die die Form einer Traumatisierung, die den Angriff auf die persönliche Identität und den teilweisen Verlust von Identität durch das in einer Gruppe von (relevanten) Anderen längere Ausgesetztsein in Form von isolierten Seinszuständen zum Thema haben.

TherapeutInnen sprechen von ‚Depersonalisierung' und ‚dissoziativer Identitätsstörung' (Fiedler 2013, S 22f), die während Deprivationserlebnissen losgetreten wird oder zumindest losgetreten werden können.

Wenn die psychisch systemtragende Funktion regelmäßiger, unterstützender Interaktionen und Gesprächskontakten fehlen, ist das *Erleben einer Selbstkonstanz* in Reaktion auf und in Aktion in der Umwelt stark gefährdet. Und genau das passiert, wenn Einzelpersonen von einem gesellschaftlichen Mainstream ausgeschlossen sind und werden.

Als Folge sinkt die soziale und psychische Fähigkeit, sich in einem sozialen Ganzen zu sehen, auf es zu reagieren und seinen Sinn aus diesem ganzen Miteinander und Gegeneinander sich selbstkonstruktiv darauf beziehen zu können. Es benötigt sehr viel psychische Willensstärke, um längere Situationen der sozial wirksamen Deprivation unbeschadet zu überstehen.

Die soziale und psychische Gestalt der Deprivation
Deprivation scheint eine menschliche Erfahrung zu sein, die besser nicht an die bewusste Oberfläche zu lassen ist, weil es den kompletten Kontrollverlust und die komplette Devastierung der eigenen bewussten Ich-Rationalität befürchten lässt und mit einer bewusstseinspflichtigen Ausformulierung noch zusätzlich zu Buche schlägt. Die bewusstseinspflichtige Ausformulierung kann oft einen längeren Weg der Ich-Findung bedeuten.

Es bildet sich die kognitive Figur heraus, dass Deprivation etwas ist, das vor allem in der westlichen Gesellschaft ignoriert, ausgeblendet, totgeschwiegen oder bewitzelt wird und bewitzelt werden muss, weil es längere und schwierigere Ich-Operationen benötigen würde, um diese sehr basale Form von Ich-Zuständen zu verarbeiten. Dieser psychische Raum der tiefergehenden Verarbeitung wird gesellschaftlich aber meistens nicht gewährt, weil der Überschuss der Reize und die psychische Überreizung (über)dominant geworden ist.

e.   Das Wissen über die Bedingungen der relevanten Anderen

Die erfahrene Deprivation als Wissen über einen ständig gegebenen Reizüberschuss der relevanten Anderen, der nicht geteilt werden kann, so könnte dieses Kapitel auch heißen.

Es gibt eine Menge an Theorien zur Frage, wie sich Gruppenvergleiche und die im gesellschaftlichen Sozialen verankerten Werte, die von Systemabweichlern nicht geteilt werden, auf die Psyche dieser einzelnen auswirkt. Es geht dabei um einen sich durch die nicht geteilten Werte und durch den, beim Gruppenvergleich schlechter abschneidenden Personen wirksamen und empfundenen Gruppendruck, der auf die einzelnen Systemabweichler wirkt, und zwar auf deren Denken, Fühlen und Handeln.

Deprivative Ich-Zustände werden von SozialwissenschaftlerInnen darin verortet, dass (kollektiv gesteuerte) Erwartungen an die eigene Situation dahingehend bestehen insofern, als sie Druck auf die Einzelindividuen ausüben, die eigene Situation als nicht ausreichend zufriedenstellend wahrzunehmen.

Soziale Deprivation sei ein Spiegel der subjektiven Wahrnehmung der Position der eigenen Person in der Gesellschaft: Teichmann (2006, S 1) schreibt zu Theorien der *relativen Deprivation*:

> „[U]nter relativer Deprivation [versteht man] im allgemeinen Gefühle und Wahrnehmungen der sozialen Benachteiligung bzw. des empfundenen Mangels (Zick 1977, S 97).

Verallgemeinernd ausgedrückt, kann man sagen, dass sich A (als eine Person oder Gruppe) gegenüber X (als eine Sache oder einer Situation) relativ depriviert fühlt, wenn Sie

- erstens X nicht besitzt und sich
- zweitens mit jemandem vergleicht, Die X hat (egal, ob dem nun wirklich so ist oder nicht),
- drittens Sie X will und
- viertens Sie glaubt (oder es als realisierbar ansieht), dass Sie X besitzen sollte.

Der Besitz von X könnte hierbei das Vermeiden oder die Befreiung von Y [z.B. bestimmte, auch sehr spezifische Formen einer Deprivation] bedeuten (Runciman 1996, S 10 zitiert nach Teichmann 2006, S 1,2).

Die innere, subjektive Form der Relationierung zu den anderen, die als relevant und wichtig, als Vorbilder und als soziale Vergleichspersonen eingestuft und eingesetzt werden, ist bei der relativen Deprivation der Ausgangspunkt von Gefühlen des Mangels und der Unzufriedenheit, die Deprivation bedeuten.

Ökonomisch, sozial und situativ gekennzeichnete Personen wie Obdachlose, inhaftierte Personen, Flüchtlinge in Lagern, etc., sind zu ihrer materiell und finanziell in höchstem Maße eingeschränkten Lage häufig in ihrem Alltag so weit geknebelt, dass ihre Situation durch eine übermächtige, soziale wie psychische Deprivation gekennzeichnet ist. Ihre Situation, die Auskunft über deren materielle Verhältnisse gibt, ist dann der faktische Ausgangspunkt von Deprivation, die zusätzlich der eigenen und fremden Bewertung unterliegen.

Zu allem Überdruss werden die Personen, die durch ihre materiell-faktischen Situationen schwer benachteiligt sind, von den kognitiv-verbalen Gewohnheiten der weniger oder nicht deprivierten Personen abgebildet, von letzteren abgespalten und damit zumindest auf einer symbolischen Ebene ausgegrenzt und verdrängt. Die Bessergestellten wollen nicht in die Nähe von relativ Deprivierten kommen und mit ihnen verglichen werden, obwohl deren relatives Deprivationserleben durch genau den Vergleich mit diesen Schlechtergestellten minimiert würde.

Da eine Nähe zu benachteiligten Personen im Allgemeinen gemieden wird – mit Ausnahme der Handlungsrichtung der vielen helfenden Menschen – bewirkt dies auf einer symbolischen, prä- und post-interaktiv wirksamen Ebene, dass keine entlastenden Vergleiche stattfinden können.

f. Deprivationsabwehr als politische Aufgabe

Die Tatsache, dass interpersonale Vergleiche minimiert oder durch spezifisch wirksame Barrieren in bestimmte Bahnen gelenkt werden, ist auch der Entwicklungstendenz westlichen Gesellschaften zuzuschreiben, die mit dem Begriff der *Individualisierung* gefasst wird. Diese Entwicklungstendenz hat sich in den letzten Jahrzehnten zu einer pathologischen Individualisierung ausgeformt.

Eine Ausnahme in der westlichen Welt, die sich diesem Phänomen der *pathologischen Individualisierung* stellt, ist zum Beispiel das britische Ministerium für Einsamkeit, das die durch Einsamkeit erzeugten deprivativen Ich-Zustände in unserer in höchstem Maße individualisierten Gesellschaftsform als eigenen, eigens zu verwaltenden, auch politisch bestimmbaren Gesellschaftsteil priorisiert.

So dämlich und lächerlich sich dieser Titel und Aufgabenbereich aus einer ökonomischen Sicht ausmachen kann, so passend und wohl zugeschnitten ist er auf die Schlagseite der momentan gültig-wirksamen neoliberal getrimmten Individualisierungsideologie: Mit dessen Einsamkeitspolitik setzt das Ministerium einerseits präventive, andrerseits mildernde Maßnahmen für die deprivativen Einsamkeitsfolgen einer immer größer werdenden Bezugspopulation.

Das Ministerium für Einsamkeit in Großbritannien harrt der nachahmenden Rezeption in den anderen Ländern und weiters harrt ein Ministerium für benachteiligte Menschen der erstmaligen Erfindung. Dieser Gesellschaftsbereich sollte nicht dem Gutwill der Kirche und einzelnen helfenden Personen mit wenig und zuweilen auch viel politischem Einfluss und Kapital überlassen bleiben.

Es ist vielmehr im Verursachungsbereich einer gesamten Gesellschaft, die für ihre eigene Bedingtheit und ihren eigenen Lebenswert habhaft und haftbar zu machen wäre und ist.

g. Deprivation als verunmöglichte Ich-Abwehr

Deprivation ist ein Ich-Zustand, der entsteht, wenn alle Faktoren, die eine Umleitung und Umverteilung von Belastungen ermöglichen würden, nicht (mehr) da sind und eine damit verknüpfte Ich-Abwehr nicht (mehr) erfolgen kann.

Das Phänomen und die allumfassenden, nicht nur psychohygienisch fassbaren Folgen humaner Deprivation ist so grundlegend, dass die menschliche Sprache nicht ausreicht, um an eine adäquate Erfassung der psychologischen Beschaffenheit dieses Phänomens heranzukommen. Es ist ein ungefiltert-nackter Ich-Zustand, in dem der Mensch allen äußeren Einflüssen hilflos ausgeliefert zurückbleibt.

Warum ist etwas und nicht vielmehr nichts, das ist die philosophische Grundfrage, die am Anfang und am Ende allen Seins steht, das Nichts umfängt das menschliche Sein.

Deprivation ist der auf neuem oder lang andauerndem Mangel an Reizen und Ereignissen folgende, mehr oder wenig ständig anhaltende dumpfe Erregungszustand, der auch als ausschließlich außen- und *außengesteuerte, 100%ig fremdbestimmte Depression* zu kennzeichnen ist.

Die Depression kennzeichnet einen Ich-Zustand, bei dem zentrale libidinöse Grundvoraussetzungen und -komponenten des gelebten und zu lebenden Seins nicht gegeben sind. Deprivation und Depression sind Ich-zentriert-zementierte Ich-Zustände, die zumindest kurzfristig unumstößlich sind und auch subjektiv so erscheinen. Die Depression ist auch in diesem Fall der unerschütterlich-unbestechliche psychische Anker im menschlichen Sein und des menschlichen Seins, der unzweideutig psychischen Mangel auf einer nicht mehr abspaltbaren Bewusstseinsebene anzeigt.

Diese Form des persönlich virulenten Mangels, die eine Notsituation bescheinigt, hat dann Appellcharakter an die (relevanten) Anderen, wenn sie sich empathisch für die Schicksale anderer zu öffnen vermögen.

C. Persönlich-subjektive Verletzlichkeit als Deprivationskorrelat

Die Verletzlichkeit des Menschen konstituiert sich entlang psychisch-sozialer Faktoren, die sich auch in der *Erwartbarkeit materieller Sicherheiten* eingebettet finden. Wie verletzbar jemand ist, entspricht der Summenfunktion der gegebenen versus der nicht gegebenen Befriedung und Befriedigung sämtlicher (Grund)Bedürfnisse, die spätestens im Europa des 21. Jahrhunderts an den gesellschaftlich zugestandenen Grad der generellen Ausstattung der eigenen materiellen Lebensverhältnisse gekoppelt sind.

Eine *Befriedigung der Grundbedürfnisse* ist heute mit dem Vorliegen von Geld und anderer Faktoren untrennbar verknüpft, die alle nicht mehr losgelöst wie zu Zeiten eines bäuerlichen Feudalwesens analysiert werden können und dürfen. Wer kein Geld hat, kann in unserer heutigen westlichen Zivilisation nicht mehr überleben, was in vielen Fällen durch die Abhängigkeit von höchst ausbeuterisch und amoralisch Handelnden erkauft werden muss.

Steht längerfristig bei der Bank / am Bankomaten kein Geld zur Verfügung oder hält der Staat bei Sozialhilfe und Arbeitslosigkeit das für ein Überleben notwendige Geld zurück, muss das daher als höchst gewaltsamer Akt und Anschlag auf die eigene Existenz gewertet werden.

Es ist unserem *menschenentwicklungsgeschichtlich* sehr langsam lernenden Gehirn zu schulden, dass wir uns *bewusstseinsmäßig* noch in der Zeit des *bäuerlichen Feudalwesens* befinden, sonst würde das Zurückhalten von finanziellen Überlebensleistungen von Seiten des Staates sofort zu einem massiven shitstorm und sozialer Ächtung eines dadurch und damit ächtenden Staates führen.

Die Erwartbarkeit materieller Sicherheiten und der Befriedigung der eigenen Grundbedürfnisse bilden die Grundlage und die Voraussetzung für ein tägliches Funktionieren in einer westlichen Welt. Diese Erwartbarkeit dient als standardisiertes Koordinatensystem und Prämisse lebensweltlichen Handelns und als gesellschaftlicher Grundkonsens, der nicht alle Mitglieder einer Gesellschaft gleichermaßen betrifft.

Bei den Prämissen, die nicht alle Gesellschaftsmitglieder in gleichem Ausmaß betreffen, lugt die alltägliche, allgemeine *individuell-persönlich-psychische Bewältigungsmodalität* nur wie die Spitze eines Eisbergs hervor. Sie bestimmt nicht nur das objektiv messbare Vorankommen in einer Gesellschaft, sondern auch dessen subjektives Begleitempfinden und -verarbeiten, das sich in *übersituativen Ich-Zuständen* letztlich bemerkbar macht und zeigt.

In diesem Zusammenhang ist die Betrachtung des für das Ich zur Verfügung stehenden *Ressourcen* in Abstimmung mit den inneren Ich-Zuständen zentral, welche zusammen die *psychischen Bewältigungspotentiale* des Ich ergeben.

Der Begriff der *Resilienz* umfasst die Fähigkeit eines Menschen, gut ‚zwischen' den Risiko- und den Schutzfaktoren, die auch als die gegebenen und nutzbaren (psychischen) Ressourcen versus die nicht gegebenen Ressourcen beschreibbar sind, überleben zu können.

Die Macht der Ressourcen

Resilienz bedeutet, dass, auch wenn Einzelpersonen über längere Zeit einer (großen) Menge an Risikofaktoren relativ schutzlos ausgesetzt sind, sie, unter optimaler Ausgestaltung der verbleibenden Schutzfaktoren, die oft psychisch-sozial-materiell lebensbedrohlichen Situationen langfristig unbeschadet meistern können (Fröhlich-Gildhoff / Rönnau-Böse, S 19ff und S 40ff 2011).

An die Grenzen der individuell-psychologischen Resilienzforschung kommt man sehr schnell, wenn man die Risikofaktoren maximiert und die Schutzfaktoren minimiert. Dann kommt man zu maximalen Todesrisiken, wie das zum Beispiel bei Obdachlosen in den westlichen Staaten gegeben ist.

Aufgrund der nicht gegebenen objektiv materiellen Schutzfaktoren kann auch die persönliche Resilienz nur relativ gering ausfallen. Das sollen sich die antimateriell argumentierenden PsychologInnen bitte als Daumenregel hinter die Ohren schreiben. Natürlich werden diese einwenden, gibt es eine bestimmte Personengruppe, die eben maximal resilient ist, und die auch Krisensituationen optimal meistern können. Und natürlich antwortet die AutorIn jetzt darauf, dass damit gesellschaftliche Extreme beschrieben werden und nicht eine a la long gegebene Durchschnittsperson und -situation.

Aufgeilen kann man sich freilich an diesen maximal individualistisch-resilienten Personenhelden, die die psychische Kraft haben, widerständige Situationen quasi aus dem Nichts heraus, bestens überstehen und überleben zu können. Diese Sicht der Dinge muss aufs Schärfste zurückgewiesen werden, da diese Art von psychologischem Heldenkult eine bloße kognitiv-ideologische Rationalisierungs- und Legitimierungsfigur von persönlich-gesellschaftlicher Handlungsunterlassung darstellt und es nicht schwer herzuleiten ist, wie ungefähr die Motive dieser Forschungsansätze beschaffen sein müssen.

Denn die Frage stellt sich: Warum werden nicht Obdachlose als die HeldInnen dieser so gehypten persönlichen Resilienzforschung gekürt? Das ständige individualistische Geflunker bar jeglicher Erörterung genau der individuell eben nicht mehr bewältigbaren Situationsbegrenzungen nervt grenzenlos!

Bekanntermaßen fühlen sich zum Beispiel Obdachlose auch sehr schnell *subjektiv verletzbar und sind psychisch leicht zu verletzen*, weil sie sich permanent im öffentlichen Raum aufhalten müssen und damit auch direkt dem permanenten gesellschaftlichen Verachtungsgefälle schutzlos ausgeliefert sind. Das ist primär vermittelt über den nicht gegebenen (eigenen) Rückzugsort.

Unter den die eigene Resilienz verringernden Faktoren findet sich auch der Faktor ‚keine Arbeit haben', vielmehr ist das, unter den besser als die Obdachlosen Gestellten, ein schwer belastender Risikofaktor, nicht nur wegen der daraus resultierenden mangelnden Finanzkraft, sondern auch wegen dem fundamentalen Fehlen und der Versagung von gesellschaftlichem Eingebundensein, häufig auch verwoben mit einem täglichen sinnerfüllungs- und sozialem Defizit. Von der ausbleibenden Anerkennung überhaupt zu schweigen.

Bei Obdachlosen sind diese weichen Faktoren auch gegeben, dazu kommt dann noch der objektiv gegebene, im Vergleich zu den meisten anderen stark minimierte, abgesicherte eigene Handlungs- und Bewegungsspielraum im sozialen Feld zwischen Schlaf- und Essensplatz.

Der als mathematisch zu bezeichnende Forschungsansatz der SoziologIn Luhmann arbeitet minutiös die exkludierenden und inkludierenden Mechanismen einer Gesellschaft aus, die in einem pragmatischen Sinn die Komplexität einer Gesellschaft ausweisen und die Unmöglichkeiten für Personen, die nicht inkludiert sind, ihr Leben zu bestreiten und ihnen das Leben zur Hölle machen, beschreiben.

Es ist also nicht nur die *Illusion des Getrenntseins* (wie Brennan 1998 auf der Buchcoverseite ausführt), sondern auch und vor allem das *faktische Getrenntsein* vom sozialen Mittelpunkt einer Gesellschaft, das für Angst und den Selbsthass verantwortlich zu machen ist, was Brennan (s.o.) herausarbeitet. Angst und Selbsthass sind dabei die innerpsychischen Faktoren, die die *die psychischen Konsequenzen und die Fortschreibung* der sozial, materiell und psychisch vorgefundenen Umwelt bedeuten.

Diese Beispiele zeigen, wie *objektiv messbare materielle Faktoren* und die diese materiellen Faktoren triggernden Voraussetzungen den Rahmen stellen für die *psychische Angreifbarkeit* als persönlich-subjektiv daraus resultierender Faktor.

Auf der Ich-Seite dieser Gleichung beim Ausfassen eines sich als übergroßes psychisches Defizit stattgreifenden insgesamten Mangels steht auf der gesellschaftlichen Seite der Mangel an Gewährung gesellschaftlicher Aufmerksamkeit und materieller Gratifikation gegenüber.

Bestimmte Strukturen machen verletzlich und können nur durch ein Höchstmaß an Resilienz ausgeglichen werden, wenn ein Mindestmaß an objektiv fassbarer Versorgung sichergestellt werden kann oder das Ich imstande ist, sich dieses Mindestmaß selbst zu organisieren, was ein Mindestmaß an zur Verfügung stehenden äußeren und inneren Eigenressourcen voraussetzt.

Die mit Ideologie versenkte Wahrnehmung der Grundbedürfnisse

Auf unzweifelhaft *machtinstrumentalisierte Psychologisierungen* gegen die eindeutig Unterlegenen im gesellschaftlichen Machtkampf um sozioökonomische Ressourcen sei in diesem Zusammenhang gepfiffen.

Die modernen neoliberal-psychologischen Traumfiktionen erarbeiten die begleitpsychologischen Ideologien einer materiellen und *daher* auch psychischen Überlegenheit, da diese über ein Übermaß an materiellem Reichtum verfügen können und introjizieren diese Ideologieträume in die Köpfe der Armen, auf dass die sich innerlich nicht mehr bewegen können. Das führt zu einer Lähmung, die alle untergeordneten Gesellschafts(?mit)glieder willfährig macht. Genau das ist das Motiv der gut Situierten, die sich an ihren Opfern permanent vergreifen und sich an deren Armut aufgeilen.

Auch diese Form der symbolisch-psychologischen Kriegsführung wäre vor einem internationalen Gerichtshof für psychische Verbrechen der wenigen an den vielen strafrechtlich dingfest zu machen, wobei natürlich dabei die Frage entsteht, wo denn eigentlich die Grenze zwischen arm und reich verläuft.

Eine Antwort darauf könnte lauten: Dort, wo die zigtausendfache Essensüberproduktion, die zu zigtausendfachen Essensproduktionsüberschüssen führt, strafrechtlich geahndet nicht über die westlichen Systemgrenzen hinausreichen dürfen.

Elendiglich langsam hat sich in den letzten Jahrzehnten innernational eine Essensbrücke zwischen kürzlich abgelaufenen Lebensmitteln und Obdachloseninitiativen begonnen herauszubilden ... Was mein ist, kann eben nicht dein sein, wenn Du's nicht bezahlst und auch, wenn es mir bei den Ohren herauskommt, mich belastet, es mir nur Mühe bereitet und ich in meinem Überfluss ersticke.

Die Deprivation von Einzelpersonen und -schicksalen wird also prinzipiell gesellschaftlich abgespalten und für den Fall, dass die jeweiligen Formen der Abspaltungen mit inneren Barrieren behaftet sind oder wären, gibt es eine spezifische Ausformung von Ideologien, die die Abgespaltenheit von Bedürfnissen auf den Weg bringt und sie im Vorfeld neutralisiert.

Damit werden Personen, deren Verletzlichkeit auf den unbefriedigten Grundbedürfnissen basiert, marginalisiert, zumindest durch die Erschwernis der kognitiven Wahrnehmungen des eigenen Selbst, das so mit seinen eigenen Bedürfnissen allein gelassen wird, was bewirkt, dass diese sie durch die eigene Scham abspalten müssen.

Macht oder Ohnmacht des sozialen Zusammenhalts?

Die folgenden Ausführungen fokussieren die gegebenen, schwer deprivationsrelevante, bis aufs letzte Hemd marginalisierende gesellschaftliche Faktoren und deren sie bedingenden gesellschaftlichen Leerstellen als Prämissen gesellschaftskultureller Lebensorganisation in westlichen Zivilisationen. Und natürlich muss es dabei ums gegebene versus nicht gegebene Geld als zentralem (Über-)Lebensfaktor gehen.

1. Alleinsein bedeutet Deprivation von sozialem Zusammensein und soziales Zusammensein bedeutet Deprivation von nicht einsamem Alleinsein. Zu viel von einem bedeutet zu wenig vom anderen. Diese psychische Dynamik könnte zu einer Weiterentwicklung der solipsistisch-individualistischen Eigentumsgesellschaften führen, die sich nur über ihre nächsten BeziehungspartnerInnen zu legitimieren wissen.
2. Die *Polarität* zwischen *Eingebundensein* in eine Sozietät und die Negation und *Deprivation* dieses Eingebundenseins zeigt sich sehr eindimensional, aber unmissverständlich am gegebenen versus nicht gegebenen Kapitaleigentum, das die persönlich-subjektive Verletzbarkeit zentral – im Wechselspiel zu den sozialpsychologischen Faktoren – konstituiert.

3. Wir haben gelernt, dass *finanzielle Verantwortung* nur im familiären und staatlichen Rahmen begriffen, verstanden und organisiert wird. Soziale Netze und Initiativen sind finanziell, zum Beispiel in Form von Vereinen, organisiert, aber die *Lebenskostenfinanzierung* von *Einzelpersonen* sind ganz reinrassig ausschließlich staatlich und familiär organisiert.

Man kann es durchrechnen, wie viel Personen mit durchschnittlichem Einkommen nötig wären, um die Lebenshaltungskosten von einer Person zu stemmen. Das klassische familiäre Modell stemmt von einem Einpersoneneinkommen mehrere Personen. Und der Staat vergünstigt den steuerlichen Abzug des Einpersoneneinkommens, das für den Erhalt von Familienmitgliedern durch die verdienende Person aufgewandt wird bzw. gibt es staatliche Förderungen wie Familien- und Kinderbeihilfe, in Deutschland Kindergeld.

Die Lücke, die sich bei dieser allgemein akzeptierten Finanzkonstruktion auftut, betrifft Personen, die keine Familie haben und Personen, die nicht arbeiten können und auf nichts Vererbtes oder auf Kapital Zugriff haben, also Personen, die kein Eigentum haben. Die müssen und dürfen sich beim Sozialamt mit großer sozialer Ächtung und faktisch ständiger amtlicher Drangsalierung anstellen. Und das bedeutet soziale Deprivation.

Die erste zugrundeliegende Gleichung dieses Unterpunktes ist: *Wer Null (Kapital)Eigentum hat, erfährt maximale soziale Deprivation*. Und die beginnt bei der Notwendigkeit, arbeiten zu müssen, um überleben zu können, aber es einen großen Personenkreis gibt, bei denen sich das gänzlich anders verhält.

Im Westen ist man außerfamiliär sozial, aber beim Geld hört sich der Spaß auf. Ausnahme sind die GroßspenderInnen, oder Personen, die zum Beispiel Patenschaften freiwillig finanzieren.

Die zweite zugrundeliegende Gleichung ist: *Beziehungsnetze, die für den sozialen Zusammenhalt zentral sind, sind im Allgemeinen eine finanzielle Leerstelle und existentiell-finanziell machtlos, sie sind finanziell depriviert*.

Das akzeptierte *allgemein-gesellschaftliche Sozialwesen* beruht auf tradiert familialen Verantwortungsschemen und auf professionaliserter und ehrenamtlicher Dienstleistung. Alle Bereiche, die sich diesem Schema nicht zuordnen lassen, fallen durch den Rost. Und der durchschnittliche westliche Charakter ist ein *Niemand* abseits der wohl tradierten Familie und Paarbeziehung und abseits der wohl durchstrukturierten Arbeitswelt.

Liebevoll gehegt, gepflegt und bestens anerkannt ist und wird das Leitbild des westlich-postmodernen Charakters, so er diesem zugrundeliegenden Schema ganz wohlgeformt, frisiert und mit weißem Hemd ausgestattet entspricht, obwohl er *bezüglich seiner Sozialwesenskompetenz* ein höchst begrenzt-defizitäres Phänomen darstellt. Diese Nichtkonstruktion von Sozialwesen ist jeglichem modernen Versicherungsgedanken abhold in einer ganz grundlegenden sozialen Dimension.

Der soziotechnisch-psychologische Konstruktionsfehler der modernen westlichen Gesellschaften

Ein absurd-abstruser Konstruktionsfehler von Gesellschaften des modernen Menschen des 21. Jahrhunderts: Wenn Brücken so konstruiert wären, würden sie nach kürzestem Gebrauch einstürzen, und das Soziale stürzt bei jedem Familien-, Frauen- und Selbstmord und mit jedeR Drogentoten ein.

Diese finanzielle Leerstellenkonstruktion ist gleichermaßen auch ein Abbild unserer sozialen Gesellschaftskonstruktion. Als Kleinfamilien oder Solisten mit wechselnden Partnerschaften existieren wir vor uns hin und dann gibt's noch den Arbeitszusammenhang und das wars. Weitere Modelle werden öffentlich weder beworben noch besprochen. Und das soll der Siegeszug des individualisierten Kapitalismus sein, na grüß Gott, gute Nacht!

In seiner sozialen Entwicklung befindet sich der eigentumskapitalindividualisierte Westen noch weit vor die Erfindung des Automobils, ohne damit die psychologische Loslösung von der feudalen Großfamilie als zentralen Meilenstein einer individuellen psychologischen Entwicklung kleinreden oder besser gesagt ‚klein schreiben' zu wollen.

Wenn man diese sozialfinanziellen und finanzsozialen Ausführungen auf die *individuell-subjektive Verletzlichkeit* bezieht, ist zu subsumieren, dass unsere allgemeine, gesellschaftliche Konstruktion in einem durchschnittlich-westlich europäischen Zusammenhang ein höchst vulnerables Individuum zum favorisierten Vorzeigemodell gemacht hat, das auf den funktionieren zu habenden Einheiten der EgoperformerIn, der Paarbeziehung, der Kleinfamilie und der Arbeitswelt aufbaut und darin fundamental verankert ist.

Fehlt zumindest eine dieser vier Prämissen, reißt eine riesig klaffende Lücke und Wunde einer individuell-persönlich-subjektiven Verletzbarkeit und einer daraus resultierenden Verletzlichkeit auf und das zugrundeliegende gesellschaftliche Sozialmodell gerät spätestens nach Aufsummierung dieser vielen, ja nur höchst *individuellen Schicksale* (wie uns beständig gebetsmühlenartig versichert wird) ins Wanken und in die Krise.

Wobei es dort beginnt, dass die sozial vernetzte Existenzbedingung als zentrale menschliche Vorbedingung nicht mal thematisiert und ausformuliert wird. Der Eigentumskapitalindividualismus ist blind am linken Aug!

Ein sozial abgesichertes Alleinsein kommt um die gemeinschaftliche Anbindung und Einbindung nicht herum, auch wenn der ach so dem Osten überlegen-erhabene westliche Finanzindividualkapitalismus eine gänzlich andere Verheißung betreibt.

Die allgemein fortgeschrittene Individualdeprivation, die in der individuellen Verletzbarkeit und Verletzlichkeit ihren Ausdruck findet, spricht eine andere Sprache, die zum Beispiel am enormen Anstieg von *Drogentoten* in den auch von der allgemein wertgeschätzten deutschen Bundeskanzlerin *A. Merkel* so bewunderten USA der letzten Jahre abzulesen wäre. Bezüglich Sozialleistungen ist Europa den USA haushoch überlegen, obwohl selbst Europa in jedem dieser Sinne als hochgradig verbesserungswürdig und entwickelbar zu bezeichnen ist.

Und natürlich, so werden die guten PsychologInnen einwenden, sind es immer eine große Menge von Bedingungsfaktoren, die zu einer jeweiligen (zum Beispiel: Drogen-)Entwicklung führen, und dafür verantwortlich zu machen sind. Und natürlich, so werden die systemaffinen PsychologInnen einwenden, gibt es auch dabei immer bestimmte Muster und Verhaltenstypen, die genau an diesen Entwicklungen abzulesen wären (vgl. https://youtu.be/TGm_QTD5yKM; im Zentrum stehen das Sozialsystem gefährdenden Isolationsbedingungen im Gegensatz zu systemkonstituierenden Situationen von erlebter Gemeinschaft als Voraussetzung psychischer Gesundheit).

Wir kommen um die Schattenseiten der momentanen Ich-Ideologie, der Ich-ismen und der Ichologie nicht herum, der Nachkriegssozialismus zeitigte bestimmte, heute beobachtbare Phänomene in geringerem Ausmaß als heute. Andrerseits ist das damalige kollektive Leid mit dem heutigen kollektiven Leid nur wenig vergleichbar.

Heute stellt sich das Problem so dar, dass das aus dem Kollektiven herausgelöste Ich wieder Steinchen für Steinchen in Ihre eigene Beziehungshaftigkeit eingeordnet wissen will. Sonst verbleiben wir im *historisch verdrängten und nicht ausgelebten Rest der Ich-unbewussten Ich-losigkeit der Jahrhundertwende.*

Es könnte sein, dass wir heute als stark fragmentiertes Kollektiv Ausschau zu neuen, sozialpsychologisch relevanten Ufern halten sollten. Und als erstes Projekt könnte überlegt werden, wie der perseverativ wirkende soziale Vergleichsdruck als ultimativ bestimmender Faktor entschärft werden könnte. Dazu kommt der ständig piepende technologische Stress, der allen Gesellschaftsmitgliedern, die was auf sich halten, vorbehalten scheint und die heute immer zentralere Frage, wie eben dieser minimiert werden kann, um der digitalen Depersonalisation nicht gänzlich auf den Leim zu gehen.

Der heutige hypertrophisierte Ich- und Selbstbezug, der in den letzten Jahrzehnten auf der Basis der damit gleichzeitig erodierenden Sozialsysteme aufgebaut wurde und operiert, sollte und könnte in ein neues Verhältnis zu einem auch *individualisiert zu denkenden Gemeinwohl* gesetzt werden.

Dadurch geraten, was vor allem psychologisch zu thematisieren wäre, die Innen- und Außenrelationen des Ich in den Blick, die ganz grundlegend und immer wieder neu zu einem gesellschaftlichen Diskurs zu gestalten wären.

Dieses Vorhaben wird sich ohne die Erarbeitung einer seinsphilosophischen Grundlage nicht realisieren lassen können, die die

Lebensvoraussetzungen der Menschheit in ein unabdingbares Zentrum rückt.

Die Innen- / Außenrelationen des Ich

Psychische Überreizung als quasi standardisierter Situationsbestandteil westlicher Gesellschaften, der auf alltäglich gewordenen Kommunikations- und Informationstechnologien beruht, ist bereits eine fundamentale Voraussetzung kindlicher Sozialisation geworden (vgl. Rikowski 2017).

Die reizgemäßen Außensituationen sind so massiv durch ein unerträgliches Maß an überfordernder Überladenheit von und mit überlebensrelevanten Reizen und Informationen gekennzeichnet, sodass die Ich-Zustände der kognitiv-emotional-körperlichen Ruhe zunehmend als deprivative Ich-Isolation erlebt und empfunden werden müssen, was zu einer zur Regel gewordenen kollektiven und damit überindividuellen Überforderung und Überlastung führen muss.

Es besteht ein massives Zuviel im Außen und ein massives Zuwenig im Innen des Menschen, zu viel Verarbeitungsnotwendigkeit auf der einen und zu wenig Verarbeitungsspielraum auf der anderen Seite, das eine durchdringende perseverative Imbalance und ein gesamtgesellschaftliches aus dem Lot sein anzeigt, das in den letzten Jahrzehnten psychisch immer bedrohlicher wird.

Die Innen- / Außenrelationen des Ich und deren jeweilige Beschaffenheit ist eine sehr zentrale und fundamentale Ich-Voraussetzung, die über die heutige psychische Gesundheit des Menschen entscheidet. Diese Relationen des zugrunde liegenden psychologischen Koordinatensystems der grundbedürfnisabhängigen und -zentrierten individuell-subjektiven Verletzlichkeit, die ein Spiegel ist und die Bilanz einer Summe psychischer Deprivationen und dem Fehlen von Deprivation, wovon letzteres ganz selbstverständlich als Fülle und nicht als Überschuss missverstanden wird.

In diesem Kapitel wurde das materielle Außen als Grundlage des psychischen Innen gewählt; jetzt steht ganz grundlegend die *Ich-Welt-Relation und die Ich-Welt-Regulation* im Mittelpunkt, die über die *Modalität einer faktischen Grenze* zwischen dem Innen und Außen organisiert ist und sich (be-)ständig organisiert.

Die Umwelt, wie das Ich, ist einer *physikalischen* und einer *sozialen* Phänomenalität und Dimensionalität unterworfen und somit diesen beiden Faktoren ursächlich zuzuordnen.

Die *soziale Phänomenalität des Ich* wird nun *sekundär*, als **Pro**dukt von äußeren Reizen und inneren Wahrnehmungen behandelt und wäre im Folgenden aber im Hintergrund weiter mitzudenken.

IX. Die Ich-Grenze zwischen Innen und Außen

Eingebettet in die soziale Phänomenalität befindet sich das Ich, das im nun folgenden aus der Perspektive Ihrer Fähigkeit und Notwendigkeit, die physiologisch-psychologisch sich abbildende Außenwelt in ihrer seinsbedingenden Phänomenalität zu erfassen, behandelt.

Die Wahrnehmung der Umwelt und des eigenen Ich ist physiologisch und psychisch an die *menschlichen Organe* gebunden und gekoppelt. Durch und mittels der Organe werden sämtliche Bedingungen, in denen sich das Ich eingebettet findet, von einem *Außen in ein Innen übersetzt* und dazu wird im Gegenzug eine *innere und dann eine äußere Reaktions- und Handlungsantwort* ermöglicht und auf den Weg gebracht.

Der Mensch ist als Primat eine von medizinisch-biologisch-psychologischen und von vielen anderen Gesichtspunkten her erfassbare Konstruktion, die durch innere und äußere Merkmale – letztere konstituieren seine sichtbare Oberfläche – her beschreibbar ist.

Das flächengrößte menschliche Organ ist das Organ der menschlichen *Haut*. Neben Auge, Mund, Nase und Ohren, ist sie der *Filter* der Umwelt und die *Kontaktfläche* mit der äußeren Umwelt, die die persönlich-individuelle *Relationierung* zu der eigenen Umwelt taktil ermöglicht und erzeugt.

Die Information, die über und durch die Haut an das Gehirn weitergeleitet wird, wird ergänzt bzw. befindet sich im Gesamtkonzert der durch die anderen Sinne weitergegebenen Informationen über die Umwelt und über den Bestimmungsort und die Lage der eigenen Subjekthaftigkeit in ihr.

Die faktisch-physikalisch fassbare(n) Grenze(n) des Ich

Ancieu (1998, S 131–145) beschreibt in Ihrem Buch mit dem Titel das Haut-Ich die unterschiedlichen Funktionen der Haut: Zunächst verbindet die Haut die Muskulatur mit dem Skelett, alle Organe sind, von einer fiktiven Mitte ausgehend, zuletzt im Haut-Ich situiert. Die Haut ist das Organ, das als erstes die Haut der Hände der Mutter aufnimmt:

> „1. So wie die Haut eine Stützfunktion für das Skelett und die Muskulatur hat, dient das Haut-Ich dem Zusammenhalt „der Psyche. ... Das Haut-Ich ist ein internalisierter Teil der Mutter – dazu gehören besonders ihre Hände –, und dieser Teil erhält das Funktionieren der Psyche aufrecht, ... so wie der Mutter, die das Baby hält, seinen Körper zugleich in einem Zustand der Einheit und Festigkeit hält ...
> 2. Die Haut, die die ganze Körperoberfläche bedeckt und in die alle äußeren Sinnesorgane eingebettet sind, entspricht die *umfassende* Funktion des Haut-Ich ... "

Die Schicht der Haut an der Oberfläche der Haut, die Epidermis, schützt mit der Dermis, dem mittleren Teil, den sensiblen Teil der Haut, die Subcutis, die Unterhaut. In der Dermis befinden sich die Nervenendigungen:

> „3. Die oberflächliche Schicht der Epidermis schützt ihre sensible Schicht (in der sich die Nervenendigungen und die Tastkörperchen befinden) und ganz allgemein den Organismus gegen physische Aggressionen, Strahlen und Reizüberflutung ... "

Von oben bzw. außen treffen die Reize der Umwelt ein und müssen durch ein Zusammenspiel der unterschiedlichen Organe für den Organismus kategorisiert werden, in insgesamt schädlich / nützlich / angenehm / unangenehm, aufzusuchen / zu vermeiden, usw., was eine resultierende Bewertung letztlich des Gehirns darstellt, das die eingehenden und auf den Organismus einwirkenden Informationen im Vorfeld verarbeiten musste und verarbeitet hat.

Die Grenze der einzelnen Zellen ist die Membran, die darüber entscheidet, ob und inwieweit Substanzen als abzustoßende Fremdkörper oder als nicht feindlich eingestuft werden. Die starke Abweichung der sehr verschiedenen Farben, Strukturen und Oberflächen der Haut ergibt individuelle Unterschiede (s.o.):

> „4. Die Membran der organischen Zellen schützt deren Individualität, indem sie zwischen Fremdkörpern, denen sie den Zutritt verweigert, und den ähnlichen, oder ergänzenden Substanzen, bei denen sie den Zutritt oder eine Verbindung zuläßt, differenziert. Durch die Beschaffenheit ihrer Oberfläche,

durch Farbe, Struktur, Geruch, zeigt die menschliche Haut starke individuelle Unterschiede.
5. Die Haut ist eine Oberfläche mit Taschen und Vertiefungen, in denen sich – abgesehen vom Tastsinn, welcher in der Epidermis selbst liegt – die übrigen Sinnesorgane befinden. Das Haut-Ich ist eine psychische Oberfläche, die Empfindungen verschiedener Art miteinander verbindet. ...
8. Die Haut liefert mit ihren taktilen Sinnesorgangen (für die Berührung, Schmerz, Wärme, Kälte, .. [hautkranke] Sensibilität) direkte Informationen für die Außenwelt (die später mit Hilfe des ‚gemeinsamen Sinnes' durch auditive, visuelle etc. Informationen bestätigt werden). Das Haut-Ich erfüllt die Funktionen der *Einschreibung* der taktilen sensorischen *Spuren* ... "

Psychisch, psychologisch und libidinös steht das Anklammerungs- und Berührungsbedürfnis, das sich als erstes herausbildet und auch im späteren Leben einen zentralen Platz einnehmen kann, im Zentrum Im Erwachsenenalter wird dieses Bedürfnis, sich zu berühren von der jeweiligen Kultur verschiedentlich akzeptiert und in der Sozietät der jeweiligen Kultur entsprechend (nicht) ausgelebt. Zum Beispiel ist bei den ItalienerInnen und SpanierInnen eine große Akzeptanz und das direkte Ausleben gegeben, was bei den anderen europäischen Kulturen nicht der Fall ist. Die Libido ist die Triebkraft hinter dem Anklammerungsbedürfnis (s.o. S 131–145):

„9. Alle bisher erwähnten Funktionen stehen im Dienste des Anklammerungstriebes, später der Libido ... "

Ancieu (s.o.) bezeichnet das vom Haut-Ich und von der Haut des Ich physikalisch-biologisch Abgewehrte und Zurückgewiesene als das oder als ein Nicht-Selbst, oder zumindest als das von den Zellen des Ich *erkannte Nicht-Selbst*, gegen das zelluläre Armeen mobilisiert werden, um das als feindlich erkannte Gewebe abzustoßen:

„„... Gibt es nicht auch eine negative Funktion des Haut-Ich, sozusagen eine Anti-Funktion im Dienste des Thanatos, die die Selbstzerstörung der Haut und des Ich zum Ziel hat? ...
Bei zahlreichen Krankheiten wird das Immunsystem angeregt, wahllos irgendein Organ des eigenen Körpers anzugreifen, als ob es sich um ein fremdes Implantat handelte ...
Es handelt sich dabei um Autoimmunphänomene, was etymologisch [von der Herkunft der Begriffe] bedeutet, daß der lebende Organismus die immunologische oder Immunreaktion gegen sich selber richtet.
Die zelluläre Armee ist dazu da, fremdes Gewebe abzustoßen – das *Nicht-Selbst*, wie es die Biologen nennen; aber manchmal ist es blind, daß sie das

Selbst angreift, obwohl sie es im gesunden Zustand absolut respektiert: Die Folge sind oft schwere Auto-Immunerkrankungen."

Das Nicht-Ich ist, aus dieser Perspektive der menschlichen Organe und deren Wahrnehmungsmöglichkeiten und -spektrum aus, zum einen der mit den Sinnesorganen wahrnehmbare, aber zum anderen auch der nicht wahrnehmbare Teil der Außenwelt. Da wir den nicht wahrnehmbaren Teil nicht wahrnehmen können, kann dieser Teil *nicht psychologisch, sondern nur physikalisch* behandelt werden, das ist der eingangs erwähnte vorgegebene Rahmen, der zentral und genuin die psychologischen Denkmöglichkeiten absteckt. Es sei an dieser Stelle darauf verwiesen, dass wir es nicht vergessen sollten, darüber zu räsonieren, wie die Welt mit anderen Sinnen für uns aussehen könnte.

Bei der wahrnehmbaren Außenwelt wären a) die ‚kalte' physikalische und b) die soziale Außenwelt zu unterscheiden. Beide Aspekte ergeben den Inhalt der psychologischen Außenwelt, die sich durch ein Zusammenspiel von einem innerorganischen Innen und einem außerorganischen Außen konstituiert.

Die psychische Funktion der Ich-Grenzen

Durch die Natur der sich in der Haut und den anderen Sinnesorganen manifestierenden Ich-Grenzen erzeugt die Umwelt eine psychophysische Erfassbarkeitsanforderung an das Ich, ausgehend von physischen, psychischen und sozialen Phänomenen, denen das Ich in seinem Leben insgesamt ausgesetzt ist und die dem Ich aufgegeben sind.

Vor allem an der Haut, den Augen, den Ohren und der Nase des Ich brechen sich die physischen Umweltreize und Anforderungen (, die sich in psychische und soziale Aspekte zerlegen lassen), in dem das Ich – voll wahrnehmungs- und reaktionsfähig – in dieser Weise ständig, positiv: beeindruckt und negativ: belastet wird.

Wenn das Ausmaß der Umweltreize und Anforderungen das Belastungsprofil des Ich sprengen, spricht man im metaphorischen Sinn davon, dass die Grenzen des Ich überschritten wurden oder werden. Das ist der Bereich, in dem eine Form psychophysischer

Entfremdung einsetzt. Wenn eine dieser belastenden Entfremdungsformen einsetzen, bedeutet das, dass im Ich eine auch sehr plötzlich einsetzende Notwendigkeit zumindest einer inneren, aber oft auch einer äußeren Distanzierung und Abgrenzung erzeugt wird. Die Umweltreize, die ständig an ein Ich herangetragen werden, zeigen aber andererseits oft die Notwendigkeit der Erarbeitung einer eigenen psychischen Integration dieser Umweltreize an.

Der psychologische Mechanismus der Abwehr durch Abstoßen und Verdrängen, wie er am Beispiel der biologischen Immunabwehr ausgeführt wurde, ist grundlegend und notwendig, um ein psychisches und physisches Überleben sichern zu können. Dabei werden einstürmende Reize und Anforderungen der Umwelt in bewältigbare Einheiten heruntergebrochen, umgewandelt und zerlegt, um mit diesen ‚innerhalb' der Persönlichkeitsgrenzen der eigenen Beeindruckbarkeit und Belastung umgehen zu können.

Die psychophysische und soziale Erfassbarkeit und Erfassung von Welt- und Umweltphänomenen sind auch oder vor allem interpersonelle, auf ein Fremd-Ich und ein Du ausgerichtete, negativ formuliert: Anforderungszumutungen an das Ich und positiv formuliert: als Geschenke des Erlebens für das Ich und auf das Ich bezogen zu lesen und zu analysieren.

X. (Paar)Beziehung

A. Relative Autonomie und Anpassung

Absolute Autonomie gibt es nicht einmal bei Astronauten auf dem Mond, ohne Erde könnten sie nicht überleben, Autonomie, nicht nur in einem stringent menschlichen Zusammenhang, kann also nur relativ sein und bei den Kaspar Hauser Experimenten lässt sich darüber streiten, ob das nur bei Tieren aufwachsende Neugeborene, mitmenschliche Erfahrung missend, absolut autonom ist.

Schon das menschliche Neugeborene kommt nicht umhin und muss, zunächst einmal im Hinblick auf seine Wahrnehmung, autonom sein, in diesem Fall geht es um den Aspekt des Auf-sich-Selbst-gestellt-Seins, zumindest mit der Wahrnehmung und deren Verarbeitung als Einzelwesen. Bei Geburt und Tod ist der menschliche Organismus, das menschliche Ich auf sich allein gestellt, trotz des größeren sozialen Zusammenhanges, in den es mehr oder weniger eingebettet ist.

Der *Gegenpol* von gezwungener oder selbstbestimmt-gewählter *Autonomie* ist die *Symbiose*, das Überlapptsein von Körperenergien, Kommunikationsfiguren, Kooperations- und Abschottungsbestrebungen, etc., die ein gemeinsames Feld zumindest zweier Personen, PartnerInnen, usw., aber auch GegnerInnen markiert.

Durch den starken Fremdbezug sind auch Personen, die alles tun, um nicht in die Netze der GegnerInnen zu geraten, gerade durch dieses, ihr Unabhängigkeitsbestreben mit verkehrtem Vorzeichen nur allzu abhängig voneinander.

Die völlige Abnabelung und Autonomie ist eine Illusion, und Brennan (1998, letzte Seite) ist doch im Vergleich zu den vorherigen Ausführungen andrerseits recht zu geben, wenn sie von der Illusion eines absoluten Getrenntseins spricht und damit einen psychischen Zustand meint, den es in unserem menschlichen Kosmos nicht geben kann. Dieser Gedanke ist aber tendenziell spirituell und kosmisch zu interpretieren.

Auf einer alltagspraktischen Ebene ist die Frage der eigenen Autonomie jedoch ständig brisant, da InteraktionspartnerInnen sich permanent in dem wechselwirksamen Gerangel befinden, indem es darum geht, eigene Ansprüche und Selbstbedürfnisse gegen und mit deR und den anderen abzustimmen. Der gemeinsame Kuchen einer gemeinsam geteilten Aufmerksamkeit muss permanent einerseits erkämpft und verteidigt und andrerseits, zumindest minimal, verteilt werden.

Das Grundbedürfnis nach Autonomie bei maximaler Aufmerksamkeit der relevanten Anderen ist elementar und ist und wird schon ganz früh unter Geschwistern schlagend. Aufmerksamkeit ist ein vergemeinschaftetes Feld und ein sozietäres Feld der Ausgrenzung.

Ausgegrenzte Personen sind in ihre eigene, von außen erschwert-erzwungene Autonomie gestoßen mit gar keiner oder nur sehr minimaler Mitsprachemöglichkeit.

Eine volle positive Ausgestaltung der eigenen relativen Autonomie ist nur dann möglich, wenn keine Depression gegeben ist, die eine Folge oder eine Vorwegnahme von sozialer Ausgrenzung sein kann oder ist.

Genauso wie die relative Autonomie in Beziehungen wichtig ist, ist die Abstimmung mit (Interaktions-)PartnerInnen im Zeitverlauf äußerst wichtig und zentral. Sich verändernde PartnerInnen müssen auf sich ändernde PartnerInnen reagieren und kommen dabei ständig zu einer gegenseitigen Entsprechung oder scheitern, wenn dieser *Anpassungsprozess* nicht gelingt. Sich verändernde PartnerInnen müssen auf sich ändernde PartnerInnen reagieren und kommen dabei ständig zu einer gegenseitigen Entsprechung oder scheitern, wenn dieser Anpassungsprozess nicht gelingt.

Solange die Objektbezüge der jeweiligen PartnerIn akzeptierend nachvollzogen werden können, ergibt sich die Notwendigkeit einer Abwehr und Zurückweisung nicht.

Prinzipiell muss Anpassung an eine PartnerIn tendenziell mit einer Befriedung des eigenen aggressiven und / oder beschützenden Dominanzverlangens erkauft werden.

B. Mann-Frau Unterschiede

Männer und Männer sind gleich, Frauen und Frauen ebenso. Männer und Frauen sind verschieden, zumindest, was die genetisch vererbten organischen Grundvoraussetzungen betrifft.

Die Gehirnmasse, die Herz- und Skelettmuskulatur, die primären und sekundären Geschlechtsmerkmale, die Fettstruktur, die Physiognomie insgesamt (und immer noch die Sozialisation beider Geschlechter), usw. sind in hohem Maße unterschiedlich.

Der durchschnittliche Mann hat ein besseres räumliches Vorstellungsvermögen als die durchschnittliche Frau und einen höheren Testosteronspiegel, während die durchschnittliche Frau einen höheren Östrogenspiegel hat, zwei Nieren hat, die schneller regenerieren, sehr hohe Töne hören kann und über ein früher einsetzendes sprachliches Ausdrucksvermögen verfügt.

Angenommen, die Sozialisation beider Geschlechter würde durch eine absolut gleiche Umweltsituation während ihren Sozialisationen, durch gleiche primäre Bezugspersonen, etc., absolut gleich verlaufen, und würden sich die Verhaltensweisen der Geschlechter ebenso gleichen, so blieben immer noch die unterschiedlichen organismischen Voraussetzungen der unterschiedlichen Körper der sogenannten Frauen und Männer.

Worin sich die Geschlechter auch gleichen, ist das Machtbestreben in einer Beziehung, unterschiedlich sind häufig die Methoden, die dabei zur Anwendung gebracht werden.

C. Symbiose

Als gleich für beide Geschlechter lassen sich folgende Punkte anführen:

Sublimierung

Sublimierung ist ein Abwehrmechanismus, der deR Einzelnen unter anderem ermöglicht, Triebziele, die zum Beispiel zu einem gegebenen Zeitpunkt nicht erreicht werden können, auf ein Später zu verschieben.

Der eigene Triebimpuls des Es kann dabei auf eine ‚höhere' kulturelle Ebene verlagert werden und wird so neutralisiert und in eine psychische Straße gelenkt, auf der für den umgelenkten Triebimpuls quasi ein direktes und freies Ausleben möglich ist.

Vor allem in Geschlechterbeziehungen, wo eine direkte Aufmerksamkeit mit einer direkten Trieb- und Wunscherfüllung erwartet wird, ist für ein friedliches Zusammenleben die Fähigkeit zur Sublimation unerlässlich.

Sublimierung ist die Kultivierung und Domestizierung des Trieblichen, wie auch des Sexualtriebes oder, wenn nicht sublimiert wird, dann kann und sollte zum Beispiel der Sexualtrieb aus der jeweiligen Dyade herausgelöst werden. Durch einen persönlichen Willensakt in Richtung eines individuellen Auslebens des oder der Triebe mittels Masturbation kann der Trieb dann vom jeweiligen Umfeld des zwischenmenschlichen Konfliktes umgelenkt werden.

Die Masturbation ist dann, wenn sie akzeptiert und ausgelebt wird, von diesem interpersonellen Konfliktfeld befreit, sofern es nicht inneren und / oder äußeren indirekten und / oder direkten Bestrafungen und Sanktionen unterworfen ist.

Verschmelzungsdruck

Diese Fähigkeit der Sublimierung ist von umso zentralerer Bedeutung, wenn es um den Umgang mit einer starken körperlichen Anziehung der jeweiligen PartnerInnen geht. Selbst für geübte SumblimiererInnen kann es schwer sein, in Situationen mit starker körperlicher Attraktion die steuernde Oberhand zu behalten oder zumindest zwischenzeitlich (zurück) zu gewinnen.

Andreas-Salome (1990, S 30) beschreibt die überlappenden Energiefelder zwischen GeschlechtspartnerInnen, die durch wechselseitigen Kontrollverlust und Hilflosigkeit durch die psychische Verwobenheit in einem gemeinsamen Involvierungsprozess von PartnerInnen gekennzeichnet sind:

> „Jede Objektliebe ist eine Ich-Verarmung durch Libidoverlust und gebunden an das ‚Wiedergeliebtwerden' zum Wiederauffüllen des Ich mit Libido. Drängt zu viel Libido zur Objektbesetzung (Objektlibido), wie im Zustand der Verliebtheit ... bedeutet das Ich-Verlust."

‚Libido' bezeichnet die allgemeine psychisch(-sexuelle) Energie des Menschen und seines Ich und ‚Objekt' ist alles aus der Umwelt, was Nicht-Ich ist. Wenn das Ich sich reflektierend betrachtet, ist es für sich selbst zu diesem Zeitpunkt auch ein Nicht-Ich, Ihr eigenes Objekt. Befasst sich das Ich mit dem Ich, gehört auch das beobachtete Ich zur Umwelt des Selbst.

Die Funktion der menschlichen Haut

Am Anfang der menschlichen Existenz ist die Haut des Neugeborenen die allumfassende und einzige Quelle, an der die Umwelt erfahren wird, Anzieu (1991, S 138) schreibt:

> „Die Haut des Babys wird von der Mutter libidinös besetzt. Das Füttern und die Pflege der Mutter sind von in der Regel angenehmen Hautkontakten begleitet; diese bereiten den Autoerotismus vor und führen dazu, daß die Hautlust normalerweise den Hintergrund für die sexuelle Lust darstellt ... "

Ein über die Haut gelenktes menschliches Grundgefühl ist die Basis jeglichen Lustgefühls, das sich vor allem primär in Form eines gesamtorganismischen Spannungsgeschehens Raum schafft und Platz greift. Es ist auch elektrisch thermisch zu identifizieren und wird psychologisch-psychisch mit dem Begriff libidinös zusammengefasst. Im alternativ-esoterischen Begriffsverständnis wird das libidinöse zwischenmenschliche Spannungsgeschehen der menschlichen Aura zugerechnet.

Ein relativ gespannter mittlerer Muskeltonus, der bei psychischem Leiden wie der Depression deutlich abgesenkt ist, ist die Voraussetzung für die psychoenergetische Aufladens- und Abgabemöglichkeiten und -prozesse des Körpers und der Psyche.

Anzieu (1991, 139) beschreibt, wie die beiden Aspekte menschlicher Existenz, die eines Aufladens durch äußere Reize und die einer inneren Verteilung energetischer Spannung, ineinander verfließen und damit die energetische Spannung, die an der Haut aus dem menschlichen Körper hinaus- und hineinfließt, substanzialisieren:

> „Es gibt eine Entsprechung zwischen der Haut als einer Fläche, deren sensomotorischer Tonus dauerhaft durch äußere Reize aufrechterhalten wird,

und dem das Haut Ich mit [Ihrer] Funktion des *libidinösen Aufladens* der Psyche, der Erhaltung der inneren energetischen Spannung und ihrer ungleichen Verteilung auf die psychischen Subsysteme (vgl. die ‚Kontaktschranke' des Freud´schen ‚Entwurfs' aus dem Jahre 1895)."

Sehr gut beschreiben psychoanalytische AutorInnen den psychischen ‚Ort' und die psychische Funktion menschlicher Erregung, die bei Störung zu Angst führen kann, weil der *Wunsch nach Spannungslosigkeit* als Erreichung des in den Körper eingeschriebenen Triebziels blockiert und verunmöglicht ist:

„Die Störungen dieser Funktion führen zu zwei gegensätzlichen Formen von Angst: zur Angst vor Explosion des psychischen Apparats als Folge übermäßiger Erregung ... und zur Angst vor dem Nirwana, d.h. vor dem, was passierte, wenn der Wunsch nach völliger Spannungslosigkeit befriedigt würde ... (Anzieu 1991, S 139)."

Vor dem Geschlechtsakt wird die Blutzufuhr der Geschlechtsteile durch erregende Interakte, Kommunikationen, Kommunikationsinhalte, Berührungen und körperenergetischem Austausch reguliert und erhöht. Das ist ein höchst spezifischer persönlich-interaktiver Vorgang, der auf Basis einer allgemeinen organismischen Gesetzmäßigkeit der Säugetiere von Statten geht.

Narzissmus

Der mit Narzissmus beschriebene Ich-Zustand einer selbstliebenden Ich-Bezogenheit beinhaltet psychische Mechanismen, die dazu dienen, den oft mittelfristig einsetzenden Entzug von Libido durch das Wegbleiben (der Aufmerksamkeit) von Liebesobjekten, das sind primäre und sekundäre Bezugspersonen und BeziehungspartnerInnen auszugleichen. Narzissmus kann somit eine situationsbezogene Abwehrform darstellen, ein *situationsunabhängig gewordenes, überhöht-pathologisches Reaktionsmuster* oder die natürliche Form von essentiell grundlegend notwendiger Selbstbezogenheit und -liebe darstellen.

Narzissmus ist die Menge an Ich-gebundener Energie, die keine oder eine nur sehr bemessene libidinöse Fremdobjektbesetzung zulässt. Pathologisch narzisstische Personen wirken im sozialen Zusammenhang wie die aus der Weltallphysik geprägten schwarze Löcher, Emotionen fließen hinein, aber nicht zurück.

Liebe und Hass

Die Demütigung in der Eifersucht als maximale äußerlich provozierte, innere Disequilibration und innerpsychische Verletzung lässt sich mit Hass und Aggression als biologische Grundreaktion dekompensieren, die bessere Methode ist aber die radikale Abwendung von der Quelle der Eifersuchtsevokation.

Das alte Männer- / Frauenbild hat bei dieser Thematik null Spielraum zur eigenen Verarbeitung männlichen / weiblichen Verhaltens und Gewalt stellt dann die fast einzige Verhaltensoption, meist der Männer, dar, um eigene Frustration und Zurückweisung aus dieser Logik heraus gerechtfertigt auszulöschen.

Auf diese Weise bleibt die eigene psychische Abhängigkeit von einer IntimpartnerIn und die eigene Beziehungsaffinität gänzlich unbewusst und unverarbeitbar zurück, sodass jegliches psychisches Wissen über die eigene Person auf dem Stand weit vor Sigmund Freud verbleibt und verbleiben muss.

Und natürlich sollte nicht nur die Person, bei der die Eifersucht erzeugt wird, alternative Verhaltensoptionen als eigene Handlungsantwort ventilieren, sondern auch die Eifersucht emittierende Person sollte überlegen, was genau ihre Motive bei der Eifersuchtsevokation sind und ob es dabei nicht zielführendere Interakte sein können, die das gewünschte oder zu vermeidende / auszumerzende Verhalten bei der PartnerIn erzeugen oder eben erübrigen.

In jedem Fall ist das Erzeugen von Eifersucht eine Machtdemonstration, die die Austauschbarkeit der PartnerIn adressiert und dabei stellt sich dann immer die Frage, wie man auf diesen ausgeworfenen Fehdehandschuh reagieren kann, will und soll.

D. Persönliche Verletzung und Verletzbarkeit

Im österreichischen Film ‚Gefischte Gefühle' wird die Hauptdarstellerin Valie Export, die auch die Regisseuse ist, von ihrem Partner verprügelt und ringelt daraufhin ihre dunkelblauen Blutergussflecken mit blauem Filzstift ein. Damit hat sie die Stellen auf ihrem Körper gekennzeichnet, wo auch Streicheln nach diesen Verletzungen wehtun.

Über die Handlung im Film hinaus ist diese künstlerische Handlung eine Metapher für (traumatische) Verletzungen, die in Beziehungen stattfinden können, welche über das konkrete Verletzungsereignis hinaus wirksam sind.

Die Verletzung wäre dann im leichtesten Fall rein verbaler Verletzung immer auch und irgendwie psychophysischer Natur. Schmerzende innere Zonen sind zumindest in der Erinnerung präsent, die körperlich manifest erlebbar auf (quasi)physische Einwirkungen rückwirkend verweisen.

Folgendes psychologisches Schema sei zur Analyse der zeitlich aufeinander folgenden Verletzungsereignisse in Partnerschaften ausformuliert:

Die X-Achse sei die Zeitachse t, auf der die subjektiv empfundenen und erlebten Verletzungen zu bestimmten Zeitpunkten nacheinander eingetragen werden.

Die Y-Achse bilde die subjektive Stärke der Verletzung nach Punkten ab.

Der ganze Punkteschwarm, so festgehalten, würde schon an einem Tag zu einer unübersichtlich werdenden Menge und Flut werden, wenn man auch kleinste Verletzungen darin aufzeichnend aufnimmt.

Diese Matrix zeigt, wie Verletzungsprozesse zwischen zwei PartnerInnen verlaufen können und bei einer fast unendlich langen t-Achse eine ganze Lebensgeschichte mitmenschlicher Kontakte anzeigt und kennzeichnet.

Das, was diese Aufzeichnung von Verletzungen so schwierig macht, ist der Tatbestand, dass Verletzungen subjektiv geprägt sind, häufig einfach passieren, dem wachen Bewusstsein zu wenig unmittelbar zugänglich sind, und dadurch, dass sie willentlich und

/ oder unwillentlich zugefügt werden, sehr schwer einschätz- und einordenbar sind.

In jedem Fall ist es aber eine gute Methode, sich über die einzelnen Verletzungsereignisse im Klaren zu werden, indem man die Intensität, Zeitpunkt und Verletzungsinhalt aufzeichnet und beschreibt.

Wenn man diese Betrachtung von der (intimen) Dyade loslöst und auf einen größeren Zusammenhang bezieht, gelangt man zu den Verletzungen, die ständig der eigenen Sippe, Großgruppe, Glaubensrichtung, dem eigenen Bevölkerungsteil, etc. zugefügt werden. Zu jeder dieser Bezugsgruppe und zu jedem dieser Bezugskriterien lässt sich ein eigener Punktschwarm in dieser Dimensionalität zuordnen.

E. Anpassung

Heranwachsende Kinder, alternde Eltern und PartnerInnen müssen auf die dem Alterungsprozess gleichermaßen unterworfenen InteraktionspartnerInnen reagieren und sich ihnen anpassen, wie sie auch selbst mit ihrem Alterungsprozess immer wieder neu umgehen lernen oder immer hermetischer verdrängen müssen.

Dabei kommt es zu unterschiedlichen Varietäten und Variabilitäten einer gegenseitigen Entsprechung und zu einem gegenseitigen Gelingen und / oder Scheitern des gegenseitigen Anpassungs- und Entsprechungsprozesses, der natürlich stark davon geprägt ist, wie die involvierten InteraktionspartnerInnen sich jeweils selbst einschätzen und von den anderen eingeschätzt werden.

a. Anpassung mittels Erwartungsantizipation

Von Anbeginn der psychischen Welten ist es ein Urkonflikt, dass der Mensch bestrebt ist, für das eigene Sein Aufmerksamkeit, Anerkennung und Liebe von jemandem zu bekommen, Die (komplett) anders ist oder sein kann als das eigene Ich und Selbst.

1982 erschien ein Buch von Heinrich mit dem Titel ‚Versuch über die Schwierigkeit, Nein zu sagen'. Dieser Titel impliziert, dass das eigene Sein sich immer im Spannungs- und Bezugsfeld der Erwartungen der anderen bewegt und bewegen muss, die das Nein sagen des Ich zu den Beziehungserwartungen des Fremd-Ich zum ständigen regulieren-müssenden Problem werden lässt, will das Ich sich nicht mit der völligen Nicht-Akzeptanz des Fremd-Ich der (relevanten) anderen abfinden und von ihnen damit gänzlich isoliert zurückbleiben muss.

Aufmerksamkeit, Anerkennung und Liebe entsteht vor allem dadurch, dass, wie und wenn das Ich in Stand gesetzt wird und imstande ist, bei den anderen eine libidinös-energetische-psychische Zuwendung zu bekommen und auszulösen.

Nimmt es die Erwartungen des Fremd-Ich der anderen vorweg, erschließt sich damit dem Ich ein Korridor, den es zu begehen gilt, um ein Maximum an Gefallen und Zuwendung vom Fremd-Ich der psychologischen Umwelt(en) erreichend zu ergattern.

Da das Ich es bis zu einem gewissen Grad, der im Alter zunimmt, immer im vorneherein wissen oder spüren kann, wie das Fremd-Ich reagieren wird, kann es seine Handlungen und Wünsche optimal vor der Matrix der eigenen Aufmerksamkeitsbedürftigkeit steuern, bis dem Grad eben, in dem sich die bekannten InteraktionspartnerInnen wenig oder kaum wandeln oder auch durch vorher unbekannte neue InteraktionspartnerInnen ersetzt werden.

Vor allem ausgeprägt sozial intelligente Psychopathen erreichen sehr, sehr hohe Werte in der Antizipation der Handlungen und Reaktionen anderer, sie schätzen in Sekundenschnelle eine Person ein und haben schon deren Reaktionen am Radar, noch bevor das Gegenüber weiß, worum es eigentlich in bestimmten Situationen geht. Und sie sind nicht durch ihre eigenen Emotionen bei dieser ihrer Einschätzung abgelenkt und haben dabei klar und strikt formulierte Ziele, die sie mit ihrer lückenlosen Manipulation ihrer Gegenüber anstreben und meist auch erreichen.

Viele PsychopathInnen, die Männer sind dabei die Bekannteren, gehen häufig mit einer strategisch exakten Beobachtungsweise vor, die wichtige von unwichtigen Handlungssequenzen trennend zu unterscheiden vermag, und sie sind mit einem reproduktivem Gedächtnis ausgestattet (das in die Zukunft extrapoliert wird) und das ermöglicht es ihnen, mit dem normalen Durchschnittserleben und -empfindenden zu spielen (vgl. diverse TV-Berichte, zum Beispiel über Personen, die die Rolle von ÄrztInnen ohne jegliche Ausbildung eine Zeit lang perfekt spielen können und deren Entscheidungen von allen anerkannt oder gebilligt treffen können).

Ein emotionsloser ‚Rechner' wertet in deRen Gehirnen die Stärken und Schwächen letzterer und deren zu antizipierenden Erwartungsrahmen aus, um ihnen scheinbar zugewandt entgegen kommen zu können. Das ist nötig, um eine für weithin gezielte Ausbeutungen unerlässliche Vertrauensbasis zu schaffen.

Die Anpassungsleistung der PsychopathInnen ist immens und über- oder besser gesagt, untermenschlich. Nach Einschätzung der AutorIn, sind nach wie vor Theorien ausständig, die nachvollziehbar machen und erklären, wie ohne emotionales Gedächtnis oder zumindest mit einem anders als bei Durchschnittspersonen funktionierenden Gedächtnis so überaus effizient gelernt werden kann. Lernen wie auf einem Schachbrett mit anders gelagerten Emotionen.

b. Widerstand als Gegenpol von Anpassung

Das Fremd-Ich, befindet sich zum eigenen Ich außen vor, und, vorausgesetzt, das Ich hat mittelfristig maximal 50%ige Macht über den im Zentrum stehenden relevanten Anderen, dann kann davon ausgegangen werden, dass das Ich effektiven und effizienten Widerstand leisten kann, im Gegenzug zu den Ansprüchen und Strategien, die auf und über das eigene Ich geltend gemacht werden.

Im Kleinkind-, Kindes- und Erwachsenenalter ist der Bereich des Essens der Bereich, in dem sich vornehmlich Macht- und Gegenmachtansprüche in der Beziehung geltend machen und zeigen. Dementsprechend entfalten sich die alltäglichen Konflikte bei diesem Thema.

Ist es der Wunsch der Mutter, dass das Kind ernährt wird, hat das Kind die Möglichkeit, ihr diesen Wunsch zu versagen, ihrem Wunsch damit mit hohem eigenen Aufwand Widerstand zu leisten und das für sie zufriedenstellende Einnehmen der von ihr vorgesetzten Kost zu versagen.

Wenn die Eltern dann vergeblich versuchen, dem Kind eine Mahlzeit zuzubereiten, die es nicht komplett und gänzlich verweigert, kann es zu einer kleinfamilialen, gänzlich konfliktgeladenen Kampf- und Kriegsarena werden, umso mehr den Eltern was daran liegt, das Kind gesund und wohlernährt durch das junge Leben zu bringen. Was das Kind durch das Beharren auf dem eigenen Geschmack und dem Unwillen, eine bestimmte Kost zu sich zu nehmen, effizient torpedieren kann.

Dieses Terrain ist das erste für das Kind, in dem es die eigene Autonomie und die eigenen Selbstbestimmungsansprüche mit den so ganz schnell ausfindig gemachten eigenen Vorlieben, einfordern kann. Und das Kind weiß, welche Macht es dabei über die Eltern ausüben und zur Geltung bringen kann.

Der Bereich des Widerstands markiert das eigene Feld der Selbstbestimmung, das sich gegenläufig zu einer lückenlosen und Ich-losen Anpassung verhält oder verhalten kann.

Die Versorgungsleistung der relevanten Anderen wird zum ersten Knackpunkt der eigenen Würde, deren Unantastbarkeit herausgestellt werden will, im Spannungsfeld der wohlwollenden Anderen, die sich oftmals in Ihrem Wohlwollen über die oft auch verzweifelt eingeforderten, individuell-fundamentalen Grenzen hinweg zu setzen versuchen.

Es ist dies einer der menschheits- und menschengegebenen Urkonflikte zwischen Versorgtwerden müssen und sich beschenken lassen können. Er beinhaltet die unausweichliche menschliche Bedingtheit der eigenen Hilflosigkeit und Abhängigkeit von den anderen, die das eigene Ich umgebende Fremd-Ich, die wohlgesonnen und / oder feindlich für das eigene Ich sein können oder zumindest so gedeutet und erlebt werden können.

c. **Anpassungszwang durch Verlustangst**

Das Ziel des Menschen ist es von Anbeginn, unbedingte Liebe zu erfahren. Im Lauf des Lebens bilden sich dann die jeweils individuellen Verhaltensmuster und Methoden heraus, um dieses Ziel in dessen psychischen Umwelten zu realisieren.

Dabei stehen die relevanten Anderen, insbesondere die engen FreundInnen und Bezugspersonen im Fokus dieser individuell sich situationsangemessen und -bedingt und sich höchst prozesshaft heraus diversifizierenden Fundamentalintention.

Die individuellen Anpassungsmethoden sind das operative Ergebnis dieser Fundamentalintention, die unter Berücksichtigung zu erhaltender, auch intimer Beziehungen aufgewendet wird, und das die Stellung deR einzelnen in der Beziehungsmachthierarchie und Beziehungsmaschinerie abbildet.

‚Die Verlustangst ist dabei das explosiv antreibende Kräftepotential, das die an das fremde Ich delegierten Bindungsanstrengungen erzeugt'. Der Inhalt dieses mittels Anführungszeichen gekennzeichneten Satzes stellt die männlich geprägte, selbstherrliche, sich militärisch-betriebswirtschaftlich gebende Auffassung von Bindung und Verlustangst heraus, die authentische, gleichberechtigte Liebe nicht in ihrem Programm hat und die sich permanent so verhält, dass es dem Gegenüber obliegt, deren und damit auch die eigenen Bindungsbedürfnisse geltend zu machen, ohne, dass das Ich es nötig hat, sich auf diese Ebene der Bindungsbedürftigkeit herabzulassen.

Zu konstatieren wäre hier, dass der *Anpassungszwang in der menschlichen Hierarchie und Hackordnung* von oben nach unten ausgeübt wird und die eigene Verlustangst abgespalten und an die Unteren delegiert wird. Verlustangst hat immer Die Schwächere, deren Agenden die menschliche Bindung zu sein hat, so die konnotierte Botschaft deR Beziehungsmächtigen (im Gegensatz zuR Beziehungsohnmächtigen).

Eine *machtsymmetrische Gleichverteilung von Verlustangst*, die sich auf einen möglichen Verlust der relevanten Anderen (zum Beispiel die BeziehungspartnerIn und die Kinder der Sekundärfamilie) bezieht, wäre die idealtypische kognitive Schablone, die das Ziel aller umfassenden Weltpolitik sein müsste, aber bei den ‚Großen' nur sehr selten zu finden ist.

Und warum eben nicht.

d. Anpassen-lassen durch das eigene Größenselbst

Das Größenselbst ist zumeist auf Bereiche spezialisiert, wo es seine Macht am besten geltend machen kann.

Das gewalttätige Größenselbst in der Dyade
Was sich in einem großen Ausmaß in Mann-Frau-Beziehungen beobachten lässt, ist, dass das Größenselbst, meist der Männer, direkte Gewalt einsetzt und benötigt, um den Ich-Zustand der eigenen Hilflosigkeit bis zur Unkenntlichkeit zu entstellen und sie bis zuletzt zu verleugnen, indem man sie im Fremd-Ich ‚totschlägt'. Damit soll sie perfekt und lückenlos abgespalten und verdrängt werden.

Diese Form von Größenselbst ist ständig und unter einem starken Kontrollzwang damit befasst, auf diesem Weg die eigene Ich-Bedingtheit der Hilflosigkeit obsessiv nach außen zu verlagern und dort als Dämon zu bekämpfen, zum Schweigen zu bringen und abzutöten. Das ist eine fundamentale Erkenntnis der Psychoanalyse.

Die Gewalt ist eine ekstatisch-perseverative Selbstbefriedigung entlang der selbstgenerierten Lust am und durch das Machtgefühl an der selbst erzeugten Ohnmacht, Wehr- und Hilflosigkeit der anderen, die mit den fremderzeugten Aspekten der eigenen Existenz zur unbedingten Anpassung genötigt werden.

Als psychohygienisches Ziel für die intime Dyade wäre ein flexibles Größenselbst zu formulieren, das die eigene Hilflosigkeit zum integralen Bestandteil und als explizite Eigenschaft des Größenselbst aufweist, die eigenen Gefühle der Hilflosigkeit kennt, und sie immer wieder neu zu erfahren imstande ist und sie auch verbalisieren und damit thematisieren kann. Das impliziert die (Mit)Erzeugung von Umwelten, bei denen die sozioemotionale Lust am Gleichen im Vordergrund steht.

Die Eigenschaften des Größenselbst zentraler Führungsfiguren
Bringt man die vom psychisch und psychologisch un(aus)gebildeten Ich und Selbst eingesetzte Gewalt in der Dyade auf eine indirekte und abstrakt-symbolisch-wirksame und eingesetzte Ebene und Form, gelangt man zu politischen und wirtschaftlichen Machtfiguren, die ihr Größenselbst und deren implizierte, nach außen

asymmetrischen Beziehungsmuster operationalisieren. Mittels eigenen Machtapparates schreiben sie sich in den unterworfen-untergebenen Zweckfiguren ein.

Psychiatrisch-psychoanalytische *Asozialitäts- und Dissozialitätsforschung*, die vor einem halben Jahrhundert hauptsächlich die als deviant bezeichneten und ausgewiesenen Personen im Visier hatte, die da sind, AlkoholikerInnen Obdachlose, Ex-Häftlinge, Klein- und Großkriminelle und Massenmörder, beinhaltet einen zentralen Aspekt, der auf die permanenten, meist implizit und unausgesprochen psychologische Performance vieler ‚Führungs„kräfte"'[1] anwendbar ist.

Mit dem beginnenden zwanzigsten Jahrhundert hat sich das Forschungsfeld der medizinischen Psychopathologie herausgebildet und später auch an den psychologischen Lehrstühlen, dessen Aufgabe es war und ist, die psychische Morbidität ‚großer' geschichtlicher Persönlichkeiten auszuloten, hinsichtlich der Devianz von psychohygienisch wünschenswerter menschlicher Entwicklung auszuwerten und zu analysieren.

Historische Erkenntnisse über ein vormodernes Größenselbst

Die Demütigung ist der Motor eines *Konkurrenzzwanges*, der den ungeteilten Willen zur Leistung hervorbringt, die aus eigener Willens- und Wollensdynamik erzeugt werden muss. Der Sklaventreiber, der dies alles antreibt und verursacht, hat das Problem, dass er als *Dissozialer* mit seiner Depression zurechtkommen müsste, würde er sie nicht abspalten (Rauchfleisch 1981, S 93):

> „Zum Teil finden wir in den klassischen Psychopathiesystemen in der Benennung einzelner Typen sogar einen unmittelbaren Hinweis auf die Bedeutung der Depressivität, zum Beispiel in der Bezeichnung ‚depressiver Psychopath ... ', ‚zykloider Psychopath ... ', [etc.]."

‚Zykloid' ist als phasenhaft stark wechselnde Stimmungsverfassung mit psychotischen Episoden zu verstehen, und ‚zurechtkommen' heißt, dass der dissoziale Gefühlsentbehrend-Gefühllose, betrachtet aus einer durchschnittlichen Normalitätsperspektive, seine dissozialitätsbedingte Depression abspaltet. Die Gefühle des Psychopathen werden tendenziell im Triumpf durch das Besiegen anderer und den freudig erlebten, den anderen zugefügten und damit zu er- und durchzulebenden Schaden verortet. Thema einer Rede.

A. *Hitler*, der heute kurz als vormodernes, psychopathisch-psychopathologisches, obsessives menschliches ‚Drangkonvolut' umrissen werden kann, musste einen 200%igen Zwang aufbringen, um seine soziale Scham als depressiver Dissozialer, der seine Daseinsberechtigung durch den nicht mehr gegebenen Erfolg entgleiten sah, nicht zum vollen Ausbruch kommen zu lassen. Die deutsche SchauspielerIn *Bruno Ganz* verkörpert das im Film ‚Der Untergang' meisterlich.

Dissozialität geht häufig mit zumindest latentem Größenwahn einher, und wie bereits an früherer Stelle ausgeführt, ist die Größenwahnfixierung dabei Ausdruck einer Leidentlastungstendenz, die durch die chronisch-tiefsitzende Überzeugung dekompensiert wird, von einer oft göttlichen Macht erwählt zu sein. Die Psychoanalyse weiß sich überzeugt, dass frühkindliche Zurückweisung die späteren, adoleszenten Formen der Dekompensation bedingen und verursachen.

Der größenwahnsinnige Dissoziale darf sich dabei in seinem permanenten und immensen *Erfolgs- und extern ausgeübtem Kontrollzwang* auf keinen Fall abhängig machen von einer auf normalen Beziehungserwartungen basiert handelnd und empfindenden Umwelt.

Es ist das Damoklesschwert, das ständig über dem erwartungsmäßig von außen Unnahbaren schwebt, der seine Beziehung zu den Frauen, wenn überhaupt, auf einem gänzlich selbst unbetroffenen Gefühlsniveau, den äußeren, sozial normalen Gefühlsäußerungsschablonen folgend, durchexerziert und durchexerzieren lässt. Das ermöglicht vor allem den prominenten Dissozialen eine nicht aus der Tarnung normaler sozialer Erscheinungsweisen auffliegend-entblättert-entblößte ständig-kontinuierliche Existenz unter scheinbar Gleichen.

Der Dissoziale blendet und glänzt mit seiner *scheinbar unbeirrbaren* (wo kein empathisches Gefühl vorfindbar ist, kann auch nichts beirrt werden) *Rationalität, Härte und Konsequenz*, die göttlicher Herkunft sein müssen (so kommt er zumindest bei einer Vielzahl von Personen an, die von ihren normalen Gefühlsempfindungen auf das äußerst vage, aber immer stark wirkende äußere Erscheinungsbild des Dissozialen deduzieren und rückschließen).

Wer von dieser Analyse nichts hält und sie nicht an sich heranlassen kann, fällt der eigenen *Abwehr* anheim, die immer wieder auf den eigenen Glauben an eine durchschnittliche Erwartbarkeit jeder Person zwanghaft zurückfällt und zurückfallen muss.

Der Zwang, an das Gute in jedem Menschen zu glauben und glauben zu müssen und zu wollen, zerfällt spätestens dann, wenn einmal die Erfahrung der eigenen Beschädigung durch psychopathische Dissoziale im eigenen Leben und am eigenen Leib zur dominierend-dominanten, in höchstem Maß Leid zufügenden Wirklichkeit wird und in den Vordergrund tritt.

Dissozialität

Im *Freund-Feind-Schema* der politischen und wirtschaftlichen Führungskraft ist empathisches Verhalten bestenfalls bei der Motivation der zu Führenden geduldet oder gar vorgesehen. Dieser dissoziale Aspekt von Führung ist zwar unzweideutig gegeben und wirksam, dessen Thematisierung unterliegt aber einem streng geschützten gesellschaftlichen Tabu. Wird dieses Tabu nicht gewahrt, gibt es Bestrafung, Sanktionen und Verachtung, wenn nicht vermittelte oder direkte Gewalt.

Eine Nicht-Wahrung des Tabus würde zu sozialer Scham führen, wäre das Tabu nicht auch von hierarchischen Riten ab- und besichert. Diese sozialen, hierarchischen Riten halten die Führungskraft frei von sozial wirksamer Moral und von nicht-männlicher, nicht rationaler Verhaltenskultur. Dass diese Form der Rationalität eine Rationalität sui generis ist, bleibt dabei öffentlichkeitswirksam ausgespart.

Das dahinterstehende, nicht ausformulierte Ziel ist die Realisierung eines perfekten Funktionierens beim Bestehen und Obsiegen in einer auch global wirksamen Konkurrenz. Das Funktionieren in der Konkurrenz basiert zu wesentlichen Teilen auf der Arbeitsteilung zwischen Mann und Frau und ist abgesichert durch die statuskonforme Bewertung männlicher und weiblicher Attribute, die die männliche Delegation des Sozialen an die minder bezahlt oder nicht direkt finanzierten und minder bewerteten Frauen und auch Männer voraussetzt.

Das modellierte Simulieren von Stärke
Das moderne Größenselbst, das von Politik und Medien befördert und gehypt wird, zeigt sich tendenziell in einer *perfekt-makellosen Ich-Fassade*. Man erinnere sich an die Plakate im dritten Reich, die den idealen Arier mit seinem stählern perfekten Körper darstellten, die sich hier sehr gut als Schema und Schablone ‚darunter' und ‚dahinter' legen lassen. Die These, die sich hier formulieren lässt, hat die politische Präsentation von Stärke zum Thema, die das absolute No go der Einräumung eigener Fehler langfristig in der Politik und den Medien vorschreibt.

Das ließ sich im Herbst 2020 während der Corona Pandemie in der österreichischen Innenpolitik beobachten. Die GesundheitsministerIn *R. Anschober* machte das Lernen an eigenen Fehlern zum Thema einer Rede. Das Ergebnis war ein Hagel von Kritik der politischen Mitparteien bei den nächsten organisatorischen Schritten. An diesem Beispiel zeigt sich, dass der Pfad des selbst vorgebeteten, makel- und gänzlich fehlerlosen Selbstpräsentation in der Öffentlichkeit nicht verlassen werden darf. Es seid denn, eine psychologische Rundumkompetenz wäre das kollektiv zu verwirklichende Leitziel. Das Gegenbeispiel war die deutsche Bundeskanzlerin A. Merkel, die sich im Frühjahr 2021 öffentlich für eine Coronamaßnahme entschuldigte, das von BürgerInnen- und WählerInnenpublikum nicht negativ beantwortet wurde. Vielleicht dürfen ja starke, anerkannte weibliche Führungsfiguren unsanktioniert ‚Schwäche' zeigen.

Auch im öffentlichen, politischen Bereich lässt sich das psychohygienische Ziel eines wohlbemessen-ausreichenden, *öffentlich-psychischen Raum für einen egalitären Ich-Fremd-Ich Austausch* formulieren. Das ist zurzeit nur in Kleinstansätzen realisiert, unter anderem deshalb, weil es keinen ausformulierten öffentlichen psychologischen Kodex und Kriterienkatalog angemessener politisch-öffentlicher Kommunikation gibt.

Der Prozess und die Thematisierung des Anpassen-Lassens durch das Größenselbst fokussiert die FührerIn-Geführten-Dyade.

Zum Unterschied zur etablierten wirtschaftspsychologischen Führungsforschung wäre dringend herauszustreichen, dass bei der Beschreibung des Führer-Geführten-Prozesses (heißen müsste es FührerIn-GeführtE-Prozess) die euphemistisch als Geführte etikettierten Personen unzweideutig als *den inkompetenten oder zumindest wesentlich inkompetenteren Teil* ausweist.

Was bei diesem herkömmlichen Forschungsansatz als unbedeutend und als Nebensatz ausgeführt wird, ist die Tatsache, dass ,der' ,Führer' ein in, durch und mit diesem Ansatz *legitimiertes Maß an Gewalt* einsetzt, einsetzen muss und darf, auf welchem die FührerIn-Geführten-Dyade fundamental begründet ist. Diese Form von Gewalt ist politisch unter Gewaltenteilung und wirtschaftlich unter Verfügungsmacht zu subsumieren.

Nach Ansicht von Millionen von TherapeutInnen ist dieses zugrundeliegende fundamentale, aber nicht ausgeführte Theorem tausendfach zu kritisieren, und wenn möglich zu neutralisieren und zu lindern – aus dem einfachen Grund, weil es der Ausgangspunkt und Grund von (psychischem) Leid und Schmerz ist.

Was diese Millionen TherapeutInnen leider nicht oder zu wenig im Konzept haben, wäre die politische Dimension ihres Handelns, die Thematisierung, Bearbeitung und Schmerzenslinderung der *Beziehungsformen* der einzelnen Individuen zu ihren privaten *und* öffentlichen *Führungspersonen*, die bis in ihre Träume hinein wirken und wirksam sind.

Spätestens seit den psychopathologischen Erkenntnissen über den ,Führer' *A. Hitler* sollte die fundamentale Bedeutung der äußerst individuell gestrickten Beziehungsstrukturen, der in Summe das politische und wirtschaftliche Ganze ergeben, bekannt sein. Das Öffentliche der nicht nur privaten Therapiesituation kommt nicht oder zu wenig zur Geltung, jede Dyade ist aber immer auch öffentlich und mit öffentlich wirksamen Folgen ausgestattet.

Dass und inwieweit das Vorbild *A. Hitlers* in den Köpfen aller präsent ist, zeigt die Tatsache des bis heute gängigen und vielfach eingesetzten und bemühten Begriff des 'Führers', der 'Führungskompetenz', usw. Dieser Begriffsspiegel bildet den Bewusstseinsspiegel einer ganzen Gesellschaft ab, was nur sehr bedauernd zur

Kenntnis genommen werden muss, zudem dies ein sehr bedauernswertes psychologisches Konzept anzeigt, das unzweideutig zu den Altlasten gezählt werden sollte. Lassen wir den Begriff einfach weg und schaffen ihn *endlich* ab. Der Begriff ‚Neger' soll dabei Pate stehen.

XI. Die Ich-Entfremdung durch Gewalt

Bei dieser Thematik werden drei Betrachtungsebenen unterschieden: Die alltäglich wirksame und spürbare, hauptsächlich symbolische Gewalt, die, jeweils in Dyaden übersetzt, erfahrbar ist, die symbolische und faktische Gewalt, die die Arbeitsbeziehungen kennzeichnet und die Formen der Gewalt, die im familiär-häuslichen Bereich beobachtbar sind, stattfindet.

Die Formen der in den westlichen Welten vornehmlich symbolischen Gewalt in der Öffentlichkeit sind je nach Position in einer gesellschaftlichen Hackordnung permanent öffentlich spürbar, und die jeweils spezifischen, meist symbolischen Gewaltformen werden von den einzelnen Personen zu bestimmten Anteilen aktiv ausgeübt und zu bestimmten Anteilen passiv erfahren.

Hinter den oft sehr diffus spürbaren Formen der symbolischen Gewalt stehen die harten gesellschaftlichen Fakten einer Rechtsordnung, die das öffentliche, private und das semiöffentliche Leben einer Arbeitswelt durchdringt und bestimmt. Zu bedeutsamen Teilen fließen die rechtlich abgesteckten Machtverhältnisse in die täglichen Routinen und Interakte.

1. Die alltäglich-öffentliche Beziehungsgewalt

Die kommunikativen Phänomene, die die alltäglich wirksame Gewalt transportieren und ausdrücken, lassen sich an folgenden kommunikativen Handlungen illustrieren: deklassierende und diskriminierende Feststellungen und Bemerkungen, die die Demütigung anderer zum Ziel haben, andere herabwürdigend behandeln, indem jemand zur Sache und Instrument gemacht und als diese referenziert wird und Sie dabei auf diesen Aspekt reduzieren, alle Formen von Handlungen und Bemerkungen, die die Würde der anderen Person schmälert und verletzt, verachtende Blicke, auch ohne auslösende Handlung, für Attribute oder Erscheinungsweisen der anderen Person(en), usw.

Diese Beispiele sind Ausdrucksformen einer spürbaren und bestehenden gesellschaftlichen Hierarchie und Hackordnung, die permanent in der Öffentlichkeit mittels statusbesetzter materieller Gegenständlichkeit (zum Beispiel das Fahren eines SUVs, Porsches, Audi, etc., das Tragen eines Nerzes, etc.) in der Arbeitswelt, in der Öffentlichkeit, im Supermarkt, in den öffentlichen Verkehrsmitteln zur Geltung kommt und ihre Verfügungsmacht direkt und indirekt zum Ausdruck bringt.

Im sozialen Raum gibt es keine neutrale Handlung und Form der Selbstdarstellung, die nicht in diesem Koordinatensystem wirksam ist und von den jeweiligen Individuen operationalisiert wird. Das Konzert dieser Mischung von deklassierend und psychisch aufbauend ergibt das soziale Klima einer Gesellschaft, einem Land und einem Erdteil.

Die Aussage und Gewalt der materiellen Selbstausstattung und -darstellung besteht im alternativlos und deshalb gewaltsamen Zuweisen bestimmter *Positionen im hierarchischen Gefälle der Gesellschaft* an die andere(n) Person(en) *mit den dabei implizierten Beziehungsvorschreibungen* zum Rest der Gesellschaft.

Die tatsächlich spürbaren Auswirkungen der gesellschaftlichen Hierarchie ist der tatsächliche Zugang zu Ressourcen, angefangen bei Lebensmitteln, weitergehend zu Arbeitsplätzen und darüber hinaus bei den Realisierungschancen des eigenen Lebens und den damit verknüpften Zugängen zu Eigentum, Eigentumsattributen und Lebensperspektiven.

Als Hardware des sozialen Klimas in einer Gesellschaft wie in der Politik wird die rechtspolitisch basierte *Beziehung zu den untertänigen BürgerInnen* mithilfe einer immer bereitwillig bereitstehenden Polizeitruppe ex post herausgebildet und -geformt, die immer äußerst visionsträchtig die Ziele der Politik realisiert und in die Tat umsetzt. Im Hintergrund wird der Rahmen der einzelnen individuellen und situativ einzigartigen Handlungen durch ein durch die Gerichte übertragenes und exekutiertes Rechtssystem durch eine auch parlamentarisch geprägte Verfügungsordnung festgelegt und bestimmt.

Die Gewalt der polizeilichen Handlungen finden größtenteils im Verborgenen statt, weil die polizeilichen Agentinnen in der Öffentlichkeit auch immer gut frisiert und mit sauberer und reinster seidener Uniform präsentiert werden müssen. Aber Scherz beiseite:

Prügeln dürfen sich immer und vor allem die Unteren und die Polizei soll's schon richten.

Und es sind selten die in Konflikt stehenden größeren Parteien, die das von ihnen selbst Verbrochen-Erzeugte ausbaden. Meist deklarieren sich die Konfliktquellen nicht und delegieren die von ihnen indirekt exekutierte Form von Gewalt. Und die zum Beispiel bei den demokratisch vorgesehenen und erlaubten Demonstrationen exekutierte Gewalt ist offenbar genau das Maß, das eine mündige Gesellschaft ‚verdient' hat? Die *Beziehungsformierung* der einzelnen Statuspositionen von Einzelpersonen innerhalb der Gesellschaft wird also direkt und indirekt mittels alltäglich exekutierter Gewaltschablonen erhalten, stabilisiert und vorangetrieben. Dahinter, darunter und davor stehen die gesellschaftlichen Machtpositionen, die durch den direkten oder indirekten Zugang zu den Produktionsressourcen und -mitteln signiert sind, wie Karl Marx es uns lehrt.

2. Die sadomasochistischen Arbeitshierarchien

Wie die Produktionsressourcen und -mittel organisiert sind, zeigt sich auch bei einer näheren Betrachtung des *arbeitsbezogenen Wirtschaftsbereichs*. Im Wirtschaftsbereich operationalisiert eine dissozial wirksame Führungsfigur wirtschaftsimmanente Beziehungslandschaften, indem sie nicht müde wird, Personen zu befehligen, die perfide Methoden zur effizienten Ausbeutung – heute in Form digitaler Regularien und sozialer *Kontroll- und Gratifikationspläne* – ersinnen und erspinnen sollen.

Der Vorgesetzte ist der Zuhälter, die MitarbeiterInnen die sich Prostituierenden. Der Vorgesetzte übt Gewalt aus, die sich zumeist im symbolischen Bereich befindet, der durch ein perfides Maß an wohl gesteuerten und eingesetzt-kontrollierten Gratifikationsplänen gekennzeichnet ist, und damit reale Be- und Entlohnungsbedingungen generiert.

Als schwer ideologisch besetztes Beispiel dafür lässt sich die Erfindung der *Balanced Scorecard* (BSC, vgl. zum Beispiel Kaplan / Norton 1997). Sie ist ein gutes Beispiel einer zur Normalität gewordenen Absurdität, die nichts, aber auch nichts anderes beinhaltet als eine stringente Ausbeutungsklaviatur, die bar jeglichen Problematisierungsniveaus an der Grundselbstverständlichkeit von sich prostituierenden ArbeitsmasochistInnen ansetzt, die dann und so mit einer Minus Job Distanz ausgestattet sind. Sie müssen mit einer Minus Job Distanz ausgestattet sein, weil sie sonst nicht perfekt instrumentalisierbar wären.

Die BSC ist ein Beispiel einer lückenlosen und restlosen *Kolonialisierung des Ich durch ein Fremd-Ich* und die damit zum Einsatz gebrachte Gewalt besteht darin, dass diese mit dem status quo beförderter Unterwerfungsverhältnisse nicht nur als höchst normal, sondern als erstrebens- und nachahmenswert ausgewiesen werden.

Ein gutes Beispiel für die lückenlose Unterwerfung und perfekt rational-maschinell ablaufende Logik einer allseits zu vergötterten, gänzlich jobdistanzlosen Funktionalität von MitarbeiterInnen sind die unzähligen amerikanischen TV-Serien CSI, Criminal Intent, usw., in welchen genau diese perfekt zusammenspielend-funktionierenden MitarbeiterInnen im Zentrum stehen. Das MitarbeiterInnen-Chef Verhältnis ist 1000%ig ergeben, der Chef hat immer recht und 1000%ige Verfügungsmacht über die MitarbeiterInnen. Das Ganze natürlich im Dienste einer guten Sache, die in den großen Zügen nur die Chefität im Stande ist, wahrzunehmen und zu erkennen.

Es ist die perfekte menschliche Rundumkastration der MitarbeiterInnen, die auf genau eine und nur die eine Sache spezialisierte Wunderfunktionsmaschine erzeugt und erzeugen soll. Abgesehen davon, dass das auf eine hypermäßige Künstlichkeit von Menschlichkeit hinausläuft, seien diese Beispiele aus der Filmwelt zur Illustration einer wirtschaftsrationalen Logik in der Wirtschaftswelt herangezogen, um die weltlich-sinnliche Dimension der wirtschaftlichen Heuristik einer BSC zu veranschaulichen. Es ist die perfekte Form des gelebten und im Film verkörperten *Funktionsidiotismus*.

Jede Person, die ihren Beruf sehr gut beherrscht, eine gute Performanz liefert, verkörpert diese idiotische Funktionserfüllung und -ausfüllung, einen Funktionsidiotismus sui generis, der alle, vor allem die sehr spezialisierten Berufe kennzeichnet. Diesbezüglich gibt es wenig Unterschiede zwischen einer UhrmacherIn, einer LeichenobduzentIn, ÄrztIn, einer wissenschaftlichen BuchautorIn, UniversitätsprofessorIn, etc. Je eindimensionaler, desto funktionsidiotischer ...

Diese sehr grundlegende mitmenschlich-soziale Perversion wird, vor allem von den solchermaßen Abgerichteten, *konsensuell* zu einer richtigen und anständigen Norm erklärt, als soziales und moralisch hochwertiges Grundmuster psychologisch-sozialer Modellierung. Die BSC beinhaltet einen pseudomathematischen, scheinbar durchwegs rationalen Algorithmus, der die tiefgreifende Diagnose erlaubt, ob und inwieweit das Mitarbeiterobjekt Nutzen abwirft oder nicht.

Ein Unternehmen wird bei der konsequenten Anwendung der BSC zum Anwendungsgebiet von Regeln einer zu erfolgen habenden finanziellen Erfolgsgenerierung, die analog zu dem *volksfreundlich* oder *-zersetzenden Bepunkten* innerhalb der chinesischen Volksrepublik zu behandeln ist: Das zu realisierende Verhalten wird herausgebildet, auf dass das Individuum nach allen Regeln der Kunst der intendierten Gelderzeugung wohl- und willfährig und -gefällig würde. In der Psychologie spricht man – die jeweiligen Probleme gerne und vorauseilend in technisch-handhabbare übersetzen wollend – von ‚shaping', herausbilden und -formen.

Was bei diesem perfekten MitarbeiterInnen-shaping in jedem Fall minimiert wird, sind die nicht nur arbeitsbezogenen Konflikte, die in jeglichem Arbeitsprozess in einem sonst weit höheren Ausmaß auf jeder und zwischen jeder Hierarchieebene Platz greifen würden.

3. Häusliche Gewalt

Stattfindende zwischenmenschliche Konflikte sind normal und natürlich erwartbar in den Bereichen Öffentlichkeit, Arbeit und in der Privatwelt und es steht immer die Frage im Raum, wie für alle dabei beteiligten AkteurInnen sich dabei verhalten müssen und wollen.

Die Lösung von *gewaltsam sich zeigenden Beziehungskonflikten*, die vor allem in Form von häuslicher Gewalt ihren Ausdruck finden, gibt es in archaischen wie in modernen Gesellschaften gleichermaßen, mit dem Unterschied, dass es in archaischen Gesellschaften völlig normal war und ist, in modernen Gesellschaften aber nicht einmal als notwendiges Übel ausgewiesen wird.

Es wird implizit meist von einer Null-Konfliktlinie ausgegangen, was bewirkt, dass die ganze Natur eines normalen zwischenmenschlichen Ablaufs auf eine völlig künstliche Ebene gehoben wird, die an der Natur des Menschen gänzlich unbemerkt vorbei zu rudern sucht.

In modernen Demokratien fällt das *menschliche Konfliktwesen* im Bereich der Arbeit der (Be)Standhaftigkeit des Betriebsrats zu und im öffentlichen und im privaten Bereich, um letzteren es hier geht, ist es das arbeitsteilig organisierte Aufgabengebiet von Polizei, Sozialarbeit und Psychologie. Obwohl diese Organisationsform einen hohen Standard erreicht hat, gibt es eine hohe Dunkelziffer und das Problemfeld häuslicher Gewalt besteht beständig ungelöst. Was Not tut, wäre die längst überfällige Spezialisierung einer sich erstherauszubildenden Polizeieinheit, die sich signifikant von den traditionellen ExekutivbeamtInnen unterscheidet: PolizeibeamtInnen, die ihre weibliche Seite kennen und daher mit Frauen gleichberechtigt umzugehen vermögen, die wissen, was psychosoziale Gewalt ist und sie gewaltspezifisch, aber gleichzeitig gewaltminimierend abzuwehren, das heißt, sie zu deeskalieren und zu neutralisieren vermögen. Und die einschlägig und spezialisiert reagieren können, wenn Sie zu den leider alltäglich passierenden Gewaltakten, die zwanghaft vor allem an Frauen vollzogen werden, gerufen werden. Und die Errichtung staatlicher Hotlines für Gewaltopfer ist work in progress.

Der Psychologie stellt sich bei der *Analyse von Gewaltphänomenen* die Wahl eines adäquaten inneren Abstands, der nicht in schizoidem Abstand, der zu abstrakter Teilnahmslosigkeit führt, oder andrerseits in zu nahem Konkretismus, der Voyeurismus bedeutet (Conzen 2005, S 15), resultieren sollte und wollte. Eigentlich in Summe ein Ding der Unmöglichkeit, was sich daran zeigt, dass psychologische Gewaltanalyse meist parteiisch für die Gewalttäter ausfällt und ausfallen muss.

Als großer typischer Fehler solcher psychologischer Gewaltanalysen fällt auf, dass auf Seiten des Täters wissenschaftlich Stellung bezogen wird: Erst sehr langsam und sehr neu wird auf Seiten der Opfer ganz leise der symbolische Platz bezogen, der seine immanent schützende Hand über die Kinder und die Frauen, die misshandelt werden, stellt, wobei das Ziel die Verhinderung und Prävention häuslicher Gewalt ist.

Der Bias von Gerichten zeigt, wie sehr meist dem Täter, der zumeist ein Mann ist, seine nicht zumutbare Einsichtsfähigkeit in friedliche Konfliktlösungsstrategien zugebilligt wird. Die gewaltsame Unterjochung der Schwächeren in einer Familie ist also im Großen und Ganzen ganz gut und in Ordnung und die Gesamtgesellschaft drückt diesbezüglich ein Auge zu.

Das Fatale an den Liebesbeziehungen, in die die Frauen und die Kinder quasi eingebettet sind, ist, dass Frauen in ihrer Liaison mit den gewalttägigen Männern repressive Gewalt gegen sich selbst und ihre Kinder ausüben müssen. Sie müssen sich an den gewaltsamen Repressor anpassen, um zu überleben und gleichzeitig müssen sie sich von ihm befreien, um überleben zu können. Das ist ein unerträglicher Widerspruch, der wie immer nur den Schwächeren einer Gesellschaft aufgebürdet und angelastet wird.

Das lässt sich in weitem Ausmaß auch auf Männerbeziehungen anwenden, in welchen die in der Beziehungshierarchie untergeordneten Männer Ziel von zwischenmenschlicher Gewalt sein können, sind und / oder werden.

In der Schule lernen wir zum Beispiel mit fünf Wochenstunden Latein, warum lernen wir nicht mit fünf Wochenstunden, wie man eine Geschlechtsbeziehung führt und wie man mit Kindern lebt? Es gibt für beinahe alles einen Führerschein (Auto, Computer), aber für die lebenszentralen Beziehungsformen Null Heranführung und Ausbildung. Nur die Lebenserfahrung selbst und das (Nicht-)Weitergegebene der Generationen bestimmt also darüber, wie wir uns in Beziehungen verhalten. Das ist psychologisch betrachtet ein unerträglicher Mangel und Missstand unserer heutigen Gesellschaften. Allein mit den Fragen: ‚Wie verhalte ich mich, wenn sich mein Gegenüber nicht erwartet und für mich frustrierend verhält?' und ‚wie bleibe ich dabei bei mir und meinen Gefühlen?', könnte man schon gut zehn Jahre mit einer eingehenden gemeinsamen Problemstellungserarbeitung und -aufbereitung verbringen.

Im europäischen Kontext sind die SpanierInnen federführend und TrendsetterInnen bei der Normierung zwischengeschlechtlichen Verhaltens: Das Ministerium für Gleichbehandlung ermutigt die Frauen durch mannigfaltige Infrastruktureinrichtungen wie vorgegebene Fragebögen, gratis Rechtsanwälte, usw., Vergewaltigungen und sexuelle Misshandlungen anzuzeigen, was in letzter Zeit zu 30% mehr Anzeigen geführt hat (TV-Sender arte im Juli 2021).

Damit müssen sich die Gerichte vermehrt damit befassen und durch ein Gesetz, das die Beweislast der Opfer in eine Beweislast der Täter umgewandelt hat, kann sich a la long auch die Täterfreundlichkeit der gesetzlichen Hand kontinuierlich zu einer opferfreundlichen staatlichen Hilfestellungsleistung der Misshandelten und Gedemütigten wandeln.

XII. Die Psychologie der Ich-Abwehr

1. Das Ich und Ihre Abwehr(mechanismen)

Das Ich will in Ihrer Umwelt überleben – gemäß dem psychischen Lebenstrieb nach S. Freud, der sich mit einer biologischen Sicht des genetisch verankerten Lebens(an)triebs deckt.

Jedes Individuum kommt nicht darum herum, dem Anspruch der eigenen Triebe und dem Anspruch der eigenen näheren und auch ferneren Umwelt Grenzen entgegenzusetzen, was in der psychologischen Literatur als Abwehrmechanismus und -strategie bezeichnet wird.

Abwehr und Verdrängung sind Begriffe kriegerischen Ursprungs, die Kampfszenarien attestieren. In der Psychoanalyse geht es immer um innere Szenarien, in denen sich die Auseinandersetzungen als Konflikte dartun.

In diesem Text unterscheidet die AutorIn weniger die mengendiagrammartigen drei von S. Freud gebrauchten Zuordnungen des Ich, das Ich, das Es und das Über-Ich, vielmehr spricht auch Sie in Anlehnung an viele AutorInnen vom Ich als einer Gesamtheit aller Ich-Aspekte und -Funktionen.

Natürlich haben äußere Anforderungen, die aus der (Um)Welt über das Ich hereinbrechen und / oder an diese herangetragen werden, immer Auswirkungen auf die innere Ich-Dynamik, dem die Psychoanalyse gut Rechnung trägt.

Es erleichtert mich als AutorIn aber enorm, die physische Welt als physische Welt sein zu lassen, die in der Psychologie zwar unverrückbar und unabänderlich an die Wahrnehmungsleistung des Ich gebunden ist und nur als solche zu uns durchdringt, auf die die AutorIn sich als äußeren Anker und Referenzpunkt jedoch in Ihren Betrachtungen bezieht und beziehen will (und muss).

Wie oben bereits ausgeführt, gäbe es ohne Abwehr der Triebansprüche des Es (in S. Freud´scher Diktion) und der Ansprüche der Umwelt kein Überleben für das Ich: Abwehrmechanismen dienen dem Erhalt und sollen die Fortsetzung eines *balancierten Libidohaushaltes* ermöglichen und gewährleisten.

In dem nun Folgenden werden einzelne *Operationen, Möglichkeiten und Strategien der Ich-Abwehr* ausgeführt. Die Anpassung und die Reaktionsbildung regeln den Ich-Haushalt, währenddessen die Projektion und die Verschiebung die Wahrnehmung des Fremd-Ich regeln, die eine psychische Trieborganisationsleistung der Ich-Funktionen bedeuten. Der libidinöse Ich-Haushalt bzw. der Libido-Haushalt des Ich wird durch die innere und äußere Steuerung der Ich-Funktionen bewerkstelligt und gewährleistet.

Anpassung

Die erfolgte und die zu erfolgende Anpassung ist die Null und die Aussparung in der Notwendigkeit der persönlichen Abwehr, sie ist die Ermöglichung und der Garant von Nicht-Abwehr. Anpassung verhindert und beugt der Notwendigkeit von Ich-Abwehr vor.

Reaktionsbildung

> „Bei der *Reaktionsbildung* können Gefühle durch gegenteilige Gefühle niedergehalten werden. So können aggressive Tendenzen unterdrückt werden, indem von der Person, die aggressiv machen könnte, Gefühle besonderer Sympathie oder starken Mitleids erzeugt werden (s.o.)."

Die Reaktionsbildung wandelt schwer kontrollierbare, meist sogenannte negative, also sozial unerwünschte und nicht akzeptierte Gefühle, in leichter handhabbare sogenannte positive, sozial erwünschte und akzeptierte Gefühle um.

Im Gegenzug können auch starke positive Gefühle nicht immer und unbedingt akzeptiert werden und werden deshalb aufwandsparender ins Gegenteil verkehrt, und werden so mittels Reaktionsbildung in Hassgefühle umgewandelt, dann nämlich,

> „wenn die Liebesgefühle gefährlich erscheinen (s.o.)."

Projektion

Die psychische Projektion schreibt anderen Menschen die eigenen Affekte und Stimmungen zu – damit sie nicht im und vom eigenen Ich ausgehandelt werden und dort verteufelt und bekämpft werden müssten – ohne damit den eigenen Libidohaushalt zu berühren und aus der Balance zu bringen. Die Projektion kann positiv wie negativ eingesetzt werden, um Ähnlichkeit zu erzeugen oder diese abzuwehren und zu verhindern.

> „Bei der Projektion werden eigene psychische Inhalte, vor allem Affekte, Stimmungen und Impulse, aber auch Bewertungen anderen Personen zugeschrieben (König 1996, S 47) ...
> Ein Motiv der Projektion ist es, etwas aus der inneren Welt zu entfernen, weil es an einem inneren Konflikt beteiligt ist. Zum Beispiel projiziert jemand seine eigenen aggressiven Stimmungen, Affekte und Impulse, weil Sie sich nicht als aggressiv erleben möchte, auf andere ...
> Auch Objekte und Aspekte von Objekten, ebenso Aspekte der Instanzen Es, Ich-Ideal bzw. Über-Ich, können auf reale Personen projiziert werden, weil es leichter ist, sich mit ihnen auseinanderzusetzen, wenn sie durch eine Außenperson repräsentiert sind (s.o.), als wenn gleichsam ein Konflikt im `eigenen Land´ ausgetragen werden muß (s.o. S 48) ...
> Das Motiv kann aber auch sein, Vertrautheit herzustellen. Man möchte den anderen ähnlich erleben, weil man sich selbst damit erlebt (s.o.)."

Verschiebung

> „Die Verschiebung transportiert aggressive oder libidinöse Phantasien und Impulse von der Person, der sie gelten auf eine andere, so daß die Beziehung zu der ursprünglich gemeinten Person unberührt bleibt. Dabei werden ursprünglich vorhandene Zusammenhänge ausgeblendet, neue Zusammenhänge werden hergestellt (König 1996, S 35)."

Zum Unterschied zur Projektion, die eine *nach außen gerichtete* kognitive Wahrnehmungsleistung zum Thema hat, geht's bei der Verschiebung um einer Umorganisationsleistung *innerer* Triebenergien, damit die Haltung zu den relevanten Anderen nicht verändert werden muss. Die psychische Verschiebung von Triebenergien ermöglicht die unbeeinflusst weiter ausgestaltbare Beziehungslandschaft, in der bestimmten Personen der Vorzug gegeben wird und werden kann und anderen Personen die unangenehmen Gefühle und Triebenergien zugeordnet werden kann.

Der Abwehrmechanismus der Verschiebung gewährleistet also, dass bestimmten Personen weiterhin der Vorzug gegeben wird und werden kann dadurch, dass anderen Personen die unangenehmen Gefühle und Triebenergien zugedacht werden, indem die nach außen wirksamen Objektbesetzungen variiert werden.

2. Psychische Abwehr in einer Angriffs-Verteidigungspolarität

Im Folgenden wird in der Tabelle 2 eine Systematik entwickelt, die die Polarität zwischen Angriff und Verteidigung zum Thema hat.

Der Pol der Verteidigung entspricht mit der Negation des Angriffs, einer Angriffsprävention. Bei diesem Pol finden sich aber auch auf das Selbst zentrierte Formen der Selbstaggression, die nur mehr wenig der eigenen Selbstkontrolle unterliegen – letzteres kann dem Überleben in den jeweiligen, sehr unterschiedlichen Situationen dienen, es aber auch konterkarieren.

Der erste thematische Block der Aktions- und Reaktionsbildung thematisiert die grundlegenden emotionalen Operationen des Ich und Ihre jeweiligen Formen der Selbst- und / oder Fremdzentrierung. Beim Pol der Verteidigung werden die Aspekte der nicht unmittelbar intuitiv erfass- und erschließbaren Formen der Selbstaggression tiefergehend und weiterführend abgehandelt.

Der zweite Block stellt die energetisch gebundenen Ich-Zustände dar, die hauptsächlich im Kapitel III behandelt und expliziert wurden, ebenfalls in den Rahmen der Angriffs- / Verteidigungspolarität. Das unter den psychiatrischen Beschwerdeformationen sehr zentrale Ich-Zustandsbild des Wahns wird in diesem Kapitel beim Unterkapitel 2.3. präziser analysierend eingegrenzt.

Der dritte thematische Block arbeitet zentrale Abwehrmechanismen exemplarisch aus und stellt diese in den Zusammenhang zwischen Angriff und Verteidigung. Bei der Durchsicht der Literatur zu den Ich-Abwehrmechanismen, auch ausgehend von Anna Freuds Fischer Taschenbuch im Jahr 1999 zum Thema ‚Das Ich und die Abwehrmechanismen', scheint diese Art der Typisierung als relativ neuwertig.

Und der vierte Block beschreibt zwei Formen des Rollenwechsels, bei welchen angreifende und / oder verteidigende Aspekte vorherrschen. Auch hier erscheint das Einordnen des Rollenwechsels in symbolisch / faktisch und angreifend / verteidigend / abwehrend als die herkömmliche psychoanalytische Literatur ergänzend und neu.

Die ICH-ABWEHR	
ANGRIFF	VERTEIDIGUNG
Fremdaggression	hilfloses Ausgeliefert sein / Prävention von Fremd- und Selbstaggression
Aktions- und Reaktionsbildung	
Neid erzeugen	Neid ertragen (müssen)
Hass(en)	Ertragen müssen eigener Unterwerfung
Fremdschädigende Eigenliebe	Selbstschädigende Fremdliebe
Psychiatrische Beschwerdeformationen	
	Depression
Manie	Manie
	Panikattacken
Schizophrenie	Schizophrenie
WAHN	WAHN
Abwehrmechanismen	
Verleugnende Abspaltung	Verleugnende Abspaltung
Verschiebung	Verschiebung
Projektive Identifizierung	
Rollenwechsel	
Symbolisierender Rollenwechsel	Symbolisierender RW
Faktische Rollenumkehr	

Tabelle 2: Ich-Zustände, scheiternde / gelingende Anpassung bei der Ich-Abwehr und sozial-situative Machtdynamik

Der zweite thematische Block der psychiatrischen Beschwerdeformation kann auch mit ‚scheiternder Ich-Abwehr' überschrieben werden und der dritte Block mit ‚gelingender Ich-Abwehr'. Besonders am als allgemein als gesund definierten Wahn kann gut demonstriert werden, wie durch den Wahn die (relevanten) Anderen dazu gebracht werden, sich anzupassen, wohingegen gelingende Ich-Abwehr den Themenbereich des Ich ausweist, der alle Ich-Operationen beinhaltet und beschreibt, die der ständig zu optimierenden Anpassung(sfähigkeit) des Ich an die (relevante / n) soziale / n Umwelt / en dienen.

2.1. Angriff

Der symbolisierende Rollenwechsel
Der Rollenwechsel findet auf einer symbolischen Ebene statt, der zumeist auf sprachlichen Handlungen und (medial kolportierten) Selbstdarstellungen beruht. Als Beispiel des symbolisierenden Rollenwechsels wird die Witzbildung kurz erörtert.

Witzbildung
Humor ist die aufwandärmste Abwehrmethode, um sich in einem symbolischen Kontext Raum zu verschaffen.

Humor ist weiters *ein symbolischer, aber von der Tendenz her ein fremdaggressiver, verletzender Akt*, der bei den Verlachten ein Schamgefühl auslöst. Humor fällt dann aus der Sicht der Verlachten unter die Rubrik symbolischer Angriff, subjektiv ist es für sie ein Übergriff.

Für religiös empfindende Menschen ist das menschliche Sein was von Gott Erschaffenes, das wir mit unseren Sinnen nur sehr marginal bis gar nicht wahrnehmen können.

Indem wir diese fundamentalen Seinszusammenhänge entehren, indem wir sie verlachen, gehen wir an der Bedeutung und der Tragik unseres Karmas vorbei, das die westliche Welt in dieser Dimensionalität kaum mehr wahrnehmen kann.

Die Zufälle des Lebens sind keinesfalls lustig, vielmehr ist der Mensch ein seinem Schicksal hilflos ausgeliefertes Objekt und dessen Marionette.

Wahrscheinlich braucht die durchschnittliche mitteleuropäische, vor allem angloamerikanische Bevölkerung diesen grundlegenden Abwehrmechanismus des Humors, um an dieser sehr existentiellen und mysteriösen Seinskomponente unbehindert vorbeischippern zu können. Ein Nicht-Vorbeischippern würde das durchschnittliche von Religion und Glaube entleerte, westliche Selbst zutiefst verunsichern, es würde sein tägliches Dasein nicht mehr verkraften können. Andrerseits ist der Humor ein nötiges Gegengewicht für zu entzaubernde urreligiöse Irrationalitäten.

Der Witz *materialisiert* das menschliche Sein.

Im Allgemeinen sind die EuropäerInnen, und insbesondere die Briten mit ihrem schwarzen Humor in der Aufnahme und Verarbeitung humoristischer Inhalte von Jugend an trainiert worden. Wer diesen Humor ernst und dessen verletzenden Anteil in den Blick nimmt, kann in diesem Kulturraum psychisch nicht oder nur sich sehr schlecht bewegen und sich psychisch selbst balancieren und organisieren.

Der Witz materialisiert das menschliche Sein aus einem metaphysischen Blickwinkel, der *nicht* auf der alltäglichen Seite der menschlichen BetrachterIn steht und dessen Sicht empathisch teilt. Was in westlichen Kulturraum stark unterrepräsentiert ist, sind Witze über den alltäglichen Funktionsidiotismus von sehr begüterten Personen, die scheinen tabu zu sein für Otto oder Hermine NormalverbraucherIn. Milliardäre wie *B. Gates* zum Beispiel werden mit Verschwörungstheorien überrankt, aber nicht mit Witzen.

Dem symbolisierenden Rollenwechsel hat die AutorIn den Witz deshalb zugeordnet, weil die Sicht der Realität aus der Perspektive Einer symbolischen Anderen, die aus einer metaphysischen Sicht oder zumindest nicht aus der Sicht einer konventionell Handelnden Ihre Bewertungen vornimmt, vollzogen wird. *Bilder und mündliche wie schriftliche Aussagen* haben nun mal *mehr als nur die wenigen gebräuchlichen und praxisimmanenten Bedeutungen* und genau damit spielt der Witz.

Fremdschädigende Eigenliebe
Zum psychoanalytisch rezipierten Phänomen des Narzissmus sei grundlegend folgendes bemerkt. Laplance (1974, S 109) geht davon aus, dass im Zustand des Autoerotismus das Psychische noch nicht vorhanden ist, das Ich muss das Psychische erst entwickeln:

> „Die autoerotischen Triebe sind ... uranfänglich; es muß also irgendwas zum Autoerotismus hinzukommen, eine *neue psychische Aktion*, um den Narzissmus zu gestalten."

Das Psychische, die psychische Formation, die den Autoerotismus flankiert und komplettiert, konfiguriert sich ‚dazu', es ist als das psychisch-soziale Phänomen des *Narzissmus* zu begreifen.

Man kann von einem Gleichgewicht zwischen Innen und Außen ausgehen insofern, als der Narzissmus ein oder das psychische Regulativ darstellt, das regelt, wie viel an libidinöser Energie nach Innen auf das eigene Ich und wie viel nach außen an ein Fremd-Ich verteilt wird.

> „In der Theorie des Narzißmus hilft es, das energetische Gleichgewicht zu beschreiben, das zwischen dem Ich und den äußeren Objekten ... besteht, und zwar als energetische Bilanz, im Sinne einer buchhalterischen Bilanz: Wenn der eine sich bereichert, wird der andere notwendig ärmer (s.o. S 110)."

Wenn sich die Eigenliebe psychisch unsittlich an der nach außen sich richtenden Fremdliebe bereichert, liegt der Fall einer nach Außen gerichteten Aggression vor, die in einem gedachten Eigenliebe-Fremdliebe-Gleichgewicht einem Angriff auf die Außenwelt gleichkommt und die Außenwelt folgerichtig dann so darstellt.

Verleugnende Abspaltung

Es ist das zentrale Kennzeichen von Macht, dass soziale Bande, die nicht benötigt werden, als nicht existent betrachtet werden und diesen keine libidinöse Aufmerksamkeit zufließt. Durch die Verleugnung erzeugt sie Schmerz bei den Verleugneten, nicht in ihrer Existenz wahrgenommen zu werden.

Bezüglich des psychischen Phänomens des Narzissmus, der unterschiedlich ausgeformten und ausformbaren *Selbstliebe*, sei auch auf nachfolgende Kapitel verwiesen.

Die verleugnende Abspaltung ist als zunächst willentlicher Akt vorstellbar, der sich im Lauf der Zeit automatisiert, sie wird nicht immer wieder neu geprüft, sondern beruht auf Erfahrungen, die sich zu Vorurteilen herauskristallisieren und festigen.

Projektive Identifizierung

Die projektive Identifizierung ist eine offene symbolisch-schriftlich-mündliche Angriffsform, die die solchermaßen attackierten Personen, wenn möglich – aus Sicht des die Reaktionen antizipierenden Angreifers – in eine verdeckte Abwehrform mit geringen Möglichkeiten der Gegenwehr drängt bzw. drängen soll.

Wenn zum Beispiel Die Reiche deR Armen im öffentlich-medialen Diskurs suggeriert, ihr Handlungsmotiv sei Neid, ist das blanke, unmaskiert-unverkleidete Manipulation. Indem ihnen suggeriert wird, sie hätten Neid, werden sie auf eine gesellschaftliche Rolle fixiert, bei der sie als Teil des von den Reichen vorgegebenen Neidspiels, als fundamentaler Teil einer Konkurrenzarena, instrumentalisiert werden.

Der Angreifer, der eine mögliche Gegenwehr des Zielobjektes vorwegnehmen will, identifiziert sein Opfer projektiv, das heißt, er setzt dabei seine eigene, auf die Außenwelt projizierte Wunschwelt ein, er als Aristokrat will im Neid der anderen baden und (ursprünglich) keinE Andere.

Die Armen sind der Spielball und das mehr als nur symbolische Folterobjekt der Reichen.

Rollenumkehr

Wenn die Psychoanalyse die Rollenumkehr ausschließlich einem symbolisch-fantasiegebundenen Raum zurechnet, entspricht das einer ignoranten psychologischen Betriebsblindheit materiellen Situationen und Bedingtheiten gegenüber.

Andrerseits ist die symbolisch-fantasiegebundene Repräsentation normaler Ich-Situationen der (materiell differenten) Ich-Rollen jederzeit möglich. Das heißt, die Armen können die Reichen schauspielerisch jederzeit darstellen und in diesem Zusammenhang Handlungen und Gefühle auf einer symbolischen Ebene explorierend entwickeln.

Materiell-faktisch ist hingegen zum Beispiel eine Rollenumkehr bei und mittels Terrorangriffen, die durch externe Aggressoren erzeugt werden. Die existentiell bedrohten Armen schlagen punktuell zurück, was den Reichen dasselbe Gefühl der Lebensangst vermitteln soll. Das Problem dabei ist, dass dem Fußvolk und nicht den Strategen Angst eingejagt wird und die strategische Ebene nur symbolisch erreicht wird.

Die TerroristIn lagert mit einem Terrorangriff[1] die eigene vormals erlebte wehrlose Hilflosigkeit an die vormals angreifende, jetzt angegriffene Umwelt aus und delegiert diese an sie.[2]

Nur dann und nur kurz kommt es materiell und faktisch zu einer Rollenumkehr.

Psychologie der Rollenumkehr
Wenn sich das Kind in die Rolle der Eltern hineinversetzt und umgekehrt, dann handelt es sich dabei um eine symbolisch-fantasiegebundene Rollenumkehr.

Die Rollenumkehr passiert faktisch, wenn die Eltern im Alter wieder in die Rolle ihres früheren Kindseins bzw. in die frühere Rolle ihrer eigenen, von ihnen abhängigen Kindern geraten. Oder die UnternehmerInnen, die ihre MitarbeiterInnen zuerst skrupellos ausgebeutet hatten und jetzt selbst in einem Konkursverfahren in deren vorherige abhängige, existenzbedrohte Rollen geraten, sind ein weiteres Beispiel für die Rollenumkehr.

Es sind dies Beispiele einer faktischen und gleichzeitig symbolischen Rollenumkehr, die sich im Zeitverlauf ereignen kann, die aber nur schwer abgewehrt werden kann.

In diesem Fall steht die faktische Rollenumkehr von ihrer erlebten Härte weit über der symbolischen Rollenumkehr und die Aussagekraft der herkömmlichen Psychoanalyse kann hier nur mehr stark eingeschränkt zur Geltung kommen, weil die Folge von Gewaltakten, die die Rollenumkehr beinhalten können, übermächtig in den Vordergrund treten.

---

[1] Systemextern zugefügte Gewalt wird in Summe systemintern erfahren und wird zeitversetzt mit einer systemexternen Form von Gewalt beantwortet.

[2] So vielfältig die spezifischen Motivkonstellationen bei Terroranschlägen gelagert sein mögen, als *universell* gesichert muss davon ausgegangen werden, dass erlebte Hilflosigkeit und Demütigung (zugefügt durch interne und externe Faktoren), die bereits in der Kindheit eingesetzt haben und im späteren Lebensverlauf sich dann noch erhärten, immer eine zentrale Grundlage von Aggressionsakten sind, so die Grundlagentheorie der Psychoanalyse.

Diese tiefenpsychologische Basis und ein Lernen am Modell sind die hierfür zentralen theoretischen Ausgangspunkte für eine Analyse von Fremddestruktion, und damit untrennbar verbunden, eine weitergeführte Form der Selbstdestruktion, die aber systemextern nach außen wirkt.

Die Bewältigung der psychischen *und* materiellen Folgen eines übermächtig gewordenen Bedrohungsszenarios muss sich daher mit der ursächlichen, primär insgesamt vor allem materiellen Bedingtheit psychotischer Gewaltstörungen auseinandersetzen.

Die Abwehrfunktion der faktischen Rollenumkehr liegt auf der Hand: Durch Angriff wird der permanente und potentielle Angreifer attackiert und in seine Grenzen verwiesen. Die Formen der faktischen Rollenumkehr sind dabei das oft nachhaltige Ergebnis unzähliger symbolischer Rollenumkehrereignisse, die in unzählig zugefügten, zumindest psychischen Leiderfahrungen ihren Ausgang nahmen.

Neid erzeugen
Das Erzeugen von Neid als bewusst-gezielter psychischer Gewaltakt ist mit fremdpsychischer Folter und fremdpsychischem Terrorismus gleichzusetzen. Auch hier wäre die psychohygienisch wünschenswerte Mitte keinen Neid *erzeugen* zu müssen und dadurch folgerichtig auf der anderen Seite auch keinen Neid *empfinden* zu müssen.

Hass
Wenn der Ich-Zustand des Hassens nicht nur zu symbolischen Handlungen führt, bereitet der Hass den Boden für einen gewaltsamen Angriff. Er ist das Leitmotiv und das Agens für nach Außen gerichtete, kompromisslose Gewalt.

Fremdaggression
Fremdaggression ist eine gegen das Fremd-Ich, den / die Anderen gerichtete Form der Aggression. Das Spektrum reicht von den relevanten Anderen bis zu den vielen unbekannten Anderen der Erde, die vor allem bei der symbolischen Fremdaggression, zum Beispiel via Massenmedium gegeben ist.

Verschiebung
Die psychische Abwehrform der Verschiebung bietet eine gute Möglichkeit, die mächtige Wut nicht gegen Personen zu richten, die einem schaden können, sondern auf andere, die das Fortkommen

der eigenen Person nicht gefährden und bei welchen auch nicht mit einer massiven Reaktion auf die eigene Einflussnahme zu rechnen ist, umdirigiert.

Die Verschiebung und die projektive Identifizierung sind zwei strategische Varianten, die den Angriff, wie die Verteidigung betreffen. Effektiver Angriff und effektive Verteidigung verschieben und identifizieren in einer Feind-Freund-Matrix und einem ständig gegebenen Kriegsszenario projektiv.

2.2. Verteidigung

Der symbolisierende Rollenwechsel
Der Rollenwechsel findet auf einer symbolischen Ebene statt, der den eigenen Einfluss und die daraus folgende Kontrollmöglichkeit der eigenen internen, wie der äußeren externen Umwelt, ins Zentrum der Aufmerksamkeit platziert.

Selbstschädigende Fremdliebe
In dem gedachten Ich-Du-Gleichgewicht ist die eigenschädigende Fremdliebe der Autoaggression zuordenbar. Die eigene Ich-Haltung, die gegenüber der psychischen Umwelt zum Tragen kommt, bewirkt eine selbstschädigende Verteilung von Ich-Libido nach Außen zu Lasten der Ich-zentrierten Eigenlibido.

Psychiatrische Beschwerdeformationen
Zu dieser Überschrift expliziert die AutorIn im Folgenden anhand der drei Beispiele *Depression, Manie und Panikattacken.*

Die zwei Ich-Zustände der Depression und Manie sind durch ein latentes und / oder manifestes Gewaltpotential gekennzeichnet. Bei der Manie mit einer Tendenz zu den extravertierten Ich-Zuständen hin, bei der Depression mit einer hauptsächlich gegen das eigene Selbst gerichteten Aggressionsform. Die Depression ist mit einer Gewaltneigung auf sich selbst zurückgeworfen, weil ein Außenbezug nicht (mehr) möglich ist oder erscheint.

Wenn die Depression im Zusammenhang des sozialen Umfeldes gedacht wird, entspricht sie faktisch und symbolisch einem

Zwischending zwischen einer codifizierten und verdeckten Verteidigungsform und einer faktischen und symbolischen Rollenumkehr und damit Abwehr.

Die Manie entspricht einem Kompromiss zwischen einer offensiv-offen-uncodierten und einer verdeckten Abwehrform. Die Manie ist eine Abwehrform gegen fundamental-effizient-vorenthaltene menschliche Zuwendung und Wertschätzung und ist somit eine verdeckte Form der Depression. Im obigen Schema wird daher auch diese die Umwelt attackierende Seite der Manie der Verteidigung zugeordnet.

Die Panikattacke

Die Panikattacke als die im Ich verbleibende Aggressionsform gehört nur in gewisser Weise zur Verteidigung, da die Aspekte des gelähmten Selbst das vorwiegende Verhaltensergebnis im äußeren Erscheinungsbild des Ich prägen.

Das Selbst ist bei den drei ausgeführten psychiatrischen Beschwerdeformationsaspekten phasenweise unumstößlichen, inneren Zersetzungsvorgängen und inneren Destruktionen ausgesetzt, die am eigenen Leib stattfinden und erfahren werden müssen.

Bei der Manie ist der größte, nach außen gerichtete Aggressionsanteil zu finden. Die Panikattacke ist mit der hauptsächlich auf das Selbst zentrierten Aggression und der Eigenlähmung ein Ich-Zustand, der im besten Fall als Vorform von Verteidigung gesehen und analysiert werden kann.

Selbstaggression

Wenn aufgrund der Machtverhältnisse niemand mehr bleibt, gegen den oder die erfolgversprechender Weise die (auch ohnmächtig-wahnhafte) Wut gerichtet werden kann, ist das Selbst auf sich selbst als Letzte verbleibende Instanz zurückgeworfen, dann muss das Ich seine Aggressionen gegen das eigene Selbst aushalten oder dorthin richten, außer es findet valide Kanäle, auf die es die veranlasste Autoaggression umleiten kann. Das entspricht dem Abwehrmechanismus der intra- und extrapsychischen Verschiebung.

Der Aspekt der Selbstaggression kann in früher Kindheit nicht auf die auslösenden äußeren Bedingungen bezogen werden, sie wird dann von Seiten der Psychoanalyse auf die primäre Abhängigkeit und Hilflosigkeit des Kindes als ein in sich gegebener Urzustand analysiert.

Selbstaggressionsformen, die eben das eigene Selbst zum Ziel haben, können auch den Versuch darstellen, über fremdzugefügte Formen von Gewalt post- und präaktionale Kontrolle durch Selbstaggressionsformen zu erlangen.

Diese Formen der Abwehr von externer Gewalt durch Selbstzentrierung sind kontraintuitiv und nur mit einer psychologisch-psychoanalytischen Logik eines verzweifelten und vergeblichen Versuchs des Erlangens einer Ich-Kontrolle über Externes und externe destruktive Kräfte nachvollziehbar. Die Ich-Kontrolle wird durch Formen der selbst initiierten Selbstzufügung von Gewalt erlangt.

Laplance (1974, S 160) bezieht sich auf Lagache (1961, S 99ff), Sie behandelt die Selbstaggression als den auf der Passivität und der Abhängigkeit im Anfangszustand eines Kindes beruhenden Ich-Zustandes des *primären Masochismus,* den Sie als grundlegende psychische Anpassungsreaktion des Kindes auf Ihre ‚narzisstisch-masochistische Position' beschreibt und interpretiert und in den weiteren Zusammenhang des *Todestriebes* stellt.

Die eingeschriebene Lebens- / Todestriebs-Polarität und -Tendenz des solipsistisch gedachten Ich

Der Todestrieb sei hier kurz ganz grundlegend als die dem Organismus genetisch eingeschriebene Tendenz gefasst, dem Tod entgegen zu gehen. Übersetzt ins Psychische lässt sich die Lebensverlaufsbiologie als ‚Wille' bezeichnen, der organische und psychische Apparat ist seinem eigenen Willen und auch dem eigenen Zwang hin zum Tod unterworfen (vgl. Laplanche 1974, S 160). Demnach sei das Leben ein permanentes Oszillieren zwischen dem gleichzeitig ständig gegeben-wirksamen Lebens- und Todestriebs und den dabei wirksamen Zielrichtungs- und Bewegungsaffinitäten. Die Selbstaggression sei so als *selbst betrieben-geformte* Tendenz des Todestriebs charakterisierbar.

Die in den vorigen Kapiteln ausgeführten typisch-psychiatrischen Beschwerdebilder und als ‚Krankheiten' und ‚Morbiditäten' ausgewiesene Ich-Zustände tragen Aspekte und Ausformungen der gegen sich selbst gerichteten Aggression und somit eines organisch und psychisch sich vollziehenden Todestriebes in sich. Die Lebens- / Todestriebs Überlegungen sind immer und ganz solipsistisch auf das eigenen Ich und auf mehrere eigene Ich ohne Verbindung zu einem Fremd-Ich zu denken.

Da Selbstaggression den sehr bedeutsamen Anteil der *Selbstkontrolle bzw. den Kontrollversuch von Fremdaggression* beinhaltet (und damit ganz zentral in die Abwehrthematik hineinfällt), passt der *depressive Ich-Zustand* weder unter diese Überschrift der Selbstaggression noch in die Kategorie der Verteidigung. Die Depression ist vielmehr eine fast gänzlich unkontrollierte und unkontrollierbare Lähmung, die eine virulente, innere, selbstzerstörerische Dynamik entfaltet. Bei der Depression steht völlig der Aspekt des Erleidens ohne jegliches Agens im Vordergrund und der Aspekt der Selbstaggression beschreibt also bestenfalls ein aktionales Endergebnis, das mehr von der Umwelt als vom eigenen Ich in den Blick genommen wird.

In der obigen Systematik finden sich die energetisch gebundenen Ich-Zustände, die (noch) nicht zu einer Verteidigung fähig sind, und wären somit noch mehr rechts als möglich anzuzeigen und neben dem selbstaggressiven Pol der Systematik ein- und zuzuordnen, was theoretisch-praktisch über die derzeit gegebene und übliche nicht 3 D Darstellung einer normalen Textverarbeitungsanwendung hinausgehen würde. Bei der Depression kann man von einer Form der Aggression ausgehen, wobei die Kontrolle der inneren Dynamik eben nicht (mehr) im eigenen Selbst liegt.

Beim *manischen Ich-Zustand* stehen die selbstdestruktiven Anteile zumindest verdeckt im Vordergrund, ein wichtiger Akzent liegt jedoch in einer herausfordernden Provokation der Umwelt und dem dabei in einem fremdaggressiv ausgerichteten und zur Geltung kommenden Aspekt.

Der Aspekt der *inneren Destruktions- und Zersetzungsvorgänge*, die das Ich erleiden muss, überwiegt bei den eben ausgeführten Ich-Zuständen und kann, wie in den ersten Kapiteln ausgeführt, zur Vernichtung des Ich durch das Selbst führen. In der obigen Systematik finden sich die energetisch gebundenen Ich-Zustände, die (noch) nicht zu einer Verteidigung fähig sind, und wären somit noch mehr rechts als möglich anzuzeigen und neben dem selbstaggressiven Pol der Systematik ein- und zuzuordnen, was theoretisch-praktisch über die derzeit gegebene und übliche nicht 3 D Darstellung einer normalen Textverarbeitungsanwendung hinausgehen würde.

Eine maximal offensive Möglichkeit, die sonst nur gegen das eigene Selbst gerichtete Vernichtungsaggression umzulenken, wäre zum Beispiel der Selbstmordanschlag. Diese vor allem altruistische Selbstmordform nützt über die eigene Selbstvernichtung hinaus dem Überlebenskampf der eigenen Gruppe / Kohorte / Ethnie.

Das ist ein Beispiel, bei dem die innere, zu erleidende Destruktion gleichzeitig zu einer der Umwelt zugefügten Destruktion führt.

Neid empfinden (müssen)

Das Neid empfinden fällt nicht unter Verteidigung, sondern nur unter eine gegen das Selbst wirkende, destruktiv-zerstörerische Ich-Lähmung, die weder Verteidigung noch Angriff ermöglicht. (Wie oben erwähnt, stoßen wir hier an die Grenzen des in einer Systematik Darstellbaren.) Es ist eine Form schmerzvoller Hilflosigkeit. Und das Ich wird durch die permanenten Neidevokationen und -provokationen in die Rolle des Neidempfindenmüssens gedrängt.

Der Weg zur Verteidigung geht über den Weg der Selbstfindung, in dem das Ich sich auf das Selbst konzentriert und als ersten Schritt *wahrnehmen lernt*, dass die Umwelt die Ich-Empfindung von Neid auslöst. Mittels innerer Selbstkontrolle kann das Selbst die Ich-Entfremdung abwehren, indem es effizient beginnt, die Fremdsteuerung des Selbst zu blockieren und zu verunmöglichen. Das kann und wird mittels und über eine verstärkte Ich-Zentrierung und Thematisierung der eigenen Ich-Betroffenheit mit anderen beginnen und kann so zu Solidarisierung mit Gleichbetroffenen und Gleichgesinnten führen.

Die neoliberal betriebenen und millionenfach verteilten Nebelgranaten der *Ideologisierung und Illusionierung mittels der Ich-Fiktion* eines angeblich gänzlich eigenständig funktionierenden Ich wäre auf dem eben skizzierten Weg die erste Ich-Blockade, die entschärfend, entkräftend und neutralisierend aktiviert und errichtet werden müsste. Diese Form der neoliberal betriebenen Ideologisierung entspricht der Strategie des Teilens und Herrschens, die die *Separierung* der zuvor Ideologisierten und der damit Instrumentalisierten zum Ziel hat.

Aus dieser Sicht entsprechen (Selbstmord)Anschläge einem mächtig-destruktiven Auswurf vorher am eigenen Leib erfahrenen Destruktionen, die zum Beispiel in Form kontinuierlichen Neid ertragen Müssens – transportiert und kolportiert über die fortlaufende Völkerkommunikation der Staaten untereinander – kumulierend sich angehäuft hatten.

Verleugnende Abspaltung
Will das Ich überleben, muss es mit der eigenen, nach Außen zentrierten Aufmerksamkeit ökonomisch umgehen. Alles, was dem Ich in Ihrer Eigenzentriertheit libidinöse Energie abzieht, muss gekappt werden und der die eigene Existenz in Abrede stellende Aufmerksamkeit für andere Ich oder deren Belange muss abgewehrt werden. Das wird in Form von Verleugnung und Abspaltung vollzogen.

Die verleugnende Abspaltung ist ein primär selbstverteidigender Akt, der aber habituell ausgeführt zu einer für andere libidinös unüberwindbaren, fremdaggressiven Barriere und darüber hinaus zur Angriffsform wird. Der Psychopath ist auch als ontogenetisch ganz früh habitualisierte, ursprüngliche Verteidigungsform, die sich als prädominante Angriffsform quasi unverrückbar durchsetzt und daraufolgend gegeben ist, zu denken und vorstellbar.

Hassen
Auch das Hassen ist eine Form der Lähmung, die einer autoaggressiven Selbstzentrierung entspricht, solange die Hassenslähmung nicht zumindest zu externen symbolischen oder viel mehr handelnden Ausflüssen führt. Die Lähmung ist die erste Stufe, die auf dem Weg der Verteidigung genommen werden muss, und sie ist die Vorstufe zu einer Immunisierung und Bündelung nicht kompromittierbarer Ich-Energien, die nicht mehr fremdbestimmt sein wollen.

Verschiebung

Die psychische Abwehrform der Verschiebung bietet die einzige Möglichkeit, die (ohnmächtige) Wut nicht gegen sich selbst zu richten, indem sie diese auf andere, die Existenz der eigenen Person nicht gefährdenden Personen und deren Reaktion auf die Fremdeinflussnahme, umdirigiert.

Die Verschiebung und die projektive Identifizierung sind zwei strategische Varianten, die den Angriff wie die Verteidigung betreffen, beim Angriff werden sie tendenziell machtvoll und bei der Verteidigung tendenziell machtlos, aber vereinzelt mächtig, eingesetzt.

2.3. Die Verquickung von Angriff und Verteidigung

Bevor über den *psychischen Ich-Zustand* im Spektrum zwischen den wirksamen Polaritäten von Angriff und Verteidigung eingegangen wird, wird kurz auf die psychische und faktische Seite der größenwahnsinnigen, psychisch-moralischen Anmaßung eines *meist männlichen Größenselbst,* dessen ausgewiesenes Geschäft es ist (und offenbar auch zu sein hat), über Leben und Tod anderer nicht einmal Gericht zu sitzen, sondern *über Leben und Tod* ganz blank und unverhohlen *selbst zu bestimmen.*

2.3.1. Frau / Herr über Leben und Tod – Lebens- und Tötungsobjekt Relation

Zu allererst wird Leben von Müttern im Geburtsvorgang gegeben; von ÄrztInnen, die Leben durch Operationen ermöglichen bzw. verlängern. Bei und durch Sterbehilfe wird Leben zuerst einvernehmlich und dann selbst genommen.

Die Herr-über-Leben und Tod-Tötungsobjekt-Relation ist bei militärischen, politischen und wirtschaftlichen ‚Beziehungen', bei Bandenkriegen und Stammesfehden, bei strafrechtlichen Handlungen, etc., zu denken, die den höchst bedeutsamen Rahmen unseres täglichen Lebens in einem globalen Zusammenhang bestimmen. Der Mensch westlichen Zuschnitts lässt dies im Kollektiv, gar nicht wissend und / oder unbewusst durch die großen Bewegungen der

Massenkommunikationsmittel kanalisiert / eingeschliffenen Abspaltungsmechanismen, zu, und tut zusätzlich, je nach gesellschaftlicher Position, seinen Teil eigener Abspaltung und Verdrängung dazu.

Folgende äußerst exemplarisch zusammengestellte Kategorien seien dabei in einem *globalen Zusammenhang* unterschieden (und das tägliche Leben in Demokratien ist ganz entscheidend von der Aktivität und Arbeit des innenministeriellen / polizeilichen Geheimdienstes bestimmt, die auf das Management des Einsatzes und der Abwehr von direkter Gewalt in staatsinternen und -externen Bezügen spezialisiert ist, deren Entscheidungen in den gegebenen Fällen zum Tod von so ausgewählten Tötungsobjekten-Menschen führen):

- Militär, das feindliche (oder auch eigene Militärangehörige) foltern und ermorden lässt, und bei Kriegshandlungen gegen einen externen Feind und Teile einer an sich nicht involvierten Zivilbevölkerung ermordet und foltert,
- Politiker, die ihre Widersacher, Unternehmer, die zum Beispiel lästige GewerkschaftlerInnen außerhalb Europas top down liquidieren lassen,
- Männer, die ‚ihre' Frauen (Kinder) ermorden,
- Terrorgewalt, die sich gegen zufällig an einem Ort anwesende Opfer an der Bevölkerungsbasis richten.

Die ausgeübte demokratieexterne Gewalt ist aus der demokratieinternen Selbstwahrnehmung soweit ausgeblendet und abgespalten, dass zum Beispiel bei Terroranschlägen das nackte und bloße Entsetzen vom Glauben an einen gänzlich unbegründeten und unberechtigten Terrorhandelnden komplementiert wird.

Es ist dies die damit zum Ausdruck kommende Spitze eines riesigen Eisbergs der (externen) alltäglichen Gewalt, die ständig vollzogen wird und nur bei wenigen Anlässen ins Bewusstsein eines größeren Kollektivs quasi eindringt. S. Freud hat die Metapher der Spitze eines Eisbergs für das Bewusste gewählt, dass einen riesigen Eisberg des Unbewussten im Wasser verdeckt. Diese Metapher ist für die gewaltbezogenen kollektiven Bewusstseinsprozesse sehr treffend.

Das Wissen und Bewusstsein von und über Neid, Hass, Paranoia generierten und -generierendem Wahn, der die Zerstörung nicht primär Beteiligter zum Ziel hat und der dabei erreichte Rollenwechsel, der plötzlich Abgespaltenes ins bewusste Zentrum rückt, kann bezüglich des eigenen blinden Flecks der verleugnenden und verleugneten Abspaltung ein wenig Abhilfe schaffen.

Und damit wird auch von psychologischer Seite versucht, universell wirksame psychoanalytisch-psychologische Gesetzmäßigkeiten, die einen validen Teil bei der Problematisierung unterschiedlicher Kulturen, Mentalitäten, Entwicklungen und Entwicklungsstadien – die die (post)modernen Kulturen den vormodernen Kulturen so gänzlich voraus hätten – ausmachen könnten und sollten, vermehrt ins öffentliche Licht zu rücken.

2.3.2. Der Angriffs-Verteidigungszwitter: Das Wahnhafte

Der Wahn stellt zum einen defensiv, energetisch gebundenen Ich-Zustand dar und zum anderen verhilft die Ich-Zentrierung dem Ich durch den Wahn zu einer hermetisch geschlossenen Abwehr, die hauptsächlich offensiv wirkt und eingesetzt wird.

Der im vorhergehenden Punkt explizierte Rahmen der *Gewalt*, der mehr oder weniger immer zumindest latent präsent ist, ist ganz wichtig für die Analyse und beim Verstehen des psychischen Wahnphänomens.

Der *Ich-Zustand der Schizophrenie* hat, je nach Durchsetzungswille, Intelligenz und anderen Faktoren der jeweiligen Person, dadurch eine stark auf das *eigene Selbst zentrierte, extern wirksame Bindungskraft*, weil sie sich – zwar nicht deklariert und psychisch indifferent und unklar – tendenziell auf der verteidigenden Seite der Polarität befindet und damit eine ‚starke' Form einer zwischenmenschlichen Unangreifbarkeit aufweist.

Die Vergesellschaftung einer wahnhaften Privatwelt
Bei der Analyse des offensiv wirksamen Wahns ist primär von einer *Privatwelt eines zentralen Gewaltakteurs* auszugehen, der die originäre Voraussetzung der wahnhaft verfolgten, eigenen *Herrschaftsfähigkeit* ist.

Diese Herrschaftsfähigkeit ist durch das wahnhaft-obsessive Verfolgen von Zielen bestimmt, die einer festgefügt-unverrückbaren *Gut-Böse-Überzeugung*, einem unverrückbar-fixierten *Freund-Feind-Schema* und einer fixen Idee über die absolut *unverrückbar richtigen Werte* zuarbeiten, die es zu verwirklichen gilt, die das eigene Ich obsessiv innerlich wie externalisiert verfolgt.

Die Formen der Externalisierung beginnen bereits bei der Attribution und Zuschreibung von Wahrgenommenem. Zum Unterschied vom ohnmächtigen Wahnkranken verfolgt der mächtige Wahnkranke die Umsetzung seiner Vorstellungen offensiv und nicht defensiv.

Es ist eine Innenwelt, die unausweichliche Macht über das eigene Selbst ausübt, die vom Ich als von göttlicher Herkunft erkannt werden (muss). Der primäre Gewaltakteur ist dadurch gekennzeichnet, dass er ursprünglich einmal und vor allem sich selbst als solchen erkennt und wahrnimmt.

Aus dem kompromisslos und hermetisch verschlossenen Freund-Feind-Schema folgt der *Beziehungs- und der Verfolgungswahn*, der gleichzeitig wirksam ist. Es wird mit einer für Leben und Tod höchst entscheidenden Präzision abgewogen, wer dem eigenen Überleben dient und wer es gefährdet. Dafür ist es nötig, mit allen, den Freunden wie den Feinden in einen zumindest imaginativen inneren Beziehungskontakt zu treten, damit Gefahren, die von all diesen BeziehungspartnerInnen ausgehen, höchst präzis verorten, vorhersagen und antizipierend spüren zu können.

Am Beispiel der historischen Person *A. Hitlers*, die in einem hohem Ausmaß wissenschaftlich beschrieben und analysiert wurde, lässt sich zeigen, dass sehr mächtige Wahnhafte mit schizophrener Symptomatik über eine oftmals parageniale sozialtechnologische Fähigkeit verfügen, ihre wahnhaften Überzeugungen (Conzen 2005, S 147), seine Privatwelt (vgl. a.a.O. die Wikipedia-Definition) mit einer großen Bevölkerungsmasse über eine perfekte Form der Introjektion zu teilen und damit aus seiner Privatwelt eine öffentliche Welt zu machen.

Der Autokrat mit seiner *gewaltsamen, wahnhaft-suggestiven Introjektion* hat die Macht, die allgemein wirksame gesellschaftliche

Norm zu bestimmen. Er realisiert das über *wenige fanatische Exekutoren*, die sich im unmittelbaren Suggestionsbereich des maximalen, *beziehungs- und verfolgungswahnhaft wirksamen Zerstörungsakteur* befinden und ebenfalls starke, *beziehungs- und verfolgungswahnhafte Rapportbeziehungen* mit einer ganzen Bevölkerung aufzubauen imstande sind. Das geschieht vornehmlich mittels des Spektakels exekutierter Gewalt.

Der Autokrat mit seinen Exekutoren erteilt / erteilen sich selbst die Macht, über Leben und Tod zumindest von verfeindeten oder als verfeindet illusionierten und gebrandmarkten AkteurInnen zu entscheiden und setzen alle zur Verfügung stehende Mittel ein, um diese unschädlich zu machen und aus dem Weg zu räumen.

Die psychopathologische Mikroskopie der Macht verortet eine charismatisch-fanatische Suggestivkraft neben einem gewissenlosen Einsatz von Gewalt. (In der Negation des Wortes ‚gewissenlos' ist dabei das sozial wirksame Gewissen einer libidinös prinzipiell zugewandten und spürbaren öffentlichen Person gemeint.) Durch ihre immer vor sich selbst und anderen herausgearbeitete spezifische persönliche Erwähltheit haben alle eingesetzten Mittel ihr subjektiv zur Geltung kommendes, spezifisch-übersituativ geltendes Recht.

Der Wahn ist ein Angriffs-Verteidigungszwitter mit höchstem gehaltenem Gewaltniveau.

In Ihrer eigentümlichen *Verquickung von einer angreifenden und verteidigenden Ausrichtung* kann das Ich zum lebensbeherrschenden Prinzip des Selbst und Ihrer Massen werden. Das Versöhnende dieser zwei gegensätzlich-gegenläufigen Verhaltenskräfte und -ausrichtungen stellt die psychologische Zusammensetzung der allgegenwärtigen (archaischen) Gewalt sozialpsychologisch wirkender Prinzipien dar, die bei den großen Helden von ganzen Bevölkerungen (politisch) und von Bevölkerungsteilen (wirtschaftlich) beobachtbar sind.

Sehr zerstörerisch handelnde InstitutionsrepräsentantInnen, die sich der wahnhaften Multiplikation und Proliferation und den damit verknüpften Wahninteressen verpflichtet wissen, und Unternehmer(Innen), die von einem *wahnhaften Missionsdrang* durchdrungen sind, beherrschen es sehr gut, sich moralisch genau zwischen Angriff und Verteidigung zu positionieren.

Die zentralen schizophrenogene und wahnerzeugenden und -vervielfältigenden Akteure vermögen es, wie erwähnt, aus ihrer inneren Privatwelt eine äußere, öffentliche Welt zu machen. Ist es doch das Wohl der eigenen Leute und MitarbeiterInnen, deren gutes Überleben und Fortkommen das eigene Streben gänzlich legitimiert, das anderen Menschen nur allzu oft das Leben kostet oder sie zumindest in einem moralisch nicht mehr vertretbaren Ausmaß schädigt.

Wie bereits ausgearbeitet, sind die Symptome des Wahns die hermetische Abwehr von Fremd- wie Eigenkritik und die defizitminimierende, nach außen wirksame, offensive Selbstwertregulation.

Der sogenannte, für die anderen sehr schädigende, leidvolle politische ‚Mehrwert' des wahnhaften Verhaltens liegt dann im dadurch bedingten Hervorrufen der die eigene Existenz und die exekutierten Ansprüche des wahngetriebenen Akteurs abschottend-verteidigenden Verhaltensweisen, die unter eine maximale, übersituativ und überpersönlich-sozioökonomisch-psychische Abwehr fallen. Und die optimale Verteidigung kooptiert gleichzeitig und gleichermaßen einen optimalen Angriff.

Die individuelle Abwehr als Bilanz der vielen Ich
Als *Summe von Einzelindividuen*, die darauf reagieren und eingehen müssen, ergibt das ein insgesamtes Konzert einer *Anpassungs-Abwehr-Bilanz*, als im Plural wirksamer societätstypischer, kollektiver Ich-Zustände, die von einerseits starker libidinös besetzter Zuwendung oder andrerseits von (paranoiabesetzter) Abwendung gekennzeichnet ist.

Die jeweilig ausgeprägten Ich-Zustände der vielen Unterdrückten-Ich, die sich im Gegensatz, aber gleichzeitig auch im Schulterschluss mit den anderen, sehr wenigen Leit-Ich befinden, kennzeichnen vor allem die vielen Ich der Unterdrückten. Das Ergebnis von Unterdrückung ist eine Art Unterdrückungsmehrwert, den die Unterdrückten durch ihre Anpassung an und für die Unterdrücker generieren.

Die jeweilige *Form* und Ausprägung *der individuellen Ich-Abwehr* als permanente *Unterdrücktenreaktionsnotwendigkeit* ist dann somit der Niederschlag des (über)situativ stattfindenden und stattgreifenden *Verhältnisses von Selbst- und Fremdaggression,* das die jeweilige Ich-Abwehr kennzeichnet, auszeichnet und signiert. In der jeweiligen Form der Ich-Abwehr ist das Verhältnis zwischen Leit- und Unterdrückten-Ich als Innen-Außenrelation eingemeißelt, das wiederum ein bestimmtes Verhältnis von Selbst- und Fremdaggression in sich trägt.

XIII. Aggression, Gewalt und Libido

1. Aggression und Gewalt

Aggression ist als allgemeine, organisch-energetische Grundlage vorstellbar, die die nötigen impulsgesteuerten Ich-Zustände mobilisiert, um die organgesteuerten Triebbefriedigungen ermöglichend zu realisieren.

Aggression und Destruktion

Wenn man die Mandelkerne, die Amygdala, mit Stromimpulsen enerviert, lässt sich aggressives Verhalten auslösen (Ploog 1975, S 33), dieses physiologische Experiment verweist auf einen eingrenzbaren Teil des Gehirns als zentralen Ort der Aggression.

Die Bandbreite psychologischer Theorien sei im Folgenden kurz ausgeführt. Bereits Adler beschreibt 1908 die Feindseligkeit eines Kindes, wenn Ihren Organen eine Befriedigung verunmöglicht wird und ist (Bash 1975, S 40f); der Aggressions‚trieb' ermöglicht die Durchsetzung und Erkämpfung einer Triebbefriedigung. Der Todestrieb, den Adler als Teil des Aggressionstriebes fasst, wäre dann auch eine Form von endgültiger Triebbefriedigung oder eine Form von Ich-Zustand, indem keine Triebbefriedigung mehr nötig und möglich ist.

Der Aggressionstrieb ist als Vernetzung von jeweils unterschiedlichen Erregungskanälen und -möglichkeiten vorstellbar, als

> „… übergeordnetes, die Triebe verbindendes psychisches Feld", das in der Lage sei, unerledigte Erregungen aufzunehmen, „sobald einem der Primärtriebe die Befriedigung verwehrt ist (Adler 1908. S 577ff zitiert nach Schmidbauer 1972, S 135f)."

Eike (1976, S 24) bezieht sich auf Klein, die die ursprünglich von Adler ausgearbeitete Konzeption des Todestriebes dahingehend weiterentwickelt, als Sie den individuellen Zerstörungsdrang bei PatientInnen auf einer vorbewussten Ebene isolieren konnte. (Die Idee des Todestriebes geht auf Adler zurück, wurde von S. Freud übernommen und er wurde später dann nur ihm fälschlicherweise zugeschrieben.) Ob nicht nur symbolische Destruktion stattfindet, hängt von der familiären Sozialisation, der nationalstaatlichen Kultur und anderen theoretisch zu diversifizierenden Bedingungen und Faktoren ab.

Gemäß Adler liegt der Mensch im Kampf mit der Welt, gemäß Freud wird der Kampf manchmal mehr, manchmal weniger in der eigenen Brust ausgetragen (Bash 1975, S 41).

Jung distanziert sich von Adler und beschreibt den Aggressionstrieb nicht als übergeordnete Instanz; und auch nicht im Gegenteil als Sondertrieb, aber trotzdem untergeordnet als *ein Aspekt psychischen Geschehens, das von der Libido gespeist wird,* er ist weder sexuell, noch destruktiv, vielmehr in seinem psychischen Modus *neutral* (s.o.).

Was in dieser Sicht bleibt, ist das *Spannungsfeld* dieses neutralen Antriebs zwischen den Polen *bewusst-unbewusst, archaisch* (s.o.), was dieser Neutralität eine bedeutsame Ausrichtung verleiht.

Gewalt als außenbezogen-kriegerische Form, der gänzlich die allgemeine, neutrale Form des Aggressionstriebes verlässt und auf der Seite der faktischen Destruktion und Destruktionsform zu lokalisieren ist, hinterlässt virulente Spuren im Sozialen, die nicht mehr verwischt und geleugnet werden können. Drei Typen von Gewalt seien unterschieden:

- Im Buch ‚Über das Böse' beschreibt Arendt (2003) den Teil menschlicher Gewaltsadismen, der unheilbar ist, die sich in und zwischen den menschlichen Gesellschaften befinden, und die bei den sogenannten Starken (und bei den sogenannten Schwachen als Gegenreaktion) auffindbar ist.
- Gewalt als stumm-taub-blindes Macht- und Dominanzgehabe, das die Daseinslage des Fremd-Ich komplett ausbeutet, deRen Motivlagen gänzlich ausblendet und nicht zur Geltung kommen lässt und / oder zu vernichten strebt.
- Gewalt als Überlebensgrundreflex, als Reaktion und Antwort auf erniedrigende Lebensbedingungen, die zu Depression, Autoaggression und Selbstmord führen müssten, wenn sie nicht in einer extravertierten Form von Aggression, der Gewalt, münden würden.

- Gewalt als akkumulierte unbewusste Basisfrustration *der systematisch devastierten personalen Subjekte*, der personalen Manipulationsobjekte, für die es die Lösung *Therapie, Therapie, Therapie gibt, wie auch für die gesellschaftlichen Bedingungen insgesamt.*

Wie aus dieser kleinen Aufzählung verschiedener Gewalttypen ersichtlich ist, ist das aktive Betreiben von Gewalt und das passive Erleiden von Gewalt auf einen ersten Blick nicht trennen, weil das passive Erleiden von Gewalt, vor allem in der Kindheit, zu Gewalt führt und führen kann.

Wie es aber scheint, ist der Personenkreis, der die Gewalt gezielt ausübt, von einer viel größeren Gruppe zu trennen, die zu einem passivem Erleiden von Gewalt verurteilt ist, weil sie sich nicht wehren können und vielleicht auch nicht wehren würden wollen, wenn sie könnten.

Gewalt, Fanatismus und Hass

Gewalt wird bei kriegerischen Auseinandersetzungen, bei gewaltherrschaftlichen Diktaturen, bei und von ganzen Bevölkerungsteilen und -gruppen, von autonom organisierten Gruppen, von Staatsstrukturen und deren Staatsbediensteten, Konzernen, Unternehmen, ManagerInnen, von RevolutionärInnen, Einzelverbrechern, etc., direkt und / oder indirekt, offen und / oder verdeckt, verbal und / oder averbal, etc. ausgeübt.

Im Normalfall wird vor allem systematisierte massenpolitisch wirksame Gewalt von Männern ausgeübt, die Frauen sind dabei meist in untergeordneter Position oder zählen meist zu den Opfern, wie auch die Kinder.

Fanatismus zeigt sich in einer überdeutlichen Gut-Böse-Polarisation, die die eigenen Überzeugungen und die daraus abgeleiteten Handlungsmaximen und -entwürfe kennzeichnen (vgl. Conzen 2005, S 20f), die Hass als tragendes, übermächtiges Element haben.

Psychopathie als psychische Grundlage von Gewalt

Auch ‚kleine' Psychopath(inn)en, die zu kleiner 10% in Staat und Wirtschaft zufallsverteilt auffindbar sind, sind in beständiger Rate in den strategischen Schaltstellen einer Gesellschaft zu finden. Wie die ‚kalt' operierenden Einzelverbrecher, Hacker, etc. hassen sie zumeist in ihren kühl kalkulierten Einzeltaten nur wenig. Der größere Rahmen ihrer Handlungen ist vielmehr einem zumeist nicht gänzlich und nur wenig bewussten, ontogenetisch sehr altem Hassmotiv zuordenbar.

Empathische Gefühlsreaktionen wie Trauer und Tränen, schützen wollen, usw., Reaktionen, die bei einem statistisch repräsentativen Durchschnitt auf im Experiment dargebotene Abbildungen einsetzten, gibt es, wie bereits ausgeführt, bei Psychopath(inn)en nicht. Psychopathische Persönlichkeiten müssen psychopathologisch und sozialstrukturell als unheilbar und nur unter kaum herstellbaren Bedingungen heilbar eingestuft werden.

Es handelt sich dabei um den psychologisch-psychiatrisch nicht oder nur sehr marginal veränderungsfähigen und -willigen Teil menschlicher Gesellschaften. Die Form der psychischen Gewalt, die sie emittieren, ist unausweichlich und muss von einem sehr großen Teil der Gesellschaft, besonders in den überschaubaren Szenarien und Herden, die die Psychopath(inn)en rund um sich erzeugen, ertragen und ausbalanciert werden.

Individuell-psychische Reaktionen auf Gewalt

Depression ist die passive Reaktion auf unerträgliche Lebensbedingungen und ist Abbild einer wehrlosen Hilflosigkeit, die die Reaktion auf zugefügte Gewalt kennzeichnet. Depression ist dabei die sehr realitätsbezogene Einschätzung der Die einzelne umgebenden gesellschaftlichen Bedingungen, die der Einzelnen für ein glückliches Leben keine Chance lassen. Der auf das eigene Selbst gerichtete Teil der Depression ist das Erleben der übergroßen eigenen Schuld.

Dieser Erlebensanteil wird von den Herrschenden abgespalten und ausgeblendet und an die ‚Unteren' delegiert, was als Ausdruck einer ganzen Gesellschaft zu interpretieren ist und auch bei den Depressiven zu dem Erleben von eigener Schuld führt. Depressive fühlen somit über den eigenen Beteiligungsanteil ihrer Handlungen hinaus die Beteiligungsanteile von Gesellschaftsmitgliedern, den diese nicht selbst erleben und fühlen – durch Ignoranz, Abspaltung, Verdrängung, etc.

Hilfloser Hass ist die stark kognitiv ausgerichtete Ausgestaltung eines dominanten Gefühls, das bei den Unteren zu finden ist, die (noch) nicht resigniert zu aktiven Gefühlshaltungen fähig sind. Bei den Oberen zeigt sich der *Hass* in aggressiver, nicht selbst ausgeführter, strategischer Macht- und Einengungsstrategie, die auf die perfid-perfekte Kontrolle der Unteren, die kontrolliert und überwacht werden, ausgerichtet ist.

Das Gewalt-gewaltlos Spektrum von Beziehungsanordnungen

Familiäre Liebesbeziehungen beinhalten das Spektrum und Spannungsfeld von innerdyadischer Gewalt, Männer, die Frauen und Kinder schlagen, stehen Formen von Beziehungen gegenüber, die Gewalt auf eine symbolische Ebene verbannt haben und das Spiel der verbalisierbaren und verbalisierten Kräfte beherrschen.

Der soziale Zusammenhang des ausgewählten, gehassten Objektes

Das *gehasste Objekt* ist im sozialen Zusammenhang aufgrund der vielen involvierten AkteurInnen, die in Summe die Unwägbarkeiten der faktisch-materiellen und psychisch-sozialen Umwelt ergeben, und aufgrund der eigenen, immer zugleich wirksamen Abwehrmechanismen – die exemplarisch in einem späteren Kapitel ausgeführt werden – eine *abstrakt-fiktive Größe*. Auch bei diesem Phänomen handelt es sich immer um vernetzte Systemvariablen.

Das ist auch der Grund, warum eine kumulativ wirksame strukturelle Gewalt, die zu ungerechten Lebenssituationen führen, kein Ventil finden kann und auch in psychischen Störungen ihren individuellen Niederschlag finden. Und das ist auch der Grund, warum nahestehende, relevante Andere die nächsten, libidinös besetzten Objekte darstellen, die für eben diese erfahren-erlebten Ungerechtigkeiten eine nur allzu naheliegende Projektions- und Hassangriffsfläche bieten.

Diese Unmöglichkeit und Unfähigkeit einer angemessenen Zuordnung der eigenen Lebenssituation zu den Umständen und Personen, die diese verursacht haben und verursachen, ist und wäre immer nur in einem insgesamten sozialen Konzert decodierbar.

Die Irrleitung durch die maßgeblichen Akteure, die Unmöglichkeit oder sehr große Schwierigkeit, angemessene Attributionen, denen zu Folge individuelle Handlungsableitungen vorgenommen werden können *und* die Irrleitung und Vernebelung durch die Logiken der eigenen, ganz persönlich gelagerten Abwehrmechanismen münden in vielen Fällen dann im Ausweg und im Ventil, das sich gegen die eigenen IntimpartnerIn(nen), gegen die eigene Familie und / oder (letztlich) gegen das eigene Ich richten. Das ist dann der eigentlich fehlgeleitete gewalttätige eigene Output der allgemein wirksamen, handlungsreaktionsvernebelnden strukturellen Gewalt.

Wenn die Summe der allgemein zugefügten Unterwerfungsereignisse so im spezifischen Hass und in der spezifischen Destruktion gegenüber *stellvertretenden, als böse ausgewiesenen Hassobjekten* einmünden, und das sind im Durchschnitt neben den Frauen und Kindern auch volksgemäß eingeschliffene Sündenbockkonstruktionen, die in großen Volksbewegungen und -massen über Jahrhunderte hinweg tradiert und dimensioniert sind, wird eine große Zahl von Fremd-Ich adressiert, die nicht die VerursacherInnen der eigenen ungerechten Lebenssituationen sind. Das ist eine sehr zentrale Grundthese.

Allgemein und ganz spezifisch situativ ist davon auszugehen, dass die persönlichen psychischen Abwehrmechanismen, zusammen mit der allgemeinen Komplexität der eigenen Lebenssituationen, meist an der *adäquaten Adressierung der Fremd-Ich als den als Ziel ausgewählten Hassobjekten* geradewegs *vorbeiführen und scheitern müssen*. Wenn die Adressierung der Gewalt und Demütigungsquelle gelingt, dann fehlen meist die Mittel zum eigenen Schutz und zur angemessenen Gegenwehr.

Wäre das anders, gäbe es zum Beispiel weniger Gewalt in intimen Partnerschaften und weniger Gewalt gegen Kinder auf diesem Planeten.

2. Die generelle psychosoziale Verantwortungsmatrix

Als PsychologIn ist auch die AutorIn, wie 7,7 Milliarden Menschen minus die Menge der direkt und manifest gewalttätigen Menschen, hauptsächlich der Männer, der eigenen Existenz aufgegebenen, strukturellen und symbolischen Gewalt von der eigenen Geburt an gänzlich macht- und hilflos ausgeliefert. Besonders bei den direkten Gewaltformen ist die akademische Psychologie, wie auch der westliche postmoderne Charakter am Ende seines eingelernten Verhaltenslateins angelangt.

Den unendlichen kleinen Beitrag, den die psychologisch-psychoanalytisch analysierende AutorInnen leisten können, ist gemeinsam mit den LeserInnen Themenbereiche zu verorten, die sich auf die Gesetzmäßigkeit der Libido in idealisierender Fixierung an und auf die eigenen Schlächter beziehen, was im nächsten Punkt kurz ausgeführt wird.

Einfachheitshalber schränkt sich die AutorIn im Folgenden auf eine scheinbar leichte und übersichtliche Situation einer *Dyade* ein, die zum Beispiel aus einem Mann und einer Frau oder einer Frau und einem Mann oder zwischen einer Frau und einer Frau und einem Mann und einem Mann, einem Mann und einem Kind usw., besteht.

Bei der nun folgenden leicht gängigen Erzählform ist stets im Hinterkopf zu behalten, dass a) ein häufig mittels Gewalt zum Destruktionsobjekt degradiertes ‚Beziehungs'-objekt oft an der Schwelle Ihres eigenen Todes steht, und b) neben der, mit der in dieser Situation nicht nur geforderten Ablösung der eigenen Libido vom geliebten Schlächter, ein Höchstmaß an vorausschauender und listiger Intelligenz aufbringen muss, um sich und meist auch den eigenen Kindern das Leben retten zu können.

Wenn das soziales Netz es nicht schafft, unter Wahrung der persönlichen Freiheit des Opfers, zumindest helfend-steuernd einzugreifen, steht das soziale Netz auf der Seite des Schlächters und ist nach Meinung der AutorIn ebenfalls wegen unterlassener Hilfeleistung strafrechtlich zu verfolgen und als MittäterInnen zu entlarven und bloß zu stellen.

Das ist die zumindest kognitiv eindeutige strafrechtliche Rechnung, die den Tätern in Solidarität der Opfer zu präsentieren wäre, wenn das Problem dabei nicht eine massive Selbstgefährdung bedeuten würde. Nur wenn fast alle gleichermaßen betroffen sind, beginnt so eine Rechnung zu greifen. Das hier zurzeit geltende Strafrecht ist als äußerst täterlastig zu brandmarken, was an den nicht erfolgenden Verurteilungen abzulesen ist.

3. Die Libidofixierung

Hier geht es um die Formen der Gewalt, die einschüchtern und deshalb dem unterdrückten und ausgebeuteten Menschen keine andere Wahl lassen, als vom Aggressor gleichzeitig in all ihren Tiefen verängstigt zu sein und wahllos nicht anders zu können, als in Ich-Identifikation mit dem Aggressor die damit geschaffene einseitige psychische Abhängigkeit und Hilflosigkeit verarbeiten zu müssen.

Wenn es keine Alternative zu Macht und Gewalt gibt, ist die libidinöse Besetzung der Machtfiguren vorprogrammiert und die Liaison mit dem Unterdrücker unvermeidlich. Die menschliche Libido ist dann ungeteilt und dem Unterdrücker fließt alles zu, was da ist. Damit ist der psychische Teufelskreis des Leidens des mit Gewalt beherrschten Menschen geschlossen.

Die politische oder wirtschaftliche Struktur, die sich der Macht und deren Gewalt exekutierten Mitteln bedient, wird von den Massen auf unterster Ebene her bespeist. Gewalt erzeugt Macht und die wiederum die Gewalt, die die Herrschaft perpetuiert.

Nur der verbitterte Selbstbehauptungskampf kann aus der Entfremdung und der erzwungen ungeteilt zufließenden Libido Alternativen libidinös zu besetzender Figuren Leitfiguren schaffen, die dem mittels Gewalt aufgeblähten Selbst der Herrscher die Energie abzapfen. Zumindest geht es um das Abziehen der grundlegenden Aufmerksamkeit, die dem permanent mittels Gewalt erpressende Aggressor nicht weiter ungehindert zufließen darf.

Gewalt lässt sich ohne ein pathologisch aufgeblähtes Größenselbst, einer inneren Obsession und ohne ein im Außen und Innen begründetes Feindbild nicht ausüben.

Die Ich-Zustände der Aggressoren sind die äußeren Bedingungen der komplementären Ich-Zustände der geschundenen Subjekte, die ihrerseits die Bestätigung und Rückmeldung der Strategien und Strukturvorgaben der Aggressoren waren und sind (wie auch umgekehrt).

Das Problem der äußeren Gewalt ist deren Fortführung in Form von inneren psychischen Repräsentationen, die die Gewaltanwendung auch gegen sich selbst fortschreiben und sich dort permanent automatisch weiter reproduzieren.

Um diese Ich-Repräsentation von Gewalt aufzulösen, muss das ursprünglich wehrlos misshandelte Selbst freigelegt werden, was mit Schmerz, Hass und ewig sich selbst reproduzierenden Traumen verknüpft ist. Das ist der chancenlos anmutende Weg der Psychoanalyse.

Betrachtet man diese Formen der Ich-Repräsentation neben, in und mit den anderen Ich-Repräsentationen des und der Fremd-Ich, kommt man zu den konsensuellen gesellschaftlichen Praktiken, die diesen Formen der Ich-Repräsentation von Gewalt (re)produzieren.

XIV. Formen libidogespeist-anerkannter Gewaltregulative

Auch in den modernen demokratischen Gesellschaften gibt es keine gewaltfreien Räume, die durch die staatlichen Gewalten konservierten Hierarchien sind allgegenwärtig und werden vor allem über die Medien nach außen und nach unten transportiert.

Die zwei zentralen Säulen der westlichen Gesellschaftsformen sind die ‚Arbeit' und die ‚Öffentlichkeit'. Diese beiden Bereiche sind aus psychoanalytischer Sicht nur sehr marginal interessierende Themenbereiche, zumal die dabei eingeschliffenen Regeln sich Großteils der Erklärung mittels psychologisch fundierter Logik, Analyse und Methodik ganz gezielt entziehen.

Die Begründung dieses Tatbestands ist in der *sozialen Scham* zu verorten, die die systematische öffentliche Offenlegung von Motiven und Zielen im Rahmen eines psychologischen Koordinatensystems auslösen würde. Das Ergebnis wäre in vielen Fällen die unsäglichen Versuche, das eigene entblößte Bild in der Öffentlichkeit wieder gerade biegen müssen zu wollen.

Im Folgenden werden die Bereiche ‚Arbeit' und ‚Öffentlichkeit' aus Sicht der und einer allseits präsenten *Gewalt* analysiert.

In modernen Demokratien steht die *symbolische Gewalt und Aggression* im öffentlichen Diskurs im Vordergrund, die hohen libidinösen Zuspruch erfährt. Der Status quo ist die Form, die von einer allgemeinen Mehrheit, die von oben her repräsentiert wird, die meiste gesellschaftliche Anerkennung erfährt und zugeteilt bekommt.

Dieser allgemein gegebene Anerkennungsmodus findet von oben nach unten, sprachlich symbolisiert und wirksam-exekutiert mittels Drohgebärden seinen Ausfluss, die den unteren, kleinen Einzelnen im jeweiligen Gesellschaftsausschnitt Ihren jeweiligen Platz zuweisen.

Und im allgemeinen Durchschnitt ist das sicher kein Platz in der gesellschaftlichen Komfortzone und der Zugang zu dieser

Komfortzone wird an ihren Schaltstellen gewaltsam-exekutiv und überpenibel überwacht.

Die Leitmaximen derer, die den öffentlichen Raum bespielen dürfen, lassen sich mit wenigen Punkten umreißen: In erster Linie geht es um eine *Legitimationsrepräsentation*, in welcher die oberen, auch geldprimatfunktionellen Schichten ihre volle Daseinsberechtigung perseverativ unter Beweis stellen (müssen, dürfen und sollen).

Diese Repräsentation der eigenen Legitimität erfolgt vorwiegend in Form von öffentlichen Sprechakten, die, wie im Folgenden weiter ausgeführt, *sozialen Sinn- und Zweckrepräsentationen* folgen. Dabei und damit wird und ist impliziert, dass durch die durch den öffentlichen Sprechakt medial vermittelt-vervielfältigten Verhaltensweisen die verfassungsmäßig garantierten *Persönlichkeitsrechte auf Schutz der Würde und auf freie Selbstentfaltung und -darstellung* auch die öffentlich nicht direkt Repräsentierten befördern würden.

Diese unterschiedlichen Formen der öffentlichen Repräsentation sind hinter einem *nachhaltigen Imponiergehabe* derer verschanzt, die dazu getrieben werden und sich bereitwillig selbst dazu treiben, zutiefst davon überzeugt zu sein, dass sie zu den Besten zählen, die eine Gesellschaft je hervorgebracht hat.

1. Öffentlichkeit

Für die Psychoanalyse ist die Sphäre der Öffentlichkeit eine Thematik, die nicht mehr als eine Randbemerkung ausmachen kann. Wäre dies anders, ist um die weitere Existenz der Psychoanalyse zu fürchten. Diese Bemerkung ist deshalb von Interesse, als sie den Stellenwert der oberflächlichen und der nach eigenen Regeln ablaufend-funktionierenden öffentlichen Kommunikation als mit riesigen psychischen Motivanalysedefiziten behafteten und ausgestatteten Chimären herausstreichen will.

Die AutorIn stellt in den Raum, dass die primären Motive der öffentlich-medialen Darstellungen von PolitikerInnen, WirtschaftsexpertInnen, KünstlerInnen, etc. von *Anpassungsvorschreibungen und -modellierungen* an und für die Unteren einer Gesellschaft ge- und durchtränkt sind und triefen.

Es sind nicht die Ich-Zustände, die dabei von der Öffentlichkeit befördert werden, sondern es sind die äußerlich sicht- und hörbaren *Korrelate der Ich-Zustände*, die die rezipierende, passive Öffentlichkeit erst extrapolieren muss, in dem sie auf eine Gesamtheit und eine Gestalt des Psychischen schließt, die die Öffentlichkeit nur partiell darstellt; dabei blendet die öffentliche Darstellung fundamental wesentliche Aspekte der persönlichen Ich-Zustände aus.

Die zur Darstellung gelangten Ich-Zustände bilden den *Entfremdungsmehrwert* in Form der allzeitlich implikativ erfolgenden *Verachtung* ab, die durch die öffentlich ausgewiesenen Besseren zur Entfaltung gebracht werden.

Dabei werden die RezipientInnen zu der Illusion verführt, auch die Darstellenden der und in der Öffentlichkeit spalteten ihre Bedürfnisse in dem Maß ab, als sie das als Anpassungsvorschreibung nach unten verlauten lassen. Sie seien die zu idealisierenden Führungspersönlichkeitsmodelle, die und nur die es nachzuahmen gelte.

Der Entfremdungsmehrwert, der bei den rezipierenden BürgerInnen ganz direkt und ungefiltert zu *sozialer Scham* führt, die dann nach oben als generierter libidinöser Eigenmehrwert abgeschöpft wird, fordert eine Bedürfnisverdrängung und -abspaltung dergestalt, dass die so Instrumentalisierten mit ihrem eigenen, von außen verursachten libidinösen Defizit auch in Form von Triebverzicht illusioniert zufrieden gemacht werden.

Die Regeln der öffentlich dargestellten Ich-Zustände

Die mehr als angezeigte (sehr) misstrauische / paranoide Sicht, die den *Schaden und die Verdrehung der Darstellungen und Inhalte,* die den Weg in die Öffentlichkeit finden, fokussiert, hat die zerstückelnde, abpackende und nach dienlichen Interessen frisierende Wirklichkeit der Öffentlichkeit im Visier, die sich die einzelnen so herrichtet, wie sie es will und braucht.

Das nicht öffentliche Individuum hätte sich den auf diesem Weg exekutiert-ausgerollten Normen so anzupassen, dass die Ich-Zustände der öffentlichen DarstellerInnen in schönen Paketen bei den solchermaßen illusionierten RezipientInnen ankommen.

Und es ist nicht zufällig, wer und was in die Öffentlichkeit darf und wer und was nicht. Kraft der gesellschaftlichen Bedingungen diktiert die *Öffentlichkeit den präparierten Ablauf der zur Schau gestellten Ich-Zustände.*

Eine öffentliche Minderheit bestimmt über das Schema, das bestimmt, wer wofür Aufmerksamkeit und Anerkennung bekommt. Damit formt sie das idealtypisch auszubildende Verhalten für die kleine Frau und wie Sie zu denken, handeln und zu fühlen hätte, will sie anerkannt sein und werden. Ein wesentliches Prinzip der offensiv offerierten Ich-Zustände ist dabei die völlige Erhabenheit über und Scheinimmunität gegenüber persönlich-abhängiger Hilflosigkeit jeglicher Art.

Und wie immer und immer wieder steht die gänzlich unvernetzte und scheinbar gänzlich unaustauschbare-unersätzliche Person im öffentlichen Mittelpunkt und diese *Personenillusion bedient sich der zu Markte getragenen Manie* des aktuellen Zeitgeistes mit den immer gehypten, als glücklich verkauften Ich-Zuständen. Fragmente dieser von oben angeleiteten künstlich-illusionierten Identifikationsschemata finden sich bis tief in die untersten Gesellschaftshierachien hinein und vollziehen dort deren Wirkung.

Im auf diesem Weg konfiguriert-schematisierten, zweckdienlichen und dadurch erfolgreichen Individuum handelt es sich in deren *Innenwelt* um sehr fest sitzende, quasi in Stein gemeißelte *außenbestimmt-manische Zwangsgedanken*, die von den öffentlichen Aufmerksamkeits(zu)flüssen befeuert, gezüchtet, herausgebildet und gesteuert werden.

Als in dem Zusammenhang passendes Beispiel kann die österreichische ParlamentarierIn *W. Sobotka* herangezogen werden, dessen langjährig konstant-überhebliche Grinsensgeschichte einer gründlichen psychiatrischen Anamnese unterzogen werden sollte.

Mit einem konsequenten psychoanalytischen Data mining der unübersehbar und unzweideutig zur Schau gestellten Manie, die die eigene hämische Überlegenheit zum Thema hat, ließe sich auch das konstant arrogante Auftreten der österreichischen Innenminister in wiederholter Auftrittswahrscheinlichkeit mit deren spezifischen politischen Aufgabenprofil möglicherweise vor dem Hintergrund österreichtypischer Politpraktiken korrelieren.

Die Verteilung öffentlicher Aufmerksamkeitszuwendung

Die fundamentale öffentliche Aufmerksamkeitszuwendung, die im Politischen ganz zentral über die Parteihierarchien und die Medien organisiert und transportiert wird, und im Öffentlichen Raum unspezifisch und breitenwirksam emittiert wird, wird den BürgerInnen top down als ein *verdichteter libidinöser Kaltentzug* übergestülpt, aufoktroyiert und aufgezwungen. Dieser libidinöse Entzug wird nach außen ausgestoßen und als hermetisch *feindseliger Liebesentzug* wirksam und rollt seine zerstörerische Gewalt tagtäglich aus und exekutiert ihn.

Die damit bewerkstelligte, alltägliche *Öffentlichkeitsvorschreibung* ist eine Art Maßnahmenvollzug eines libidinösen Kahlschlags, der dafür Gratifikationen, Belohnungen und Orden intermittierend (ein)setzt. Mit diesem Programm wird permanent und massiv-fundamental gegen die verfassungsgemäß zugesicherten Persönlichkeitsrechte der libidinös, und das heißt, mit einer eigenen libidinösfunktional ausgestatteten und operierenden menschlichen Würde der damit Überrollten verstoßen.

Die unspezifische Botschaft, die auf jeden Fall bei den nicht öffentlich Dargestellten ankommt, und dort in einer Ich-Sicht seinen Ausdruck findet, ist:

> „Nur, wenn ich in der Öffentlichkeit vorkomme und in der öffentlichen Berichterstattung einen angemessenen Platz einnehme, bin ich ein wertvoller Mensch."

So lässt sich der libidinöse Mehrwert der öffentlich dargestellten AkteurInnen mit ihren dabei dargestellten Ich-Zuständen in ihrer libidinös-psychologischen Außenwirkung auf den Punkt bringen.

2. Arbeit

Die nicht nur libidinöse Aushöhlung und Entrechtung der menschlichen Würde wird im Bereich der in den *meisten Fällen* vorliegenden *unselbständigen Arbeit* konsequent fortgesetzt. Besonders der Bereich der unselbständigen Arbeit ist durch die permanente Befangenheit im Überlebenskampf zu charakterisieren, er ist durch die kognitiven Rechtfertigungsfiguren und -anstrengungen der zur Arbeit getriebenen Personen gekennzeichnet, die täglich dazu gebracht werden, fest der Überzeugung zu sein, dass sie diese aus freien Stücken tun.

Diese inneren kognitiv-emotionalen Ausgleichsbewegungen (er)folgen auf den alltäglichen Druck des offensichtlich und auch perfid proliferierten Anpassenmüssens. Diese Art von *erfolg*ter und *erfolg*ender *Anpassung* möchte die AutorIn nun kurz in den Mittelpunkt der Betrachtung stellen.

Die provozierten und zwangsläufig einsetzenden inneren kognitiv-emotionalen Ausgleichsbewegungen, die von einer breiten Mehrheit, vor allem postaktional als normal interpretiert und empfunden werden, reproduzieren sich mit der häufig bereitwilligen Überzeugung, das alles, so wie es ist, auch schon seine Richtigkeit hat und haben muss. Und diese Überzeugung ist nicht zuletzt das Korrelat täglich öffentlich und auch mehr privat exekutierter oder zumindest latenter Gewaltapplikation der präsenten rechtlichen und gesellschaftlichen Regelungen und Bedingungen.

Die Bedeutung der narzisstischen Kränkung in der Arbeitswelt der ‚kleinen' Angestellten

Psychologisch ist die Botschaft einfach: Das Aufoktroyieren fremdbestimmter Handlungsanweisungen bewirkt *entfremdete Ich-Zustände*, die die helfende medizinisch-psychologische Welt ganz zentral mit der Bezeichnung einer fortlaufend stattfindenden *narzisstischen Kränkung* fasst und etikettiert.

Im Zusammenhang der Ich-Abwehr interessieren vor allem die kleinen Angestellten als Personenkreis, der nicht genügend Einkommen bezieht, um jederzeit am Arbeitsmarkt mobil sein zu können und damit über kein materielles Polster als Puffer für die Absicherung der eigenen Existenz verfügt.

Damit ist der narzisstischen Kränkung eine starke Bedeutung von der dabei implizierten Belastung beizumessen, die andere psychische Abwehrmechanismen bedingen muss, als das bei materiell abgesicherten Personen der Fall ist, bei denen die Absicherung der persönlichen Eitelkeit im Vordergrund steht.

Narzisstische Kränkung ist einerseits ein Pleonasmus, da sich eine Kränkung primär auf das eigene Ich und somit auch auf die eigenen Ich-Bezüge beziehen muss, andrerseits verweist dieses Begriffspaar auf die zirkulär-kumulative Wirksamkeit von Extern gesetzter und einsetzender Ich-Kränkungen.

Das Begriffspaar ‚narzisstische Kränkung' wird immer dann von der helfend-korrigierenden Medizin angewandt, wenn ein Individuum durch sozialen Druck – aus welchen Gründen auch immer – so verletzt wird, dass der normale rationale alltägliche Handlungsablauf empfindlich gestört und zerstört wird oder worden ist.

Narzisstische Kränkung ist eine Kränkung, die schmerzende, nicht enden wollende Schleifen eines durch die Kränkung verstärkten Ich-Bezugs auslöst und bedingt, bei dem das Ich versucht, den am eigenen Leib erfahrenen Libidoverlust zu neutralisieren. Häufig mündet die zugrundeliegende chronische Kränkung in einer kompensatorischen Manie, die dann relativ unauthentisch abläuft, aber von der ArbeitgeberIn in proaktiver Verwechslung authentischer Ich-Zustände darauffolgend positiv verstärkt wird.

Die PsychiatrIn Reich thematisiert schon in den 1930igern die körperphysiologisch und körperemotionale Gegebenheit eines ‚Panzers' und einer ‚Verpanzerung', die als Abwehr ständigen Ich-Verlustes eintritt.

Wenn das Ich mit Ihren narzisstischen Kränkungen und der Abwehr Ihrer narzisstischen Kränkungen permanent so eingedeckt und zugedeckt ist, führt das dazu, dass alles Übrige des Alltags eigentlich in den Hintergrund treten müsste, aber nicht kann, weil es gilt, nichtpsychologische Überlebensnotwendigkeiten alltäglich zu parieren.

Geiz als Ergebnis permanenter Aufmerksamkeitserpressung

Man beobachte eine Vielzahl von AnzugträgerInnen, die nach der Arbeit mit den öffentlichen Verkehrsmitteln heimfahren. Oftmals ist ein unübersehbarer kleiner Buckel zu diagnostizieren, der, kurz gesagt, Geiz signalisiert.

Der Geiz ist ein Zurückhalten von *nach außen gerichteter Aufmerksamkeitszuwendung*, von libidinösen Energien, die eigentlich dem eigenen Ich in Ihrer psychischen Vernetzung und Verletzung zugeteilt sein wollten, aber wegen öffentlicher Zwänge dorthin nicht kommen können dürfen. Viele Arbeitsplätze erlauben eben keine Gefühle und schon gar nicht die Entladung innerer Spannungen oder gar das Austragen von Konflikten am Arbeitsplatz, die von einem energetischen Standpunkt aus dringend angezeigt wären.

Wenn diese basisenergetischen Ich-Zustände durch permanente Verdrängung ungeregelt und Ich-fremd bleiben und bleiben müssen, kann von einem psychologischen Standpunkt aus keine Entwarnung gegeben werden: Der durchschnittlich geregelte Arbeitsplatz ist Gift für ein atmen wollendes Selbst.

Ziel des Arbeitens sollte es sein, die individuelle *Funktionslust* (Bühler 1928) zu kultivieren. Das kann nur in einem Prozess der Abgrenzung von Selbst und Nicht-Selbst im Arbeitszusammenhang erfolgen (Hohage 2000, S 103), wobei die Differenz von Selbst und Nicht-Selbst in einem bewältigbaren Rahmen liegen muss. Tut sie das nicht, sind psychopathologische Ich-Zustände zu erwarten.

Das dargestellte Arbeitsglück von Firmen- und Bildungshomepages

Die auf fast allen Firmen-, Arbeits- und Bildungshomepages zu sehende Geste ist die *Geste des Lachens*. Die erste Interpretation dabei ist, dass es sich um das dargestellte Glück durch die auf der homepage kurzgefasste Arbeit handeln könnte. Die zweite Interpretation ist einen ethologische: Seht her, wir sind friedlich und haben keine Waffen. Die dritte Interpretation könnte lauten: Komm zu uns, denn wir sind glücklich. Was sind die Motive dieser selbstverständlich gewordenen Gewohnheit der massenhaften Präsentation lachender Arbeitsgesichter?

Wie es scheint, verspürt der zivilisierte Westen kaum eine andere Form des Glücks (neben dem ständig bis zum Erbrechen gehypten, alternativlosen und angeblichen Zweipersonenliebesbeziehungsglücks) als das der eigenen, im höchsten Maße beglückende

Arbeit. Diese Form des dargestellten Pseudoglücks ist aus psychoanalytisch-psychologischer Sicht als *institutioneller manischer Exhibitionismus* zu diagnostizieren.

Dieser bestreitet solchermaßen zu guten Teilen die Depression erstens der Arbeitenden selbst und zweitens derer, die nicht dazugehören, die Depression der Arbeitslosen, SozialhilfeempfängerInnen, Obdachlosen und Kranken. Die Summe der zur Schau gestellten Ich-Zustände der Einen bildet sich in den tatsächlich zu erlebenden Ich-Zuständen der übrigen ab, quasi als verdrängter und nach außen delegierter arbeitsemotional-manischer Rest.

Denn, wenn eine große Gruppe zu Grunde liegender Emotionen abspaltet und unauthentische Darstellungsmodi favorisiert und hypt, kann die dabei nicht involvierte, aber äußerlich agitierte Außengruppe den Charakter einer manischen Obsession sehr deutlich spüren. Depressionen werden damit sekundär erzeugt.

Die Rolle obsessiv manischen Verhaltens

Obsessiv-manisches Verhalten ist dann ein Ausdruck einer intermediären Form von individueller Abwehr, weil das eigene Überleben im Vordergrund steht und daher der eigentlichen Impulsivität, die dem Organismus entsprechen würde, nicht stattgegeben werden darf.

Das Ergebnis ist eine primär außen gesteuerte Übersprungshandlung, die das Gegenteil von dem signalisiert, wozu sie angehalten wurde und wird: *Das gepresste Lachen ist das Korrelat von Zwang und Verdrängung, das eine zugrundeliegende, grundlegende Depression kaschierend verdeckt.*

Die gegebenen Arbeits- und Lebensbedingungen sind, wie kurz angerissen wurde, das Ergebnis der applizierten, libidinös und normativ wirksamen, von einer breiten Bevölkerungsschicht getragenen und anerkannten Gewaltregulation, die externalisierte, psychische Belastungen für die nicht-arbeitende Gesellschaft als ständig präsente, aber ausgeblendete Außenwelt generiert.

Diese arbeitsexterne Außenwelt sollte endlich damit beginnen, der Arbeitswelt ihre externen libidinösen Schadensverursachung, -erzeugung und -externalisierung ganz konkret und materiell in Rechnung zu stellen und es wäre die Aufgabe einer modernen Psychologie, Ideen für eine solche Quantifizierung auf den Tisch zu legen anstatt ständig den ex post Rationalisierungen der eigenen Arbeitstätigkeiten in permanenten Wiederholungszwängen frönen zu müssen.

Die aneinandergereihten Ich-Manien als gesellschaftlicher Grundbaustein

Wenn die vielen ‚kleinen' Ich, die tagtäglich zu ihrer Arbeit auf ganz Ich-entfremdende Weise genötigt werden, sich ihrer permanenten, zwänglichen Verdrängungsnotwendigkeiten Luft machen wollen, werden sie aufs Schärfste zurückgewiesen und auf ihre absolute Austauschbarkeit verwiesen, die sie im Grunde ihres Selbst tagtäglich unterjocht.

Diese alltägliche Anwesenheit der eigenen narzisstischen Kränkung kann nur durch sehr spezifische und sehr individuelle Formen der Manien, die die permanente Entwürdigung auszugleichen versuchen, überdeckt werden. Dieser Vorgang und Prozess, der den Arbeitsverhältnissen der meisten ArbeitnehmerInnen emotional zu Grunde liegt, entspricht dem juristischen Tatbestand einer schweren Nötigung und ist Ausdruck einer ganz unverdeckten und unverblümten Gewalt, die tagtäglich damit zur Anwendung kommt.

Da man sich als Opfer einer schweren Nötigung bei als normal ausgewiesenen Arbeitsverhältnissen nur sehr schwer selbst annehmen und fühlen kann, weil es mit sozialer Scham besetzt wäre, diesen absurd wirkenden, grundlegenden Emotionen Ausdruck zu verleihen, ist es naheliegend, dass genau dieser psychoanalytische Gedankengang Widerstand bei den normalerweise auf so grundlegende Weise Genötigten auslöst und auslösen muss. Mussten doch die permanenten Schädigungen durch die Arbeitswelt in die tiefsten Archive des emotionalen Gedächtnisses verbannt werden.

Der psychologische Mechanismus der individuellen Abwehr bei dieser Art von Selbstwahrnehmung ist dafür verantwortlich zu machen, dass die Unbewusstheit der arbeitsbezogenen Ich-Steuerung fortgesetzt wird und die Arbeit als scheinbar Ich-immanent erlebt wird. Die Form von Ich-Immanenz und -Konstanz wird dann als Rationalisierungsschablone für die eigene, als höchst normal empfundene Abhängigkeit von der ArbeitgeberIn herangezogen.

Wie bei der Arbeit, der Öffentlichkeit und dem Privaten zugrundeliegende gewaltregulative und -regulierende Mechanismus aussieht und erklärt werden kann, der sich kumulativ-summativ dann als Norm abbildet, ist Thema des nun folgenden Kapitels.

XV. Die Norm als generalisierte Ich-Haltung

Die Psychologie der Norm kann sich auch dieser Fragestellung nur vom Ich her annähern, das heißt, die Frage nach der Norm kann die Psychologie nur auf einer individuellen Ebene beantworten. Es ist eine diesem Ansatz entsprechende Barriere, die es sehr schwer macht, mehrere Individuen nebeneinander, synchron und auf einmal ins Blickfeld zu nehmen.

Der Nachteil dieser originär psychologischen Herangehensweise ist der die vergesellschaftete Ebene herunterspielende Ansatz, der den Ich-Anteil im Vergleich zu einer strukturellen Verursachung der jeweiligen Ich-Zustände tendenziell überbewertet. Und das, obwohl eine systemische Herangehensweise immer bestrebt ist, die gesellschaftlichen Aspekte mit in die Analyse hineinzunehmen.

Der Vorteil ist aber andrerseits, dass er die Schnittstellen der Norm *zwischen* den Individuen relativ gut ins Blickfeld rückt, wenn sie von Der Einzelnen ausgeht. Die gesellschaftlich wirksame Norm hat immer einen individuell-spezifischen Fußabdruck in den Sichtweisen und Bewertungen der vielen Ich, die sich an einander orientieren und sich beständig miteinander in Beziehung setzen und miteinander vergleichen.

A. Die Instanz der Ich-Kontrolle

Die Entwicklungspsychologie geht bei der Beschreibung der inneren und äußeren Ich-Bedingungen des (Klein)Kindes immer, zumindest implizit von einer *Mutter-Kind-Dyade* aus, die die ersten Spuren auch im Über-Ich des (Klein)Kindes legt und somit die Form einer vergesellschafteten Keimzelle darstellt. Diese Keimzelle muss also ganz ursprünglich überindividuell betrachtet werden sowie die Ich-Instanzen (und damit auch das Über-Ich) immer schon interaktionell und -subjektiv zu sehen sind, und damit immer innerhalb einer Anzahl von Ich größer 1 entstehen.

Dieser Tatbestand wird auch durch die Existenz genetisch grundgelegter, muskulärer Nachahmungsreflexe und -zwänge belegt. Das Kleinkind wie der Erwachsene übernimmt automatisch muskulär die Gesten und die Haltungen der (relevanten) Anderen. Eine ganz spezifische die Psychopathie betreffende Fragestellung wäre hier, wie diese organismisch-muskulären beständig wirksamen Nachahmungsreflexe bei gefühlskalten und empathielosen Personen neutralisiert und / oder umgelenkt wurden und werden.

Mit diesem genetisch verankerten Gestenreflex wird das Ich bei der Gestaltung und Ausstattung des Über-Ich von den primären und sekundären Vorbildern und Lern- und Leitmodellen der (frühen) Kindheit und Jugend und später von den sozialen Leitmodellen der Wahlverwandtschaften und den Leitfiguren der Öffentlichkeit, Politik und Wirtschaft, etc. bespeist und basisinduziert.

Der originäre Ort des Über-Ich / Kontroll-Ich ist also in erster Linie ganz individuell das Ich1, das eigene Ich, das in zweiter Linie vom Umfeld des Fremd-Ich, Ich2-n, beeinflusst und gesteuert wird. Die *kontrollierende Ich-Instanz*, auch als wertendes Desiderat des Fremd-Ich, ist im eigenen Ich wirksam und ist die Antwort des Ich auf die Kontrolle durch das eigene Ich und / oder auf die Kontrolle eines oder mehrerer Fremd-Ich.

So ist das Ich als zumindest indirekter Verursacher der Kontrolle immer auch in einem Fremd-Ich wirksam oder sogar handelnd und tätig. Das Ich passt sich dabei an Ihre Umwelt, die umgebenden Fremd-Ich, und wehrt es / sie gleichzeitig ab, um das eigene Über-Ich herausbilden zu können.

a. Die Belohnungs- und Bestrafungsfortschreibung des Über-Ich

Die tradierten moralischen Leitbilder transportieren quasi immunisierte Gedanken-, Empfindungs- und (Handlungs)Schemata, die vorgeben, nach welchen Gesichtspunkten und Mustern die Leitmaximen der sozialen Umwelt(en) vom Selbst *selektiert* werden. Mithilfe dieser kontrollierenden Ich-Instanz kann relativ klar zwischen ‚Ich-Soll', ‚Ich darf' und ‚Ich muss' unterschieden werden.

Das Über-Ich ist die Blaupause der Moralprinzipien der Ursprungsfamilie, die den Weg in das jeweilige Alter des Ich gefunden haben, es ist die überarbeitete Version des Eltern-Ich oder eben die genau kopierte Version der Moralvorstellungen der Eltern, die die Neuanpassungen und -interpretationen im Verlauf des menschlichen Lebens (nicht) herausgebildet haben. Die moralischen Maßstäbe werden durch belohnende und bestrafende (sprachliche) Verhaltensweisen der jeweiligen (frühen) Fremd-Ich verursacht, ausgelöst und gebildet.

Die (neuangepasste und sich anpassende) Moral selegiert die Verhaltens-, Empfindungs- und Denkweisen des Ich (und damit auch deren Kontakte zu den selektierten Personen) nach dem persönlich empfundenen *Gut und Böse*. Das Über-Ich ist somit der Filter, der darüber entscheidet, was für das eigene Verhalten, Fühlen und Denken, und wer für einen näheren Kontakt angemessen und passend empfunden wird. Somit wehrt das Über-Ich Ich-Zustände ab, die die anderen Ich kennzeichnen, wenn ein Vergleich der eigenen und anderen Über-Ich eine *entscheidende Differenz* aufweist. Gemeinsam geteilte Ich-Zustände bilden sich dann heraus, wenn sie keine oder eine nur eine untergeordnete Differenz zum eigenen, herausgebildeten Ich-Ideal aufweisen.

b. Aufbau und Destruktion des Ich durch das Ich-Ideal

Das Über- und Kontroll-Ich ist die Instanz für das moralisch Gute oder für das moralisch Nicht-Gute, das Böse, in einem, mit einem Gewissen ausgestatteten Organismus. Es kann auch als Ich-Ideal bezeichnet werden, das ein Register nachahmenswerter Ich-Zustände, die die spezifischen Realitäten begleiten oder hervorzubringen vermögen, beinhaltet.

In negativer Ausprägung treibt das Ich-Ideal deshalb die Depression vor sich her, weil es ständig die Unzulänglichkeiten, Mängel und Verfehlungen der eigenen Ich-Verwirklichungen des Selbst ausweist, bilanziert und an den Pranger stellt, wenn es von der Ich-Ideal-Vorstellung abweicht. Oder in positiver Ausprägung gibt es Grund zur Manie, wenn man davon überzeugt ist, sogar besser als alle Fremd-Ich-Ideale zu sein.

Das Ich hat hier zwei Möglichkeiten: Entweder die Vorstellungen des Ich-Ideals werden aus welchen Gründen auch immer zurückgewiesen, oder die Gestaltungsoberhoheit wird beibehalten und es wird versucht, das dabei gegebene Register abarbeitend zu erfüllen. Oder bei der tiefsitzenden Überzeugung der eigenen Grandiosität ist nichts mehr zu erreichen, abzuarbeiten oder an sich zu verändern. In diesem Fall der manisch-grandiosen Selbsteinschätzung tritt die aus anderer Sicht gänzlich unberechtigte überhebliche Selbstzufriedenheit ein und auf den eigenen Plan.

In den letzten Jahrzehnten wird das Ich-Ideal stark von der Technisierung und Digitalisierung bespeist und angetrieben, das Ich vergleicht sich und seine Fähigkeiten und muss sich vermehrt vergleichen mit dem Fähigkeitsspektrum des Computers, des Roboters, der *künstlichen Intelligenz*, den selbst fahrenden Autos und durch Programmierung selbst handelnden Maschinen. Das Schlagwort ist der dadurch ständig ausgeübte und entstehende Druck einer *Selbstoptimierung*, die sich entsprechend der rationalen und effizienten Handlungsparadigmas gestalten soll und muss.

In der Praxis sind es meist die beiden Pole der Zurückweisung und der Abarbeitung der Ich-Ideal-Konzeptionen, die gleichzeitig wirksam sind und ständig angenommen und / oder verworfen werden. Besonders die Zurückweisung alter, oftmals überholter Ich-Ideal Vorstellungen verursacht immer psychische Arbeit und gegebenenfalls auch psychische Schmerzen, die das Loslassen der lieb gewonnenen, aber auch gleichzeitig balastreichen, überindividuellen Traditionen mit sich bringen.

Betrachtet man nun die *Über-Ichs und Ideal-Ichs vieler Personen* in Einem, kommt man zu einer generalisierbaren Menge von Über-Ich-Überzeugungen, die ganze Gruppen, Gemeinschaften, Parteien, Staaten, etc., kennzeichnen und prägen. Auszunehmen sind hier wiederum die psychopathischen Persönlichkeiten, auf die diese Überlegungen nicht zutreffen, die 10%ig gestreuten Persönlichkeitsprofile verzerren in Summe ganz gewaltig den anzunehmenden Durchschnitt von normalerweise anzutreffenden Über-Ich- und Ich-Ideal-Strukturen.

Diese Über-Ich-Überzeugungen selektieren das zu Verwirklichende, in Unterschied von dem, das aus- und abgestoßen werden soll, es bildet und zerstört die Lebensentwürfe, die im eigenen Ich zur Geltung kommen sollen und wollen, wenn sie in erster und letzter Instanz vom eigenen Ich wertgeschätzt werden.

Damit kontrolliert das Über-Ich, als entwicklungspsychologisch-moralische Instanz, die Fortführung der Tradition und das Ich-Ideal – als die daraus erwachsend-erzeugten Entwicklungsziele – das Ich. Diese Verkettung psychologischer und psychischer Faktoren kann dann unter einer generalisierten (moralischen) Ich-Haltung subsumiert werden.

B. Die Abspaltungen der generalisierten Ich-Haltung

Die *Abspaltung* ist ein psychischer Abwehrmechanismus, der dem Ich die Notwendigkeit einer inneren Auseinandersetzung mit mitunter massiv-virulenten *Ich-Operationen* erspart. Die Abspaltung findet bewusst, und / oder teilbewusst und / oder unbewusst statt. Damit kann die abspaltende Ich-Operation vor näheren und / oder ferneren, auch feindlich gelagerten Ich-Anteilen schützen.

Anhand der narzisstischen Ich-Störung werden im Folgenden die Abspaltungsmechanismen veranschaulicht. Im pragmatischen Kontext ist der Unterschied, zwischen einer Person, die Morde in Auftrag gibt und die dann stattfindenden Konsequenzen von ihrem eigenen Bewusstsein ausblendet und einer Person, die Leute entlassen ‚muss', die die Schicksale der entlassenen Personen nicht an sich heranlässt, und einer Privatperson, die beschließt, sich von einem Teil ihrer FreundInnen zu trennen und das mit Ausblendung, Ignoranz und Konzentration auf andere Dinge meistert, zentral.

Da die später kurz ausgeführten psychoanalytischen Theorien zum Narzissmus die Gewaltdimension aufgrund eines Beschreibungsdefizits materieller Bedingungen nicht oder nur marginal behandeln, ist es also beim Narzissmuskonzept der rein psychologischen Vorgänge sekundär, wie die *Materialität* ihrer narzissmusbedingten sozialen Handlungen aussieht.

So kompliziert und gleichzeitig treffend die psychoanalytischen Narzissmuskonzepte auch sein mögen, sie müssen sich mit einer Scheinneutralität den Vorwurf einer alltags- und politpragmatischen Ignoranz gefallen lassen. Dieser Aspekt drängt sich auf, wenn man die vielen leidertragen-müssenden Opfer der pathologisch narzisstischen Führungspersonen in den Blick nimmt.

Hin zur Bedeutsamkeit der sozial gesetzten Handlungen und weg von den psychologischen Rationalisierungen mit sozial wirksamen Rechtfertigungscharakter: In jedem Fall wird von der VeranlasserIn und TrägerIn der oben skizzierten Handlungen, die zentral von *bestimmten, spezifischen Modi der Abspaltung* begleitet sind, *sozial wirksame Gewalt* ausgeübt. Auf einer Skala von 0 bis 10 wäre der oben erwähnte letzte Handlungstyp, der sozialstrukturelle Gewalt durch eine Trennung von einem Teil seiner FreundInnen erzeugt, auf 2 einzustufen, der erste gewalterzeugende Handlungstyp auf 10.

Im realen Leben steht hauptsächlich die materielle Konsequenz einer durch die eigene Entscheidung vom Stapel gelassene Handlung im Vordergrund, sie ist es nämlich, die lebenswerte Bedingungen für sich selbst und die relevanten Anderen erzeugt und / oder (gleichzeitig) zunichtemacht.

Die jeweiligen Praktiken fördern Gewalt, nämlich dann, wenn die Form der Praktiken in der oben beschriebenen Art und Weisen stattfinden, die mit der Skala von 0 bis 10 kategorisiert wurden. Im unteren Bereich der Skala wird die alltägliche Gewalt in symbolisch-fantasiegebundene und fantasieimmanente Bahnen gelenkt, die für eine moderne Demokratie unerlässlich, in hohem Ausmaß erstrebenswert ist und die deren zentralen Charakterzug ausmachen.

Die damit einhergehende, mehr oder weniger bewusst stattfindende Abspaltung wird von der traditionellen Psychologie vornehmlich aus einem Ich-Zustand-zentrierten Gesichtspunkt analysiert, der seit S. Freud in unbewusst-vorbewusst-bewusst kategorisiert wird. Prinzipiell wäre ein psychisches Überleben ohne Abspaltung nicht denkbar, auch im Sinne einer Reduktionsnotwendigkeit von sozialer Überreizung, der Psychoanalyse geht es aber vornehmlich darum, die unbewussten und teilbewussten Anteile so weit wie möglich ins volle Bewusstsein zu migrieren.

Die Summe der bewussten und gezielten Abspaltungen – als Teil von insgesamten (un)bewussten Ich-Haltungen, die eine Sozietät im Ganzen favorisiert, können als die *generalisierten Abspaltungsmodi* bezeichnet werden, die das Ich wie das Fremd-Ich gleichermaßen betreffen und erfassen.

Die Muster gesellschaftlich üblicher *Abspaltungspraktiken*, die bestimmte Ich-Zustände der Fremd-Ich ausblenden, zeigen sich dann in den jeweiligen Formen einer generalisierten Ich-Haltung, die durch die durch die Leitfiguren vorgegebenen und operierten Belohnungs- und Betrafungsschemata am Leben erhalten und perpetuiert werden.

Am Leben erhalten und perpetuiert werden sie mittels der klassenspezifisch wirksamen *Belohnungs- und Bestrafungspraktiken,* die der Libido der Einzelindividuen, je nach biographischer und beruflicher Geschichte, die Verhaltensmuster einschreiben, die in besonderem Maß von den relevanten Anderen, die die Praktiken der zentralen Leitfiguren am effektivsten und effizientesten fortschreiben, geprägt werden.

Die gesellschaftlichen Belohnungs- und Bestrafungspraktiken geben der Libido der vielen Einzelnen deren verbindlichen, nicht optional zu nehmenden Kurs der eigenen Entfaltung und der für sie optionalen Triebabfuhrkanäle vor.

a. Narzissmussstörung als Fremd-Ich abspaltender Ich-Zustand

Der neoliberale Zeitgeist züchtet, hypt und zelebriert das individualisierte Ich, Die vermeint, endlich über Ihre familiär-sozialen Bande hinausgewachsen zu sein. Es mag den Bindungen und Verpflichtungen der Großfamilie entkommen und entwachsen sein, es ist aber nicht erhaben über deren inhärente Störungen, die über die Generationen weitergereicht werden und die jetzt neu dazu ausgebildet werden.

Die Ich-Störung, auf der der Zeitgeist aufsetzt, ist die narzisstische Störung, die durch den Mangel an authentisch-empathisch zugewandten Ich-Fremd-Ich Austausch und Bezug, vor allem in der frühen Sozialisation, aber sekundär auch durch bestimmte ausgeformte Interaktionspraktiken entsteht.

In dem nun Folgenden stehen die ontogenetisch frühen Gründe einer Ich-Abspaltung im Vordergrund, die später in einer dementsprechenden Abspaltung des Fremd-Ich münden, die die Narzissmusforschung thematisiert und theoretisch-psychodynamisch auslotet und durchleuchtet.

Das Narzissmuskonzept ist das zentrale Konzept der zweiten Hälfte des 20. Jahrhunderts, es kann als die bis heute jüngste und weitreichendste Errungenschaft der Psychoanalyse bezeichnet werden und ist kompliziert und detailliert angelegt worden. Es sind die AnalytikerInnen S. *Freud*, Die den Narzissmus vornehmlich als einen grundlegenden Mechanismus des gesunden Ich beschrieben hat (vgl. Kohut 1973, S 513ff), und zentral *Kohut* und *Kernberg*, die das Konzept auf pathologische Ich-Zustände ausgeweitet haben. So unterscheiden auch eine Reihe weiterer PsychoanalytikerInnen *zwischen normalem und pathologischem Narzissmus* (vgl. Wikipedia, ‚Narzisstische Persönlichkeitsstörung').

Alle psychoanalytischen AutorInnen sehen die libidinöse Versorgtwerdensfunktion in der Kindheit als zentral und Weichen stellend für den weiteren (auch pathologisierten) Entwicklungsverlauf von Persönlichkeiten.

In der Kindheit bilden sich die Muster dieser Ich-Regelung und Regelbarkeit der eigenen Kohärenz aus, und …

> „die spezifische Wechselbeziehung zwischen dem Kind und [Ihrer] Umgebung .. [wirkt sich] .. auf die Kohäsion des Selbst und die Formation idealisierter psychischer Strukturen fordernd oder hindernd aus … (vgl. Kohut 1973, S 513ff)"

Es sind die Eltern, vor allem die Mutter, die positiv durch ihre warme, menschlich-libidinöse Zuwendungskonstanz ein Ich libidinös grundlegend und psychohygienisch gesund durch ihr liebendzugewandtes Verhalten, durch die volle psychohygienisch bemessene Integration ihrer eigenen Grenzen und der Grenzen des Kindes in das interaktive Geschehen, usw. ausstatten (können). Auch die Mütter verhalten sich in Reaktion auf die von ihnen erfahrenen Sozialisationsmuster.

Die Produktion gesunder Entwicklungsbedingungen ist somit unmittelbar und mittelbar ursächlich an die Entwicklungsbedingungen der vorigen Generation gekoppelt, was die insgesamte Problematik bei der Herstellung psychohygienischer vorteilhafter Bedingungen bei der Sozialisation und beim Aufwachsen von Persönlichkeiten verdeutlicht.

Diese Koppelung sämtlicher Generationen an- und miteinander bezüglich des Erreichens von positiven Entwicklungszielen ist für die lange und langsame psychodynamische Veränderungsmöglichkeit der menschlichen Spezies insgesamt ursächlich verantwortlich zu machen.

Die AutorIn der einleitenden Zusammenfassung des Artikels von Kohut (siehe oben) schätzt den Themenbereich des Narzissmus historisch so ein:

> „Kohut glaubt, daß die Überwindung der Fehleinstellung zum Narzißmus heute ebenso bedeutsam sei wie die der Fehleinstellung zur Sexualität vor hundert Jahren."

Das Narzissmus Konzept ist sehr weit gespannt, es analysiert Ich-Zustände als *Ich-Eigenschaften,* die bei politischen Autokraten, die Morde zur Absicherung ihrer Macht in Auftrag geben, bei kriminell agierenden Managern und beim Alltagsmenschen zu finden sind.

Die behandelten Ich-Eigenschaften der Narzissmusforschung

Zur narzisstischen Ich-Regulation schreibt die Wikipedia (die AutorInnen Horney, Freud und Winnicot, siehe Literaturverzeichnis, zitiert nach Wikipedia), Sie nähern sich dem Konzept und dem Komplex der (Selbst)Liebe an und spezifizieren ihn:

> „Karen Horney unterschied 1939 drei Subtypen von narzisstischen Charakteren (aggressiv-expansiv, perfektionistisch, arrogant-rachsüchtig) und nahm eine genaue Unterscheidung zwischen gesundem Selbstbewusstsein und pathologischem Narzissmus vor, wobei Narzissten sich insbesondere da selbst lieben, bewundern und wertschätzen, wo gar nichts liebenswert sei. Anders als Freud hielt Horney Narzissten für unfähig zur Liebe, einschließlich der Liebe zum tatsächlichen Selbst; konsequenter als Freud ging sie davon aus, dass die narzisstische Grandiosität eher auf Defensive als auf authentischer Selbstliebe basiere … Donald Winnicott folgte ihr 1965 und charakterisierte Narzissten als Personen, die sich schützend mit einem grandiosen falschen Selbst identifizieren … Als Ursache für diese Reaktion hatte

> Annie Reich bereits 1960 die Unfähigkeit des Narzissten bestimmt, sein Selbstwertgefühl autonom zu regulieren, und zwar aufgrund wiederholter traumatischer Erfahrungen, die in ihm ein hartnäckiges Grundgefühl von Schwäche und Machtlosigkeit erzeugt habe."

Zur psychisch defizitären Grundlegung des pathologischen Narzissmus bzw. der nachhaltigen Narzissmusstörung schreibt die Wikipedia (die PsychoanalytikerIn Kernberg siehe Literaturverzeichnis nach Wikipedia):

> „Kernberg verstand den pathologischen Narzissmus als die Folge einer Erziehung durch empathielose, emotional eigennützige Eltern, die dem Kind mit Ablehnung und Kälte begegnen und ihm ihre Aufmerksamkeit nur dann schenken, wenn dies ihren eigenen Bedürfnissen entspricht. Kompensatorisch entwickelt das Kind ein grandioses Selbstkonzept. Dieses dient [Ihr] als der Rückzugsort, an dem es die Bewunderung, die [Ihr] von den Eltern nicht geschenkt wird, wenigstens in [Ihrer] Phantasie imaginieren kann. Daneben bleibt jedoch das negative Selbstbild bestehen, das das abgelehnte Kind von sich selbst hat; dieses wird abgespalten und hinterlässt einerseits ein Gefühl von Scham und Leere, andererseits einen unstillbaren Hunger nach Bewunderung und Aufregung."

Die ontogenetisch frühen Gründe der Ich-Abspaltung und der späteren Fremd-Ich Abspaltung

Pathologisch-maligner Narzissmus bedeutet eine *Blockade* der innerpsychischen Möglichkeiten der *libidinösen Fremdliebe-Objekt-Besetzung* (vgl. Kohut 1976, 96f) und beruht gemäß Kernberg (2016, S 62) unter anderem darauf, wie Sie es auf den Punkt bringt, dass ...

> „... ein Kind nicht geliebt, aber bewundert wird für Dinge, die für andere bewundernswert sind. Das Kind, das bewundert wird, aber nicht geliebt, muss fürderhin bewundert werden, und es sieht alles Bewundernswerte in sich selbst, weil nichts von außen zu erwarten ist."

Liebe sollte mit menschlicher und personenangemessener libidinöser Ich-Fremd-Ich-Ich Zuwendung übersetzt werden, die ist zwar in Reinform für die menschliche Spezies kaum erreichbar, es macht aber einen Unterschied, ob ein Ich bestrebt ist, sich selbst in eineR anderen prototypisierend zu verwirklichen oder im Gegenteil bestrebt ist, gegenüber einer anderen Person sich möglichst neutral und tendenziell deren Ich-Eigenschaften gegenüber prinzipiell positiv zu öffnen. Der eigenen (Un)Fähigkeit zur libidinösen Zuwendung ist es dann im zeitlich weiteren Zusammenhang zu danken, ob defizitäre Wahrnehmungs-, Handlungs- und Reaktionsmodi sich über die Generationen hinweg reproduzieren oder nicht.

Ich-Kohäsion und -Kohärenz als Zentrum narzisstischer Wahrnehmungs-, Handlungs- und Reaktionsmodi
Vereinfachend und schematisierend ausgeführt, steht beim Narzissmuskonzept die permanente Herstellungsnotwendigkeit der eigenen Ich-Kohärenz im Mittelpunkt. Ich-Kohärenz muss sich im eigenen Innen des Ich und zwischen dem Außen und dem Innen eines Ich immer wieder herstellen lassen und muss durch das Ich, selbst mittels libidinös gesteuerter und sich steuernder Ich-Operationen veranlasst, ausgeglichen und immer wieder hergestellt werden.

Im Zentrum der Herstellbarkeit des eigenen narzisstischen Gleichgewichts steht die Frage, wie ein narzisstisch gekränktes Ich seine innere Kohärenz wieder herstellt und herstellen kann. Sind in der Kindheit die eigenen liebeerwartenden Ich-Zustände beständig frustriert worden, werden weitere Ich-Kränkungen mit Abspaltung ausgeglichen und es werden andere Bereiche des Ich kompensatorisch aktiviert, die die alten Bedingungen in aktuellen Interaktionen fortschreiben.

Die innere Kohärenz eines Ich mit einer narzisstischen Persönlichkeitsstörung ist in Frage gestellt, wenn statt Bewunderung zugewandte Liebe von der äußeren psychischen Umwelt erfahren wird und statt des eigenen defizitären, *Aufmerksamkeit einfordernden Exhibitionismus* bloße eigene Ich-Hilflosigkeit und Abhängigkeit bei der Resonanz zugewandter Liebe eintreten würde. Selbst ein neutrales Entgegenkommen der psychischen Außen- und Umwelt muss daher abgespalten werden und in die bekannten Gedächtnisspuren und -bahnen des Liebesersatz durch Bewunderung gelenkt werden.

Die immerwährend und konsequent an die Umwelt ausgesendete Botschaft des *sekundären Narzissmus* (vgl. Fiedler 2007) ist: ‚Du musst mich bewundern, und bekommst von mir dafür keine Zuwendung'; es ist eine auch später, sekundär herausgebildete asymmetrisch-schräge Ver- und Aushandlungsbeziehung, die zu einer durchgehenden Ich-Haltung verkommen ist und sich eingeschliffen hat. Man kann sich diese schräge Interaktionsfigur als uraltes, über Jahrhunderte übertragen-geformtes Gesteinskonglomerat veranschaulichen.

Der österreichische Bundeskanzler S. *Kurz* ist gemäß Ihrer Gesamterscheinung in der Öffentlichkeit und den von ihm gesetzten politisch wirksamen Handlungen, sehr gut zumindest einer spezifischen, sekundären Narzissmusdiagnose zuordenbar.

Strukturell-interaktive Kennzeichen des Narzissmuskonzepts
Wenn man pragmatisch-schematisch von einer Zuwendung von 100% ausgeht, dann wäre idealtypisch für einen psychisch gesunden Ich-Haushalt für die Fremd- und die Eigenliebe von kleiner gleich 50% anzunehmen. Dieser Anteil ist bestenfalls in intimen Liebesbeziehungen möglich. Überwiegt ein Anteil dieser beiden Ich- / Fremd-Ich-Liebes- und Aufmerksamkeitsanteile mit über zum Beispiel 80%, dann ist ein psychohygienisch – für das Ich und das Fremd-Ich – dysfunktionales Gleichgewicht zu postulieren, das in der Angriffs- / Verteidigungspolarität im früheren Kapitel in und zu den Polen als überwiegend fremd- und selbstschädigend ausgewiesen wurde.

Es ist quasi die Verordnung aller eigenen Mittel für die Erhaltung der narzisstisch pathologisch-pathogenen Personen, nämlich wird und ist Die Unterworfene auf die Ziele des narzisstischen Fremd-Ich fixiert, das vorgibt, für die Interessen der anderen da zu sein, auf faktisch-libidinöser Ebene aber genau das Gegenteil impliziert und bewirkt.

Zugrunde liegt dabei eine völlig asymmetrische interaktionale Figur, die in den Köpfen und Gefühlen der Unterworfenen die Illusion einer ertragreichen Symbiose mit der Leitfigur, dem narzisstischen Fremd-Ich, enthält.

Je mehr fremdschädigende Liebe zu Lasten der (relevanten) Anderen eingesetzt und zur Geltung gebracht wird, desto mehr selbstschädigende Fremdliebe wird dadurch bei den durch den pathologischen Schädigenden in der psychischen Umwelt erzeugt und dieses Verhältnis der vielen Ich ergibt in gegenseitigem Schulterschluss eine generalisierte Ich-Haltung, die auf einer Komplementarität dem psychisch-libidinösen Ausbeuten der einen einerseits und dem psychisch-libidinösen Ausgebeutet-Werden der anderen andrerseits beruht.

Zentral beim Narzissmuskonzept zu exemplifizieren ist der Spannungsbogen, der psychopathologisch überhöhten Narzissmus und die für die Psychohygiene fundamental notwendige Ich-Liebe und -Zentrierung verbindet. Das *Narzissmus-Konzept* ist, wie bereits an früherer Stelle angedacht, ein homöostatisches Regelungskonzept und Regulativ, das darüber bestimmt, wie viel libidinöse Aufmerksamkeitsanteile nach innen und / oder nach außen verteilt werden.

Psychohygiene, Psychotherapie und Demokratie fokussieren im Speziellen den Grat hin zur Psychopathologie, die in modernen Gesellschaften fortwährend präsent ist und ein psychohygienisches Zusammenleben gefährdet und vergiftet.

Regelmechanismen und pragmatische Abwehr der narzisstischen Persönlichkeitsstörung durch die psychische(n) Umwelt(en)
Soweit die AutorIn sich in dieses weitgehend psychoanalytische Konzept des Narzissmus einlesen konnte, bleibt nach deRen Auffassung *ganz allgemein* und auf sämtliche Persönlichkeitsstörungen das primär auf frühkindlich erworbenen Defiziten aufbauende und bezogene Konzept den persönlichkeitspsychologischen Erklärungsversuch schuldig, der zwischen in höchstem Maße psychisch defizienten NarzisstInnen und in höchstem Maße traumatisiert-beeinträchtigten Opfern der NarzisstInnen unterscheidet.

Wenige Narzisst(Inn)en, die das in deren Kindheit erfahrene psychische Ungemach wieder in Ungemach und Unrecht und darüber hinaus gegenüber anderen umsetzten und ausleben, stehen vielen Opfern gegenüber, die das Spektrum der leidenden Selbstaggression nicht verlassen können.

So wertvoll und unerlässlich diese konzeptuelle Grundlage für das Verständnis narzisstischer Persönlichkeitsstörungen ist, es sollte nicht darüber hinwegtäuschen, dass der alltagspragmatische Umgang mit dieser Form von Persönlichkeitsstörung harte Anforderungen an die *angemessene Eigenliebe der Mitmenschen* stellt.

Wenn die Mitmenschen über ein geregelt-balanciert-gesundes inneres Ich-Management verfügen, bedeutet dass, das es erstens um den Schutz der eigenen Libido und zweitens über ein sehr hartnäckig zu verfolgendes Design angemessener Reaktionen und Handlungen im sozialen Verbund und Alltag geht, wozu es häufig eines erfolgreichen-konzertierten Zusammenwirkens *einer ganzen Mitwelt* bedarf. Es kann eine Vielzahl von AkteurInnen bedürfen, um eine notwendig gewordene Bloßstellung immer wieder desselben *Grandiositätsexhibitionismus* durch ein energisches und zielgerichtetes Entgegentreten zu erwirken.

Als passiv erwartender eigener Persönlichkeitszug wäre das Ich-fremde narzisstische Persönlichkeitssyndrom durch eine normal-empathische psychische Umwelt zu verkraften und zu verarbeiten, meist tritt dieses Persönlichkeitssyndrom aber zusammen mit der permanent penetranten und mitunter auch wahnhaft betriebenen eigenen Grandiosität auf, der über perfide Methoden der Fremd-Ich Manipulation verfügt, die dem Fremd-Ich das eigene Anspruchs- und Berechtigungsdenken der eigenen Ich-Ich-Ich Weltsicht konfrontativ, infiltrativ und / oder gänzlich undeklariert und verschlagen aufzuoktroyieren.

Alltagspragmatisch muss daher ein genauest zu vollziehender Unterschied gemacht werden zwischen einem Autokraten, der mehr oder weniger selbst Morde in Auftrag gibt, und der Person D. Trumps, der in hermetisch abgeschlossener narzisstischer Manier andere in die von ihm psychotisch instrumentalisierte Kriminalität treibt (diese über den Tisch Kommandierten sitzen dann dafür Jahre im Gefängnis, wobei ihm selbst nichts Unrechtliches nachgewiesen werden kann), und einem zur Zeit gegeben-gehypten *durchschnittlichen fremdschädigenden, narzisstischen westlichen Identitätsentwurf*.

Das häufig höchst pathologisch-narzisstische Leittier, das durch seine Störung einen Schatten zumindest psychischer Gewalt um sich und vor sich herwirft, verfügt nicht über eine positive Form des Größenselbst, sondern über

„eine schnelle Überbesetzung eines archaischen, grandiosen Selbstbildes (Kohut 1976, S 161f), das durch Feindseligkeit, Kälte, Anmaßung, Sarkasmus und Schweigen ... "

als einer egalitären Verständigungsform ständig in den Weg gerammte libidinöse Selbst- und Fremdblockade.

Der öffentliche Narzissmus-Diskurs

Der zurzeit gängige Narzissmus-Diskurs schärft den Blick auf psychopathologische Persönlichkeiten, deren Methoden, deren Macht und deren Destruktivität. Dieser Diskurs ist möglich geworden, weil in der Bevölkerung bereits ein relativ umfangreicher Kenntnisstand zu dieser Thematik besteht und vorliegt.

Auf der anderen Seite zeigt der Diskurs aber auch die Relativität dieses Konzeptes auf, das große Übung und Diagnosekenntnis erfordert, um die Nuancen dabei nicht zum unbegründeten Vorwurf als erneuten, sonst unbegründeten Kontroll- und Beeinflussungsversuch von stark manipulierenden NarzisstInnen verkommen lässt. Auf jeden Fall meint das in Mode gekommene Schimpfwort der NarzisstIn den fremdschädigenden Ich-Zustand der Eigenliebe, der weit über die 50% einer insgesamt ausgewogenen egalitären Gesamtliebe hinausgeht.

Juristische und psychologische Kennzeichen des pathologisch-narzisstischen Ich-Zustands

Was die psychoanalytischen Konzepte liefern, ist der oft feine Grad zwischen Pathologie und gesunder, erstrebenswerter Normalität, die eine moderne Gesellschaft zu realisieren versuchen sollte, in Abgrenzung gesellschaftlich zu brandmarkender, vormoderner Ich-Entwürfe und -Zustände, die bei Führungspersonen politischer, wirtschaftlicher, institutioneller und zivilgesellschaftlicher Provenienz bis heute Gang und Gebe sind, die gesellschaftlich befördert werden und die mit ihrer kriminellen Ausrichtung nicht verfolgt und daher *unrechtens* gänzlich unbescholten bleiben (vgl. Dammann 2007).

Das pathologisch narzisstische Persönlichkeitssyndrom kann auch so charakterisiert und psychologisch auf den Punkt gebracht werden: Ein zumindest libidinöser Aggressor erhebt seinen Anspruch an Die andere, Die sein Eigentum als AufmerksamkeitsspenderIn für das eigene Ich sein zu hat.

Das bedeutet, das für das Fremd-Ich gewaltsame Ich spaltet die Eigenständigkeit des Fremd-Ich ab und aus und gibt sich gänzlich Ihrer ‚purifizierten Lust' (Freud 1915, zitiert nach Kohut 1973, S 540) mit und über sein grandioses Selbst hin.

Die alte Gleichung heißt: Wer gewaltsam ist und mit deR anderen vorgeht, kann sich gesellschaftlich gut durchsetzen. Indem eine Person alle psychischen Ressourcen ihrer Umwelt durch asymmetrisches, nicht empathisches Handeln auf sich selbst zentriert, ‚gelingt' ihr die Abspaltung der Fremd-Ich-Zustände und deren Interessen.

Unter anderem ist dieser Prozess für den *Hass* als Reaktion auf die Abspaltung verantwortlich zu machen, der auf die eigene narzisstische Verletzung des pathologisch narzisstisch verletzenden Fremd-Ich stattfindet.

b. Zwangsstörung als Libido abwehrender Ich-Zustand

Wenn die zuletzt als deutsche FinanzministerIn tätige *W. Schäuble* meinte, im Namen der deutschen BürgerInnen, deren Geld er freimütig für diese verwaltet, über drei Millionen GriechInnen eine Finanzsperre mit stark lebensverkürzendem ‚Seiteneffekt' im Namen der EU verhängen zu müssen, dann entspricht das einer gewissen, ganz bestimmten ‚Über-Ich / Unter-Ich Haltung', die ganz gezielte Gewalt auslöst und impliziert. Diese Form der Gewalt ist in diesem Fall deutschlandsintern kaum spürbar, -extern aber als gewaltsamer Eingriff erfahrbar.

Je näher die Betrachtung auf die Ich-Zustände von PolitikerInnen der Gegenwart bezogen wird, desto mehr steigt die Involvierung der eigenen Ich-Zustände, damit wird die nach außen diagnostizierte Persönlichkeitsstörung für das eigene Ich und deRen Wertorientierung geltend und spürbar. Fremddiagnosen sind daher auch für die Wahrnehmung des eigenen Ich und die Bewertungen der eigenen Handlung aussagekräftig und bedeutsam.

Die normativ wirksamen Zwänge, die häufig von den gesellschaftlich-politisch-wirtschaftlichen Leitfiguren veranlasst werden, zeigen, wie die fließen wollende Libido zugerichtet, havariert und devastiert werden kann.

Damit der pathologische Narzissmus der Leitfiguren aufrechterhalten werden kann, benötigt es effiziente soziale Operatoren, die über die zwanghafte Exekution und den *zwanghaften Libidoentzug* der Unterworfenen wachen. Diese Arbeitsteilung ist immer wieder beobachtend zu fixieren, um die sozial resultierenden Bewertungen vornehmen zu können.

Der externe Zerstörungs- und Geißelungsdrang wird getarnt mit einer Mitmenschlichkeit des Anstands, die dem eigenen und fremden sozialen Gewissen bezüglich von in der Ferne befindlichen Anderen nur einen gewissen Raum zugesteht. Die Spannung und der Widerspruch zwischen dem vorgeführten Anstand und dem stark verringerten sozialen Gewissen führt zu einem inneren Konflikt, der nur im Zwang sein eigentümliches, libidinöses Gefühls- und Handlungskonglomerat als Endresultat finden kann.

Zur Gehirnphysiologie der Zwangsstörung

Die hier vertretene psychoanalytische Hypothese eines vorliegenden Zwanges hätte sich wahrscheinlich durch die eigentümliche Aktivitätssteigerung bestimmter Hirnregionen, zum Beispiel auch bei der Person *W. Schäubles*, zeigen lassen.

Zaudig / Hauke / Hegerl (1998, S 41f) beschreiben pathogenetische Modelle der Zwangsstörung, die die orbitofrontale Überaktivität als Folge einer Dysfunktion im Bereich der Basalganglien interpretieren. Das führt nach Meinung der AutorInnen zu einer ungenügenden Hemmung der medialen Thalamuskerne und der positiven Rückkopplung zwischen orbitofrontalem Kortex und Thalamus.

> „Durch eine verstärkte direkte oder indirekte positive Rückkopplung zwischen orbitofrontalem Kortex und Thalamus werden motorische / oder kognitive Schablonen aktiviert (s.o. S 42)."

Dass die hirnphysiologischen, pathogenetischen Modelle nicht so falsch liegen, zeigten neurochirurgische Durchtrennungen umrissener Teile des orbitofrontalen Kortex, die zu einer Besserung von Zwangssymptomen führten (s.o.). Unklar blieb und bleibt jedoch, wie spezifisch und genau der Zusammenhang zwischen orbitofrontaler Hyperaktivität und Zwangssymptomatik ist.

Kognitiv und emotional den Zwängen zuordenbar ist die Gewalt ausübende Ich-Haltung vornehmlich von (gesellschaftshonorigen) Männern, die automatisiert reflexhaft ein spezifisches Bestimmungsverhältnis zu bestimmten, adressierten Lebensbedingungen hauptsächlich der entfernteren Fremd-Ich einnehmen und wirksam werden lassen.

Natürlich muss beim Beispiel des früheren deutschen Finanzministers das institutionelle Umfeld, das Handeln ohne Gewissen nicht nur legitimiert, sondern auch vorsieht und vorschreibt, in Betracht gezogen werden.

Trotzdem sind Handlungen in staatlich-parlamentarischer Funktion auch individuell zu bewerten, obwohl das beliebige Isolieren und Erfassen einer Person und deren Bewertung schwierig und kompliziert logisch richtig und angemessen zu bewerkstelligen ist. Denn doch gibt es bei jeder PolitikerIn persönliche Referenzpunkte, für die Sie und nur Sie auch individuell verantwortlich zu machen ist und bei Ihren Haltungen charakterisierbar ist.

Generell und pars pro toto wären konsequente, perfektionistische, linientreue AkteurInnen von den repräsentierenden AkteurInnen zu unterscheiden, die von ersteren profitieren. Von einem moralischen Gesichtspunkt aus ist diese spezifische Rollenaufteilung aber nicht unterscheidbar und daher müssten die aufeinander eingespielten RollenpartnerInnen in ihrer Komplementarität gemeinsam zur Rechenschaft gezogen werden. Nachdem der Narzissmus zuvor behandelt wurde, ist es jetzt Die zwanghafte Ausführende Diejenige, die jetzt ins Blickfeld genommen wird.

Arbeitsteilung zwischen pathogenem Narzissmus und Zwangsstörung
Oben wäre die generalisierte Ich-Haltung der pathologischen Narzissten, die zum Beispiel recht wahrscheinlich von KapitaleignerInnen verkörpert sein können, und *unten* die generalisierte Ich-Haltung der permanent libidinös Geprellten, die über gesellschaftlich gekürte ZwangsexekutorInnen, die eine honorierte Leitbildfunktion (*oben*), bezüglich der Umsetzung und Aufrechterhaltung von

der Libido entblößten Lebensentwürfen innehaben und effektiv-effizient ausüben (lassen) müssen. Der Zwang der einen hält den pathologischen Narzissmus der anderen am Laufen und beide Ich-Zustände generieren sich wechselseitig, automatisch und autopoietisch. Diese beiden psychischen Eigenschaftsmerkmale zusammen ergeben den libidinösen Kahlschlag für alle übrigen Personen, die dieser synergetischen Morbidität hilflos ausgeliefert sind und deren Folgen ganz ich-nah zu (er)tragen haben und am eigenen Leib zu spüren bekommen.

Ausgehend von diesen sehr kurz umrissenen charakteranalytischen Grundannahmen eines Zusammenwirkens, das in einer Gesellschaft von oben nach unten ausstrahlt, könnte jetzt die nach unten transportierten normativen Wirksamkeiten ausdetailliert werden, was hier nur kurz angedeutet wird.

Mittels einer solchen Arbeitsteilung werden die normativ wirksamen Entscheidungen und Handlungen einer Libido- und Empathieabwehr von oben nach unten leitbildhaft gegenüber EU-Mitgliedern exekutiert und finden dann ihren Weg in die generalisierten Ich-Haltungen der Unteren, die auch in der Mehrzahl dann ganz selbstverständlich die Lebenslagen von anderen, ‚weit entfernten' EU-Mitgliedern abspalten. Das findet durch die Leitfiguren und den Geleiteten statt und wird prozesshaft und juristisch strukturiert von oben nach unten weitergegeben und übertragen.

XVI. Das Narzissten / Psychopathen-Idealisierungs-Gleichgewicht

Bei diesem Punkt ist die AutorIn bestrebt, eine soziale Gesetzmäßigkeit zu skizzieren, die die einfache Richtung einer Analyse vorgeben will, die fast zu banal ist, um in einer wissenschaftlichen Lektüre behandelt zu werden. Die Richtungsvorgabe einer Analyse muss sich nicht und sollte sich auch nicht durch eine nebulose, scheinbar wertneutrale Komplexitätsanforderung, die dann als Wissenschaft ausgegeben wird, einschüchtern lassen.

Soziale Phänomene, wie zum Beispiel die allgemeine und politische Sündenbockzuschreibungstendenz sind nicht kompliziert, sondern sehr einfach, in praxi sehr effektiv und wirkungsvoll und deren Beschreibung richtig, wahr und notwendig. Sie zählt zu den sehr, sehr umfangreichen und riesigen psychologischen Mechanismen, die historisch (leider) regelmäßig wiederholt auftreten und die sehr, sehr kleindimensioniert bereits in einer Kleinfamilie beobachtbar sind.

Die Sündenbockzuschreibung und -exekution findet in einer kaum zu steigernden Völkerrechtsverletzung nur allzu häufig ihren Ausdruck, und in einem psychologischen Sinn liegt in diesem Fall ein nationales, völkisch-narzisstisches Wahngeschehen mit einer exzessiven Gewaltregression vor, bei welchem Pogrom ganzer Volksgruppen ein nie wieder zu heilendes, schreckliches Zeitzeugnis darstellen müssen.

Vor allem ist das fast allseitig geteilte Idealisierungsverhältnis neben den gewaltsamen Exekutionsmaßnahmen ein zentraler Erklärungsbestandteil der linientreuen Gefolgschaft von Psychopathen und Narzissten, die die Pogrome im Namen letzterer exekutieren muss und exekutiert.

Auch diesbezüglich sollte die sozialwissenschaftlich-psychologische Wissenschaft immer die Wahl haben, auch hin- und nicht immer nur wegzusehen und ganz deutlich und öffentlich wirksam Einspruch zu erheben. Sie kann oder vielmehr könnte ihr machtdynamisches Erklärungssetting auch ganz effizient zur Verhinderung eben dieser Pogrome in der internationalen Öffentlichkeit stark machen.

So ist auch psychologisch ganz grundlegend festzustellen, dass sich die durchschnittliche BürgerIn, VerbraucherIn und MitarbeiterIn häufig in einem habituellen Verhältnis des Fürchtens und Verehrens zum zumeist (massiv) libidinöses Defizit erzeugenden Dissozialen befindet.

Die durchschnittliche Dissozialität von Leitfiguren fußt auf den politischen, wirtschaftlichen und die Arbeitssphäre fundierenden Grundmaximen, auf denen die jeweilige Gesellschaftsform aufbaut und ist als zentraler Bestandteil nicht nur nicht angreifbar, sondern gänzlich als integrale Normalitätsgrundfeste gegeben. Dissozialität ist ein valider Bestandteil eines Persönlichkeitsprofils, das den so genannten Leistungskräftigen zugeschrieben wird, bei welchen deren Leistung angeblich tagtäglich beobachtbar sei. Meist bleibt diese Leistung aber weitgehend ungeprüft im Dunkeln und harrt noch der stringenten wissenschaftlichen Messung, die die unerwünschten Seiteneffekte und Schäden und Schädigungen der effektiven Führungsleistung ebenfalls mit zu quantifizieren sucht.

Darüberhinausgehend wird das Dissoziale in diesem, seinem grundlegend akzeptierten Charakter gesellschaftlich meist deshalb nicht entblößt und erkennend enttarnt, weil er gleichzeitig ein zentral gehyptes Kultobjekt darstellt, das gezielt von Kritik und shitstorm freigehalten wird.

Die Führungsfiguren entrollen ihr eingelerntes Programm und verkörpern ihre Verhaltenslogik und Handlungen für die Unteren auf psychologisch äußerst banale extravertierte Art und Weise, das meist nicht so leicht decodierbar ist, weil sie von gesellschaftlich gegeben-wirksamen Bewertungen begleitet und flankiert werden.

Sie / wir sind in das Spiel der Dissozialen libidinös-existentiell verwickelt dergestalt, dass sie / wir in ihre / unsere eigene Verwertung verwickelt und involviert sind und die oftmals in Unkenntnis und / oder in einer innerlich-äußeren Ausweg- und Alternativlosigkeit einer allgemein gegebenen Situation die eigene, bodenlose Verwertung mitverursachen, mittragen und aktiv mit betreiben.

Die Unteren sind die verlängerten Arme von dissozialen Prinzipien und vollziehen Bedingungen, die ihnen selbst, zumindest in vermittelter Form, schaden. Das geschieht unter dem Zuspruch einer minderen Beteiligung am Gewinn und einem Nutzen, der in einer in der Dyade gedachten Verhandlungssituation meist als zentral verführendes Merkmal herausgekehrt wird.

Der im Sozialsystem eingebettete pathogene Narzissmus

Narzissmus, der eine einseitig nach außen zu Buche schlagende, eine durch nichts zu begründende Bringschuld der übrigen aufweist und provoziert, wird als psychisch-pathologische Deformation von wenigen durch die Idealisierung der vielen komplementiert.

Solange der pathologische Narzissmus ‚von unten' autoritätshörig bespeist wird, werden die wenigen Narzissten nicht aufhören, ihre Interessen zu Lasten der vielen durchzusetzen. Wenn die Unteren, vornehmlich Geschädigten, für sich subjektiv meinen, zu viel dabei herausschlagen zu können, bleiben die in Summe für sie selbst nachteilhaften Bedingungen aufrecht. Man muss keine MarxistIn sein, um diesen einfachen Gedanken, der ein psychisch soziales Bedingungsgefüge zum Thema hat, zu teilen. Wenngleich die historisch-konkreten sozialen Bande und Verwicklungen zwischen Schädiger und Geschädigten eben diese Erkenntnis fast gänzlich zunichtemacht, weil diese nicht klar zu trennen sind.

Je nach jeweiliger Positionierung in einer Gesellschaft und der gesellschaftsprägenden Hierarchie kommen unterschiedliche Ich-Haltungen, die der gesellschaftlichen Norm eingeschrieben sind, zum Tragen und zur Geltung. Diese Formen der stark fremd- und autosuggestiv besetzten Beziehungskonstellation ist der für alle verbindliche libidinös wirksame Rahmen, der die allgemeine Beziehungslandschaft von ganzen Nationen nach innen und außen kennzeichnet.

Idealisierung und Systembezug

Idealisierung ist dabei der chancenlose Versuch, zu einer unerreichbaren Leitfigur einen libidinösen Kontakt aufzubauen und herzustellen, um ihr – zumindest in der Fantasie – irgendwann einmal auf Augenhöhe begegnen zu können. Dieses Bestreben muss in doppelter Weise erfolglos sein: Zum einen ist der Beziehungswunsch der vielen eine Wunschprojektion, die der Leitfigur eine Beziehungsfähigkeit und einen Beziehungswunsch unterstellt, die aus Gründen der narzisstischen Beschaffenheit letzterer nicht vorliegt und zum anderen, weil die Leitfigur zumindest durch manifeste, auch materielle Barrieren gesichert ist, die es ihr gar nicht ermöglichen würden, symmetrisch zu interagieren. Die Psychologie des Idealisierungs-Narzissten-Verhältnis ist durch die libidinöse Unüberbrückbarkeit ungleicher BeziehungspartnerInnen gekennzeichnet.

Beim Mechanismus der Idealisierung sollte nicht vergessen werden, dass das passiv-aktive *Erleiden* der (chancen- und ergebnisarmen) *eigenen Idealisierung* der einen im *sozialen System A* durch das Erleiden von diffusem Schadenserleben im *sozialen System B*, auch in Form von tendenziell paranoidem (Wahn)Erleben begleitet werden kann. Das Erleben hat dann vermutet-gespürten, erlebten oder vorweggenommenen eigenen Schaden zum Inhalt.

Die jeweiligen Formen der Idealisierung betreiben die Werte von Systemen instinktiv und emotional beladen in den sozialen Systemen, die die Lebensgrundlage und das unmittelbare Umfeld *intern verbindlich* und *extern sehr häufig schadensimplikativ* für die Individuen mit ihren jeweiligen Lebensmittelpunkten intern wie extern kennzeichnet. Für die Individuen, die sich außerhalb der intern idealisierenden Gesellschaftsmitglieder befinden, sieht die resultierende persönliche wie soziale Nutzenrechnung zumeist gänzlich anders aus, als von den innerhalb dieses Systems Befindlichen, die auch zu den Geschädigten zählen können. Die in einem System Befindlichen sind zumeist vermehrt *aktiv* Mitwirkende bei den jeweiligen Formen der Idealisierung als die außerhalb dieser Systeme Befindlichen.

Der Idealisierungsbestand und -verlauf ist also doppelt relevant und sollte daher einer genauen wissenschaftlichen Analyse unterzogen werden, die die inner- und außersystemischen Phänomene und Konsequenzen für einen gesamten Sozialkörper national wie global in den Blick nimmt.

Intern ist ein *Gleichgewicht* zwischen den beiden unterschiedlich positioniert-situierten Interaktionsparteien, die zwischen den Narzissmus-Idealisierungspolen gelagert sind, dann gegeben, wenn die einen das Erwartete der Anderen erfüllen. Scheren zumindest eine von beiden dabei aus, setzt eine Dynamik ein, die das frühere Gleichgewicht wieder herzustellen sucht oder es führt zu Veränderungen, wenn eine Loslösung der Einen von den Anderen stattgefunden hat und / oder stattfindet. Diese Regelhaftigkeit ist sowohl intern in und extern zwischen den unterschiedlichen sozialen Systemen relevant und beobachtbar.

1. Öffentlichkeit

Die Öffentlichkeit wird nun *systemintern* expliziert, weil das leichter und überschaubarer zu veranschaulichen ist. Die Öffentlichkeit wäre durch die technologischen Entwicklungen zusehends grenzenlos und global zu definieren, die psychoanalytischen Prinzipien sind aber hauptsächlich in der Dyade entwickelt worden und auf diese spezialisiert. Das erleichtert der Psychologie eine Beschränkung auf nationale Bezugssysteme.

Beschränkt man sich zunächst auf ein nationales System, lässt sich das dann auch auf andere nationale Systeme übertragen, da die grundlegenden und kulturell bedingten psychologisch-psychoanalytischen Gesetzmäßigkeiten meist zu einem bestimmten Ausmaß auch universellen Charakter haben.

Die Bewunderungsemotion als zentrales Fundament

Hier steht die massenweise hergestellte *Bewunderungsemotion* der vielen *BewunderungsakteurInnen* im Vordergrund. Auf der einen Seite ist es nötig, die erzeugten Machtfelder von Einzelpersonen zu dekodieren, auf der anderen Seite ist es gleichermaßen unmöglich, diese Machtfelder zu individualisieren, weil ein entstehendes Gesamtbild das individualisierte Erscheinungsbild von mächtigen Personen in konzertierter Form illusionierend erzeugt und damit gleichzeitig vernebelt.

Auch die AmerikanerIn E. *Musk* wird immer nur als Einzelheld präsentiert und zieht so massiv die Bewunderungsbevölkerungsströme und BörsenanlegerInnen an. Besonders Amerika ist insgesamt für ihre hollywoodtypischen Heldennarrationen und -inszenierungen bekannt und auf diese spezialisiert, die immer zu Lasten der illusionierten BewunderungsakteurInnen ausfallen müssen. So talentiert und genial die jeweiligen Helden als charakterliche Singularität auch sein mögen, ohne Eltern, ohne Ausbildung, ohne soziales Umfeld, ohne (frühkindliche) Förderungen, usw., ohne Medien, ohne ihre Unternehmen und Unternehmungen sind auch sie nichts und als singuläre Erscheinungen nicht denkbar oder möglich.

Der machtvolle Auftritt von Einzelpersonen selbst ist immer das Produkt von deren durchsetzungsstarken und machtvollen Einzelleistungen *im engen Schulterschluss* mit vielen liebdienerisch-bewundernden AkteurInnen, die diesen Auftritt im Wechselspiel mit der Macht erzeugen. Schematisiert gesprochen verschwimmen die Profiteur-Ausgebeuteten-Profile gänzlich und verbinden sich in und zu einem Gesamtbild.

In dem Grad, in dem diese systemischen Bestandsvoraussetzungen ausgeblendet und nicht thematisiert werden, entsteht die Illusion des frei schwebenden Charakterprofils, das dann zusätzlich noch buchstäblich vergoldet und zu Geld gemacht wird: Es ist dann genau diese Einzelerscheinung, die das Geld, die Macht, das Know-how etc. ganz alleine auf sich vereinigt und der Einzelcharakter wird dann auf ganz urtümlich-monarchistische Weise vergöttert, was die Projektion der eigenen Wünsche und der daraus ableitbaren Bewunderungsemotionen ziemlich programmgemäß und ohne Abweichungen (re-)produziert.

Rein psychologisch ist das eine ganz banale und durchsichtige Angelegenheit, die aber mit der massenweise und in Summe erzeugten Machtdynamik in keiner Weise mitzuhalten vermag. Würden Millionen PsychologInnen versuchen, dagegen zu argumentieren, sie würden einfach nicht beachtet. Was sie trotzdem nicht davon abhalten sollten, Ihre Kräfte dafür einzusetzen.

In Anlehnung an Stout (2006) versucht daher die AutorIn folgerichtig, diese Verquickungsmodalitäten aufzulösen und den Blick auf die zentralen VerursacherInnen pathologisch narzisstischer Szenarien, die zu guten Teilen den westlichen Alltag ausmachen, zu richten. Pathogener Narzissmus und Psychopathie sind die Ausgangs- und Endpunkte in einer psychologischen Perspektive, die das kulturelle Schaffen ganzer Gesellschaften analysiert und auf den Punkt bringt.

Die Stärke einer psychologischen Perspektive liegt in einer *begründbaren und wohl begründeten* Individualisierung sozialer Phänomene und die sollte konsequent angewendet werden und nicht vor inneren und äußeren Denkbarrieren halt machen. Das, was bei der Summe medialer Heldenpräsentation herauskommt, ist psychologisch solitär auf den Einzelcharakter bezogen, so wie es zurzeit kolportiert wird, sicher nicht begründbar.

Die Implikationen des systemisch und systematisch erzeugten Narzissmus / Psychopathie Phänomens

Die solipsistische Heldennarration fußt auf zumindest einer Prämisse, nämlich die, dass Fehler im Ablauf, Misserfolge, Konflikte und Unstimmigkeiten, usw. zumeist nach unten attribuiert werden und mittels gezielter Information nach unten attribuierbar gemacht werden. Auf diesem blitzableiterartigen Prinzip beruht die makellose Darstellung der so erzeugten und berichteten Helden, die sehr oft pathogene Narzissten und auch Psychopathen sind und sein können.

Der häufig angewandte, nach unten gerichtete Aufmerksamkeitsstrom, der die ‚bösen VerursacherInnen' von unterschiedlichen Ereignissen dingfest zu machen vermeint, führt typischerweise zu einer Stigmatisierung der sogenannten schwachen Systemelemente. Im vorliegenden Text wird versucht, diese nach unten gerichteten Schuldzuschreibungstendenzen und -elemente nach oben zu retournieren, mit dem Ziel, dieses permanente Unwesen zu neutralisieren und in Zukunft immer mehr zu erschweren.

Setzt man sich aber mit den solchermaßen Gedemütigten und Ausgebeuteten öffentlich auf dieselbe Stufe, setzt man sich gleichermaßen dem gültig exekutierten und wirksamen Stigmatisierungsgefälle aus.

Natürlich ist eine derartige Parteinahme auf Seiten der Unteren in praxi eine äußerst komplex-komplizierte Angelegenheit und im vorliegenden Band werden die *libidinösen Bande* nachgezeichnet, die eben genau diese Ausbeutungsszenarien im gesellschaftlichen Gesamtergebnis befeuern und am Leben (er)halten.

Die im Außen die Zuwendungsdefizite vieler Geschädigter produzierenden NarzisstInnen und vor allem Psychopath(Inn)en sind ihrem Umfeld im selbst system(mit)erzeugten *Illusionieren und Blenden* meist haushoch überlegen. Was das psychisch-soziale Umfeld sich in ihrer häufig innewohnenden Anständigkeit meist nicht vorstellen kann, ist deren Fähigkeit, sich gänzlich, schon von frühen Kindertagen an, ausschließlich aufs Blenden spezialisiert zu haben und die es vermag, gruppen- und hierarchiedynamisch durchwegs bedeutsam und mächtig zu agieren (vgl. M. Kislinger 2020).

Das Narzissmus-Psychopathie Phänomen ist doppelgesichtig: Das Positive, zu Bewundernde, wird konsequent individualisiert und das negative, die Schattenseite, wird vergesellschaftet, und somit vom Individualphänomen abgespalten. Die Person, die sich so präsentiert, wirkt auf sich selbst und die Öffentlichkeit *schizophrenogen*, da sie ständig diese zwei Realitätsentwürfe verkörpert, mitvollzieht und fortlaufend in dieser Logik handeln will und muss, wenn sie ihre eigene lückenlose Repräsentation befördern will.

Es gibt also die eine als tatsächlich dargestellte Realität, die ausschließlich alles Unverborgene enthält und den damit allein gültig-produziert-hergestellten Realitätsentwurf mit den dazu gehörigen Ich-Zuständen, die als scheinbar wahrhaftig nach unten transportiert und kommuniziert werden.

Und weiters geht es um das Herausisolieren der perfekt getarnten opinion leaders und deren psychologischen Strategeme mit den von ihnen bespeisten emotionalen Verquickungsbanden zwischen den zentralen oder als zentral dargestellten AkteurInnen mit durchwegs perfid und pseudorational daherkommenden Argumenten. Diese rational erscheinenden Argumente haben zu guten Teilen semantisches Imponiergehabe mit dem eingeforderten Bewunderungstribut zum Inhalt.

Da die vielen Personen *Teil* dieses perfiden Imponierspiels sind, ist ein Decodieren der Handlungen dieser als Zielvariable formulierten Personen – vor allem gekoppelt mit einem psychopathischen Persönlichkeitsprofil – für eine Einzelperson, mit selbst einer überdurchschnittlichen sozialen Intelligenz, meist nicht möglich. Sozioempathisches Denken und Handeln ist für das dabei benötigte Misstrauen gänzlich ungeeignet und schädigt sich bei diesem Unterfangen zusätzlich selbst.

Durch das verächtlich Machen, das perpetuierte Abwerten und die Stigmatisierung der Unteren wird der Narzissmus- und Psychopathiemehrwert der Oberen zu wesentlichen Teilen systematisch erzeugt. So ist sichergestellt, dass die Bewunderungsemotionen, die so mit dem Agens und der Zielorientierung der Idealisierung ausgestattet ist, ungehindert fließen und ihre Projektionsimpulsivität konstant und fortlaufend im Sinne der Oberen reproduzieren können.

Durch das schizophrenogene Scheininformieren mittels den sehr verzerrend-verzerrt erzeugten Ich-Zuständen kann besonders der Narzisst und der Psychopath mittels der erpresst-loyalen Medien das Gleichgewicht mit den BewunderungsakteurInnen durch im sozialen Ganzen erzeugte teilreale Scheingebäude aufrechterhalten und primär durch deren aufschauende, libidinös gesteuerten Blicke sicherstellen.

2. Arbeit

Wie bereits ausgeführt, gehen (die pathologisch vereinseitige Form von) Narzissmus und die Psychopathie mit gesellschaftlich wohl honorierter, arbeitsbezogener Überordnung Hand in Hand. Eine pathologisch narzisstische Persönlichkeit und ein Psychopath setzt sich dabei übergeordnet zu einem Personenkreis in Szene, der vielfach über einen gesunden inneren narzisstischen Haushalt mit einer zugewandten Empathiefähigkeit verfügt.

Diese Form der psychologisch bedingten, statuskonform hoch eingestuften, sogenannten Überlegenheit, geht einher mit dem nicht nur eingeforderten, sondern auch mannigfach erbrachten Beifall, der von ihnen erfolgreich geblendeten MitarbeiterInnen. Es sind die Leistungen der MitarbeiterInnen, die da auf die obere und außen vorbehaltene, aber als einer von ihnen selbst begründeten und sich ausweisenden Repräsentationsfigur projiziert werden. Diese fremdgenerierte Leistung wird dann als die eigene ausgegeben und wieder nach unten als diese kommuniziert.

Dieser Vorgang basiert somit auf einem mehrfach-gelungenen und exekutierten Täuschungsakt.

Pathogene narzisstische Charaktere sind äußerst erfolgreich im Blenden und der glaubhaften Vorgabe von Fähigkeiten, die sie erfolgreich aus ihrer liebdienerischen sozialen und psychischen Umwelt, die sie zu generieren vermögen, abziehen und auf ihre Fahnen heften.

Schematisiert ist davon auszugehen, dass ein psychisch-asozial agierender upper dog vielen empathischen, psychosozialen underdogs gegenübersteht, deren Empathiefähigkeit entwertend verwertet wird. Will sich der under dog nicht vom upper dog instrumentalisieren lassen, muss er seine Abwehrkräfte und sein Abwehrvermögen einsetzen.

In vielen Fällen wird eine ausgebeutete Mehrheit nicht um die Anstrengung von einer und der Nutzung des Instruments der Sammelklage herumkommen, um den scheinbar solitär erfolgreichen Narzissten und Psychopathen den durch die vielen fremden Ich zu Unrecht erwirtschafteten libidinösen Zuspruch und ihren zu Unrecht erworbenen finanziellen Erfolg wieder gerecht zurück zu verteilen.

3. Hilflosigkeit und Abgrenzungsnotwendigkeit

Im Gegensatz zu den ersten beiden Kapiteln, in dem die Oben-Unten-Oben Relation kurz beleuchtet wurde, werden in diesem Kapitel die von der Seite der mächtigen Oberen erzeugt-evozierten Ich-Zustände bei den Unteren (aus der Perspektive der Unteren) beschrieben, die meist mit automatisiert-ignorant-verdrängtem, was das ganze Spektrum und die volle Tragweite anlangt, unbewusst, und punktuell-situativ bewusst-sadistischen Habitus tagtäglich vollzogen werden. Es sind meist auch die Themen der ersten beiden Kapitel, die, wenn überhaupt, in der Öffentlichkeit abgehandelt werden.

Eine Machtposition beinhaltet die Möglichkeit, beim unterworfenen Fremd-Ich gezielt und systematisch elementare Ich-Zustände zu evozieren, die sie lähmen und in ihrer Handlungs- und Gestaltungsfähigkeit massiv einschränken.

3.1. Gezielt-systematische Evokation von Neid

Ebenfalls sehr erfolgreich ist die fremdschädigende NarzisstIn / PsychopathIn im Erzeugen von Fremd-Ich-Aufmerksamkeit. Das lässt und ließe sich vielerorts beobachten, wenn man sich nur auf die konsequente Beobachtung dieser, den pathologisch-pathogenen Narzissmus kennzeichnenden sozialpsychologischen Kriterien einlässt / einließe.

Erst, wenn man beginnt, die einfachen, aber äußerst effektiven Mechanismen der Aufmerksamkeitserzeugung zu verstehen, öffnet sich ein völlig einfach-durchsichtiges Handlungsmanagement der pathogenen NarzisstInnen. Einfach und durchsichtig ist es, in kurzem Zeithorizont die Handlungen der erfolgreichen NarzisstInnen zu verstehen, wenn die NarzisstIn mit einer durchschnittlichen Machterzeugungsfähigkeit ausgestattet ist. Völlig undurchschaubar und fast aussichtslos ist dieses Vorhaben über einen längeren Zeitraum hingegen, wenn eine emotionslose psychopathische Intelligenz vorliegt. Das müsste hauptberuflich ohne Arbeits- und familiäre Verpflichtungen und synchron zu den vom Psychopathen gesetzten Handlungen passieren, will man – ohne sich dabei zu isolieren – mithalten mit dem berechnenden narzisstischen und psychopathischen Management.

Die Manie als aktiv-passiv-aktiver Abwehrmechanismus spiegelt die Überforderung Einzelner in Reaktion auf das permanente libidinöse über den Tisch gezogen werden, von den gänzlich ihren eigenen Zuwendungsvorteil optimierenden, für anderen psychisch höchst defizienten und giftig-pathogen-narzisstischen und psychopathischen Charakteren.

Der einzige Ausweg bei stählern-übermächtigen pathologischen Narzissmuserscheinungen liegt im Erkennen des eigenen, durch diese *prototypische SozialschmarotzerIn sui generis* erzeugten, mit eigener Anstrengung miterzeugten und dadurch kontinuierlich angesammeltem, eigenen Aufmerksamkeitsdefizit.

Als *generalisierende Empfehlung* nicht nur der AutorIn kann davon ausgegangen werden, dass Die Reiche zu 95,5% immer stärker ist als Die Arme und ein Elternteil zu 180% immer stärker ist als das minderjährige Kind. Trotzdem – und das ist das Verführerische dabei – wird diese Macht-Ohnmacht-Relation in den jeweiligen Interaktionen zwischen den beteiligten Parteien fast immer gänzlich unrichtig dargestellt und so manipulativ und zielgerecht die wahre Grundlage entziehend bis zur gänzlichen Unkenntlichkeit entstellt.

Dieses lässt sich andrerseits dann besonders leicht und treffend diagnostizieren, wenn zu den *inneren persönlichen Idealisierungs-Verachtungsgleichgewichten* die äußeren manifest-materiellen (Macht)Verhältnisse in die analysierende Betrachtung mit einbezogen werden.

Von dem obigen Kräfteverhältnis lässt sich ableiten, dass die idealisierenden Hingaben von unterlegenen AkteurInnen ständig durch die vom eigenen Ich abgezogene Selbstaufmerksamkeit befeuert werden, die bei ihnen dann ein emotionales Vakuum erzeugen, das sich seine Kompensationshandlungen organisieren müsste, die Möglichkeiten dafür aber meist von außen versagt bekommt. Stattdessen wird unablässig in die Beziehung zu den Narzissten und Psychopathen libidinös investiert und dieser zugewandte Aufmerksamkeitsstrom wird nolens volens aufrechterhalten.

Die libidinöse Logik der Neiderzeugung
Ein Effekt des von einer Peripherie in ein Zentrum *sich ereignenden Verlustes von Eigenenergie und Libido* ist der immer stärker werdende Seiteneffekt des eigenen *Neidempfindens*. Der Ich-Zustand des eigenen *Neidempfindens* ist das Resultat eines länger währenden, fundamentalen Abzugs von Eigenlibido und wird für die Maschinerie der dabei sich selbst verstärkenden NeidpoduzentInnen *kumulativ* immer größer, unüberwindbarer und undurchschaubarer.

Vor diesem überindividuell wirksamen Hintergrund macht sich das resonierende Ich als unscheinbar, klein und machtlos aus. Es ist das Ziel- und Spielobjekt, dass der Evokation von Neid passiv-passiv-passiv ausgesetzt ist.

Stolz und Scham
Über der X-Achse in der Skala im positiven Bereich sind auf der Y-Achse Punkte zu denken, die als Ereignisse gekennzeichnet sind, die Stolz auslösen und unter dem Nullpunkt auf der Y-Achse, im Minusbereich, befinden sich die Ereignisse, die mit Scham besetzt sind. Der Neid betrifft die schambesetzten Ereignisse, die in den positiven Bereich gewünscht werden, um keinen Neid mehr auslösen zu können.

Der Neid bedeutet die eigene Anfälligkeit für die bei anderen geglaubten Ereignisse, die zufriedener machen als die tatsächlichen eigenen Ereignisse, die auch unzufrieden machen. Ereignisse, die einen zufrieden machen, sind häufig auch Ereignisse, die einen (geglaubt und tatsächlich) in der sozialen Hierarchie aufsteigen lassen. Schon die zur Schau getragene eigene Manie wird im Sinne eines allgemein geteilten Exhibitionismus positiv zur Kenntnis genommen, verstärkt und mit hohem Status in Verbindung gesetzt.

Die individuelle Zufriedenheit ist immer auch gleichzeitig der Spiegel der mit bestimmten *Handlungen* sozial erreichte *Aufmerksamkeits(mehr)wert*, der den gewusst-geglaubten Zuspruch der (relevanten) Anderen enthält.

Wenn die deutsche Wochenzeitschrift ‚die Zeit' in der Ausgabe vom Mai 2020 einen Artikel über ‚Stolz und Scham' veröffentlicht, sollte dieser als verbindliche Weisung und Botschaft an die Einkommensklassen größer 7000 Euro netto pro Monat gelesen werden; als Spott und Hohn muss jedoch dieser Titel auf alle wirken, die mit ihrem Salär die eigene Miete nicht bestreiten können.

Das Problem bei dieser Lesart ist der Abwehrmechanismus der *verleugnenden Abspaltung* meterdicken Stahlbetons bei den Oberen gegenüber den Unteren, bei welcher die tonangebenden PsychopathInnen/NarzisstInnen im Zentrum stehen, die millionenfach psychisch-libidinöses Zuwendungsdefizit bei den solchermaßen Ausgebeuteten generieren.

Das Außen sind die vielen anderen, deren (empathische) Emotionen ins Leere gehen müssen, weil es kein resonierendes Gegenüber gibt, sondern nur Attrappen, die so wirken, als hätten sie menschliche Emotionen, als Projektionsleinwand für die eigenen Grundbedürfnisse und die daran gekoppelten Wünsche und Wunschemotionen.

Das weitere Problem ist die nach einer bestimmten Logik organisierte Verkettung sozialer Systeme, die eine Diagnose zwischen Oben und Unten verschleiern, bagatellisieren, begradigen, schönreden und -färben, und im Keim ersticken, etc., weil es unziemlich ist, bei einem gegebenen sozialen System Schwäche zu zeigen, den Mächtigen keinen Beifall zu spenden, im Strom der Hype nicht ganz vorne mitzuschwimmen und / oder ein (zumindest Meinungs)Dissident zu sein, und macht es sich an dem sehr klein dimensionierten Kriterium einer spezifischen Wortwahl fest.

So ist zum Beispiel ‚unerträglich hohe Miete, die sich *jemand* (auf keinen Fall man selbst!) nicht leisten kann' eine völlige Unwortkombination einer aktuell-präsenten Öffentlichkeitsdiktion, mit der eine heutige PolitikerIn gleich im Vorfeld ihre Karten verspielt hätte. Und als die deutsche PolitikerIn M. Schulz es wagte, via Kamera die Worte ‚bedingungslose Grundsicherung' in den Mund zu nehmen, war klar, dass Ihre Zeit gekommen war, aus der Öffentlichkeit als führender PolitikerInnen ganz rasch wieder verschwinden zu müssen.

Mit Aussagen dieser Couleur würden PolitikerInnen je nach den sozialen Klassen des sie wählenden Klientels viel zu wenig an Stigmatisierung und Neid bei den übrigen, gemessen am Ziel der Erhaltung des zu erreichenden WählerInnenpools, hervorrufen.

Im Zentrum steht das Ausmaß an allgemein spürbarer Disziplinierung, die eine PolitikerIn verkörpern müsste. Außerdem würden PolitikerInnen mit der angeführten Aussage nicht in das vom Großkapital diktierte und -diktierende Schema passen, so die hier kurz angedachte Hypothese, und dadurch stark an sozialer Attraktivität einbüßen.

Im sozialpsychologischen Fokus steht hierbei die Berechnung eines klassenbezogenen *Neid-Koeffizienten,* der die jeweiligen Neidausprägungen der verschiedenen BürgerInnen- als WählerInnenklassen zur Basis hat. Daraus ergibt sich ein Koordinatensystem, das die einzelnen PolitikerInneraussagen und Sprechhandlungen zu einer jeweiligen WählerInnenrelation zuordenbar macht.

Kurz gesagt, wäre es ein politisches No go, zu wenig Stigmatisierung, Verachtung einerseits aktiv und Neid andrerseits passiv bei den Unteren zu erzeugen, weil es Die SprechakteurIn dann im allgemeinen Stigmatiserungs- und im jeweils wirksamen gesellschaftlichen Bestrafungsgefälle angreifbar machen würde.

Vielleicht und hoffentlich gibt es bei diesem so formulierten sozialpsychologischen Gesetz entsprechend einer periodisch wiederkehrenden sozialistischen Gesinnung doch ab und an Personen und Persönlichkeiten, die einen Ausstieg aus diesem allgemein gewordenen Gedanken- und Gesinnungsmodell favorisieren. Das käme dann einem sozialpsychologischen Paradigmenwechsel in praxi gleich.

Identifikationsmechanismen mit den dargestellten Ich-Zuständen der gesellschaftlich festgelegt-definierten Stärke
Identifikationen mit (einem mit Macht vervielfältigten Image von) Stärke werden belohnt, Identifikationen mit Schwäche durch Verachtung (von Ignoranz bis mobbendem Kriminalisieren) bestraft. Die BenutzerIn bestimmter Worte wird mit Aufmerksamkeit, libidinösem Zuspruch und Bewunderung belohnt oder mit Verachtung bestraft.

Die Wortverwendung und die psychologische Natur der jeweiligen (politischen oder wirtschaftsaktiven) Persönlichkeit wird zum Abbild und Exekutor einer zurzeit gängigen Öffentlichkeitsdiktion. Und diese Diktion bestreitet den Rahmen eines bestimmten, gerade gültig-gehypten Narzissten-Idealisierungsverhältnisses und -gleichgewichts, das Personen mit der Erzeugung von einem großem sozial-libidinösen Bilanzdefizit favorisiert. Sie werden favorisiert, weil sie einem weiten äußeren psychischen Umfeld ihre Zuwendungen massenhaft vorenthalten und sich dadurch ihr eigenes Ansehen erschleichen.

Das Bedauerliche an der ganzen Sache ist, dass die PsychopathIn/NarzisstIn sich von den Personen psychisch (er)nährt, bei denen sie höchst effektiv Bewunderung und Neid zu erzeugen vermag. Diese Personenmenge ist der fremdschädigenden PsychopathIn/NarzisstIn in selbstschädigender Bewunderung und selbstschädigendem Neid auf einem auch vorbewussten Ich-Zustand ausgeliefert. Dieser hilflose Ich-Zustand ist der bewussten Steuerung der eigenen Handlungen und Emotionen nicht direkt zugänglich und funktioniert daher großteils instinktgesteuert. Der Instinkt gibt die eigene Begrenzung vor, die ein nicht-überwinden-Können von Machtbarrieren und von gesellschaftlichen Kräfteverhältnissen anzeigt.

Solange die Personen ihr masochistisches Verhältnis zur sadistischen NarzisstIn nicht aufgeben können, bleiben sie auf die psychische Eigenausbeutung auch in Form von Neid fixiert, so das zynische Fazit einer Psychoanalyse, die den Diskurs über die Bedingungen der mächtigen Einzelnen als Verantwortung für die gesamte Gesellschaft ohne Ausnahme dem einzelnen Ich aufbürdet und somit die Machtverhältnisse als getarnte Einpersonenproduktionen reproduziert.

Die Psychoanalyse sollte stattdessen Die Einzelne dazu emanzipieren, sich über die Erkenntnisse der eigenen Gefühle in bestimmten Situationen ihrer Hilflosigkeit und ihrer Scham bewusst zu werden und sich im engen Schulterschluss mit den vielen anderen zur Wehr zu setzen. Nur *ein* Ich zu betrachten, das durch *irgendwen* in *irgendeine* Form der Selbstausbeutung getrieben wird, ist in diesem Zusammenhang grob fahrlässig und eindeutig falsch.

Die Wissenschaft als MitproduzentIn gesellschaftlicher Bedingungen
Die Obdachlosen sind deshalb obdachlos, weil sie eine abnorme Gehirnstruktur aufweisen (diese ‚Forschungsergebnisse' sind ‚belegt' worden!) und die Terroristen sind deshalb Terroristen, weil sie über eine abnorme Triebabfuhr verfügen (von PsychoanalytikerInnen so herausgearbeitet) – egal was die psychisch-sozialen Umwelten tun oder nicht tun. Im Vergleich zur Norm mögen diese Aussagen einen gewissen Wahrheitsgehalt haben, aber es sollte dabei nie vergessen werden, dass die jeweiligen Diagnosen bestimmten gesellschaftlichen Bedingungen zuarbeiten und diese so stabilisieren und jeder Veränderung gegenüber immun zu machen suchen.

Auch aufgrund dieser Überlegungen muss sich vor allem die psychologische Wissenschaft die Frage gefallen lassen, inwieweit sie mit all ihren Mitteln eine gesellschaftliche Anpassungsideologie erarbeiten will (die zum Beispiel eine gängige Ideologie absichern und verteidigen will), oder ob sie sich – soweit irgend möglich – ideologiefrei dem einzelnen Ich zuwenden will oder nicht, soweit dies eben psychisch-menschlich möglich ist.

Beides auf einmal zu wollen (eine wissenschaftlich angemessene Erklärung zu versuchen *und* gleichzeitig eine bemüht angepasste Sicht der Dinge zu verfolgen), ist als wenig zielführend und sinnvoll einzustufen.

Die unumkehrbare gesellschaftliche Neidhierarchie
Im *Innen wie am Außen* lässt sich sehr gut das Gesetz der *Neidhierarchie* beobachten und beschreiben, das besagt, dass Personen, die mehr fremderzeugten Neid ertragen müssen als sie selbst erzeugen können, sich an einer untergeordneten Position im Neidgefälle befinden. Und die Anzahl der solchermaßen untergeordneten Positionen mit einem bestimmten Neid Empfindungsparameter gibt Auskunft darüber, über welches Neid-Erzeugungspotential in den oberen Hierarchieebenen verfügt wird.

Das ist keineswegs trivial, genauso wenig wie die Tatsache, dass JedE sich an das Gebot des *‚Zeig mir Deins, ich zeig Dir meins'* halten sollte (vgl. Fromms ‚Haben oder Sein'; der Fetischbegriff aus der Ethnologie und Anthropologie; die hypertrophisierte äußere, materielle Objektlibidobesetzung bei gleichzeitig horrend unterentwickelter äußerer, organismusbezogener Objektlibidobesetzung, usw.), will Ihr Ich sich auf einer bestimmten Neidebene behaupten, um dort länger verbleiben zu können bzw. um sich das Erklimmen höherer gesellschaftlicher Ebenen im Neidgefälle offen zu halten.

Der Ich-Zustand des Neides / Neidens
Der Ich-Zustand des Neides ist ein unverfälschlicher persönlicher Indikator der Rangposition des Ich im gesellschaftlichen Neidgefälle; der *Ich-Zustand der Neiderzeugung* wie auch des *Neid Ertragen Müssens* ist gekennzeichnet von einem hohen Maß an *Selbstentfremdung* in Form eines Neiderzeugungszwanges und / oder in Form einer fremdbestimmten und dadurch bedingten *Ich-Außensteuerung*, die auch den Neid zum Ergebnis hat.

Und in diesem Neidgefälle behaupten sich PolitikerInnen, deren Aussagen, mit den Reaktionen und Handlungen Sie deren Position im Neidgefälle erhalten, abtragen oder erhöhen. Je nachdem, wo deren Position im gesellschaftlichen Neidgefälle sich befindet, haben sie Zugang zu bestimmten WählerInnenklientels, deren Bedürfnis nach Resonanz und Verständnis damit erreicht und treffend auf den Punkt gebracht wird.

Erzeugen sie bei deren Wunschklientel zu viel aversive Gefühle, befriedigen sie die unteren Neidklassen mit deren Bedürfnis nach Resonanz und Verständnis zu sehr, laufen sie Gefahr, die oberen, einflussreichen Klassen zu verlieren. Würden sich die PolitikerInnen zum gegebenen Zeitpunkt weg von einem unternehmerischen Klientel begeben, müssten sie um die tradierte Politik-Arbeit Liaison fürchten, weil sie bei den unteren Schichten weniger und zu wenig Neid erzeugen.

Die einzige Chance, die zum Beispiel ökonomisch Arme auf der Ebene der Emotionen hätten, wäre es, PolitikerInnen zu wählen, die imstande sind, auf Kosten der eigenen sozialen Attraktivität, Schwäche zu zeigen und weniger Neid bei ihnen auszulösen. Lassen sie sich von einem pseudostarken und viel Neid erzeugenden Auftreten bestimmter PolitikerInnen in die Irre führen, verlieren sie zusätzlich zu ihren ohnehin schon sehr chancenarmen gesellschaftlichen Positionsprofilen und verschlechtern a la long ihre sozialen Lagen.

Die Ich-Zustände im Gefälle einer Neiderzeugungs-Unterdrückungs-Hierarchie

Das innere, psychisch wirksame Bewunderungs-Verachtungsgleichgewicht, das die emotional-kognitive Willfährigkeit der Unterdrückten als unauslöschliche Manipulationsspur der Stärkeren zum Ausdruck bringt, ist das Ergebnis der schweren Nötigung der vielen durch die wenigen und ist der permanente Strafrechtstatbestand, der ständig ausnahmslos zur Anzeige vor einem internationalen Gerichtshof gebracht werden könnte, wäre er besser quantifizier- und messbar und hätten die vielen besser gelernt, ihre ureigensten Ich-Zustände besser zu dekodieren.

Das *Narzissten / Psychopathen-Idealisierungsgleichgewicht* ist der äußere Ausfluss des *inneren Bewunderungs-Verachtungsgleichgewichts im Ich,* das in Summe das breite Ergebnis von einer Wechselwirkung operationalisierbarer – *innerer* und sicht- und erlebbarer *äußerer* – Ich-Zustände darstellt, wovon Neid meist eine abgespalten-verdrängte, weg geschwiegene und mit Scham ausgestattete Version dieser Ich-Zustände darstellt.

Häufig wird in der westlichen Welt versucht, Neid mit manischer Kaufsucht zu kompensieren (wenn das nicht möglich ist, überwiegt der Ich-Zustand des Neid-ertragen-Müssens). Diese scheinbare Bewältigungsform dieses unlustvollen Ich-Zustands des Neides erzeugt wieder den mit dem Eigentumserwerb durch den Kaufakt emittierten Fremd-Ich-Neid und der circulus vitiosus des *ständigen Umsatzes von Neid* kann damit (wieder) seinen Lauf nehmen.

3.2. Der lange Weg des eigenen Hassempfindens

Eine zentrale These, die die AutorIn an dieser Stelle referiert, ist die These, dass (psychologisch-psychoanalytische) Publikationen mit dem expliziten Titel ‚Hass' und ‚Neid' deshalb so gut wie nicht existent sind, weil sie auch für Die Forschende ein sehr unangenehm-schmerzhafter und schambesetzter Themenbereich ist, der in

Summe als höchst aversiv und als in einer gesellschaftlichen Tabuzone befindlich bezeichnet und ausgewiesen werden muss; sind diese beiden Ich-Zustände ja doch auch ständig in jedeR Leben existent und motivprägend und -vorgebend.

Was nichts daran ändert, dass es wissenschaftlich thematisiert und zur Sprache gebracht werden muss, will eine Gesellschaft über ihre zentralen Gefühle eine fortgeschrittene Bewusstheit erreichen.

Diese beiden libidinös zu verortenden, neuropsychologischen Ich-‚Aggregat'zustände sind ein Thema, das bis tief in die Beziehungen zwischen Geschwistern und zu den Eltern ab der frühen Kindheit reichen und deren Thematisierung und Aufarbeitung auf keinen Fall nur auf die Zweiersituation in Therapien und in die stellvertretende Darstellung auf Theaterbühnen beschränkt und verbannt werden sollte und darf. Diese Ich-Aggregatszustände sind von urmenschlicher, essentieller Bedeutung.

Das multidisziplinäre Wort ‚Aggregat' (Philosophie: Verbindung von mehreren Elementen) wird an dieser Stelle deshalb bemüht, weil es ein mechanisches und mechanistisches Zusammenwirken mehrerer unbewusster Emotionsanteile und -teile unterstellt, die psychologisch im Ensemble zur Wirkung und zur Geltung kommen und einer bestimmten insgesamten sozialen und hierarchischen Logik unterliegen.

Diese Logik verunmöglicht es eigentlich, emotionale Bestimmungsfaktoren aus einer gesamtorganismischen und einer resultierenden emotionalen Bedeutungskraft herauszulösen: Das Empfinden von Hass setzt sich a) biographisch-zeitlich aus einer langen Kette von unbewusst und bewusst erlebten Ausbeutungssituationen zusammen, die sich b) in einem ganz bestimmten Ausprägungsgrad chemisch-elektrisch-thermisch usw. messbaren Ich-Zuständen des menschlichen Organismus zeigt und darstellt.

Vor allem bei geteilten (Hass)Gefühlen im bulk und in der Masse ist diese Überlegung bedeutsam, weil es ein spezifisch psychisch-energetisches Themenfeld mit einem spezifisch Thematisierungs- und Problematisierungsniveau anzeigt. Eine große Masse von Personen, ein spezieller Bevölkerungsteil, der sogenannte Mob, eine über Jahrzehnte geprellte und benachteiligte Menge an Personen, läuft im wahrsten Sinne des Wortes ‚heiß'. Das bedeutet dann für eine Gesamtgesellschaft eine hohe Wahrscheinlichkeit von Gewaltverbrechen, (psychischer) Krankheit, Unzufriedenheit, Bruttonationalunglück, usw., die sich mess- und spürbar dann über ganze Straßenzüge und Stadtteile verteilen kann und verteilt.

Das Heißlaufen der Massen zeigt sich unter anderem im plötzlichen und unerwarteten Anstieg von Verschwörungstheorien und fake news, die den insgesamt aufgebauten Druck von pseudorationalen Machtstrukturen auf dem Kicker haben und es ist dann die insgesamt geforderte gefühllose und gefühlskalte Rationalität, die insgesamt auf den Prüfstand gestellt und verteufelt wird. Und das ist auch in jeder Weise berechtigt, weil die Unterdrückungsmaxime immer vor allem rational argumentiert verkauft und verordnet werden.

Der permanent-wahnhafte Unterdrückungszwang
Bei dieser Thematik steht der ‚autoritäre Charakter', der von der PhilosophIn Adorno als Buchtitel schon früh geprägt wurde, im Zentrum. Von dort gehen die frühkindlich beginnenden, inneren Prozesse des und im Ich aus, die selbst- und fremdzerstörerische Aspekte wie Hass und Neid zentral beinhalten.

Der *libidinöse Zerstörungsmehrwert*, den der autoritäre, autoritative und / oder autokratische Narzisst (auch mit Größenwahncharakter) durch die intra- und extrapsychisch wirksamen, bedingungsimmanenten Barrieren zunächst bei den hilflos-wehrlos Ausgelieferten in der Kindheit beginnend und später bei den empathischen, auf einer Augenhöhe sich zuwenden Wollenden, erzeugen, kann und muss – um ein inneres Gleichgewicht wieder herstellen zu können, intra- und extrapsychisch durch die und bei den nachhaltig Geschädigten abgebaut werden.

Abgebaut kann nur werden, wenn Raum für die eigene psychische Wahrnehmung, Verarbeitung und Reaktion aufgebaut werden kann.

Die doppelgesichtige Funktion des Hassens
In diesem postulierten Idealisierungs-Narzissten-Verhältnis ist der *Ich-Zustand des Hassens* ein sich durchziehendes gesellschaftliches *Multiplikatorelement*, das dieses Verhältnis nach unten oder oben in

der gesellschaftlichen Hierarchie abwehrt und neutralisiert *oder* die Handlungs- und Motivlage des ausbeutenden Narzissten indirekt weiter immunisiert, stabilisiert und verstärkt.

Der Hass bildet eine Ordnungsmacht neu und verteilt sie nach unten weiter oder blockiert und erzeugt Gegenmacht auf einer (vor)kognitiv-emotional und / oder aktionalen Ebene.

Beim Aufbau von Gegenmacht kommt dem Hass eine deidealisierende, gegen einen machtvollen Neidsuppressor und -aggressor wirksame Regulationsfunktion zu, so die hier angedachte Hypothese.

Doch so wie beim Neid tritt auch beim Hass eine Lähmung ein, die das Hassen dazu bringt, Die Empfindende in entscheidenden Bereichen empfindungs-, reaktions- und handlungsunfähig zu machen. Erst, wenn die Lähmung neutralisiert werden konnte / kann, wird das Empfinden, das dieser Lähmung voraus gegangen ist, handlungswirksam und eine selbstbestimmte Handlung kann – mit einer spezifischen Kampf- und einer spezifischen Friedensfähigkeit – einsetzen.

Es ist also nicht der Hass, sondern das unausweichliche Spüren des Hasses, das Hassen selbst, das erst handlungswirksam werden kann, wenn auch diese starke instinktive, emotionale Reaktion, die in höchstem Maß fremdbestimmt und entfremdet ist, wieder in den Hintergrund treten kann.

Die erkämpfte Notwendigkeit einer Deidealisierung

Die Deidealisierung ist der nötige psychische Vorhof, der einer Machtquelle die Anpassung zu verweigern vermag und Gegenmacht durch Gegenunterwerfung aufbauen kann. Die Sprache der Versöhnung beschreitet allerdings einen anderen Weg und eine andere Argumentationslinie, die eine aufzubauende Gegenmacht immer durch und mit einem zwischengeschalteten, zu vergrößernden Ich-Bewusstsein, vor allem dem Bewusstsein der eigenen Ich-Zustände denkt. Und erst darauffolgend, auf einem höchst vermittelten und vermittelbaren Niveau sollen dann die Handlungen konstruierbar sein und werden. Dabei kann dann weniger der kämpferische Aufbau von Gegenmacht intendiert werden, als vielmehr die Macht eines versöhnlichen Vorbilds, das dabei trotzdem deutlich anders positioniert sei als es die ausbeutende Macht das als zwingendes Denk-und Handlungsvorbild vorschreibt.

Die psychologische Sprache der Macht ist der individuell sicht- und diagnostizierbare pathologische Narzissmus, dessen psychisch wirksamem Magnetismus entgegengehalten werden muss, will das Individuum sich nicht für es selbst schädliche Motive vor einen fremden Karren spannen lassen.

Das Narzissten- / Psychopathen-Idealisierungsgleichgewicht nimmt das Innen- und Außenverhältnis des Ich und Ihre *libidinösen Bezüge und Besetzungen* zum Innen und gleichermaßen zum Außen in den Blick. Im psychischen Bereich des Hasse(n)s unterliegen diese Bezüge einer eigenen inneren Revision oder werden dieser unterlegt, deren Ergebnisse nach außen getragen werden können und dann a la long nach außen wirksam werden.

Wenn der *Hass* sich als *Abwehrmechanismus* der Verschiebung gegen gesellschaftlich bereits entmachtete Personengruppen richtet, dann wirkt er verfestigend und versteinernd auf bereits eingebrannte libidinös tradierte Machtpositionen. In diesem Fall der Multiplikation von machtstabilisierendem Hass kann nicht von einem langen Weg des Hassens geschrieben werden, da dieser von außen durch Modelllernen übernommen und nach außen wiederum ‚einfach' weitergegeben wird.

Im Fall einer (kollektiven) Aufarbeitung der eigenen Traumen ist der sehr lange und leidvolle psychologische Weg des Hasse(n)s zu denken (a).

Das leitet sich aus der inneren, psychologisch-psychoanalytischen Logik des Hasse(n)s ab. Die äußere, materielle Logik würde vorgeben, dass die Verunmöglichung von Hass und Neid nur durch das Aufbauen eigener Gegenmacht erreichbar ist (b).

Die dritte psychische Option (c) der Erreichung individueller (Neid- und Hass-)Freiheit durch Deidealisierung kombiniert faktische mit symbolischen Machtvarianten, die die Grundlage des Psychopathen / Narzissten-Idealisierungsgleichgewichts zu modifizieren vermögen. Das kann dann langsam zu einer auch fundamentalen Veränderung von neutralisierten gesellschaftlichen Neid- und Hasserzeugungsmodalitäten führen.

Wie bereits in Vorhergehendem angedacht, kommen dem Spüren Können und dem Wahrnehmen Können bzw. der Verunmöglichung dieses eigenen Spürens der eigenen (Grund-)Bedürfnisse eine Schlüsselposition beim Erkennen der eigenen gesellschaftlich-situativen Bedingtheit zu und werden im Folgenden kurz näher beleuchtet.

XVII. Der Abspaltungszwang der eigenen Bedürfnisse

A. Die Funktion der Bedürfnisse für das eigene Überleben

Das A&O und die Grundlage von Machtmodifikation ist das psychische Erfühlen und Erkennen der eigenen Bedürfnisse, die in den westlichen Zivilisationen hundert und tausendfach überlagert sind. Erst in der Situation von Obdachlosigkeit, von plötzlichen emotionalen Einbrüchen und Ich-Verlusten der eigenen, normalerweise gegebenen Funktionsfähigkeit und der Gegebenheit von Situationen, in denen die bisherigen, gewohnten Lebenszusammenhänge wegbrechen, entsteht die abrupt-plötzliche Notwendigkeit, die eigenen ursprünglich gegebenen Bedürfnisse als oberstes, ultimatives Überlebensprinzip anerkennen zu müssen.

Circa 821 Millionen weltweit (Wikipedia, ‚Welthunger') und jeweils eine (manifeste und latente) Million Arme in den europäischen Industrienationen wissen, was Grundbedürfnisse sind, lassen sie sich nicht zu sehr auf der kognitiven Ebene von ihrer ökonomischen Armut ablenken und in einem von außen bestimmten Neidspiel instrumentalisieren.

Wohnen, Essen, Trinken, ein Handy als Kommunikations- und Zahlungsmittel und als Zugang zum überlebensnotwendig gewordenen Internet, ein freies zwischenmenschlich ablaufendes und organisiertes Leben sind die zentralen menschlichen Grundbedürfnisse, den Rest der Bedürfnisse möchte die AutorIn den künstlich geprägten und mit erzeugten Bedürfnissen zuordnen.

Im Gegensatz dazu, entsteht eine Fliehkraft weg von den eigenen Bedürfnissen, wenn das Leben bedroht ist beim (wahnhaften) Fliehen oder Hassen, wenn das Überleben als Hyperfunktion die eigene Arbeitstätigkeit dominiert oder scheint zu dominieren, da es zu befürchten steht, dass man den eigenen Arbeitsplatz verliert, etc., stehen die Bedürfnisse, die diese Ziele nicht unmittelbar bedienen können, im Hintergrund. Dabei kann davon ausgegangen werden, dass *deprivative Ich-Zustände* der Motor einer Anders- und Neuorganisation von Ich-Bedürfnissen darstellt.

Deprivative Ich-Zustände bedeuten, dass das eigene Dasein ausschließlich auf die Beschaffung der überlebensnotwendig-basalen Ernährungs- und Versorgungsprodukte ausgerichtet ist und werden muss. Und dass das Erleben von diesbezüglichem Mangel sich auch um die sozialempathische Dimension erweitert, die einen sozialen Vergleich schlagend werden lässt: Empfindet ein nahe gelegenes Fremd-Ich zum Beispiel keinen Hunger, kommt zum erlebten physiologischen Mangel der Deprivierten die verstärkte soziale Wahrnehmung von Benachteiligung und Unfreiheit dazu.

Andrerseits treten Aspekte des eigenen Lebens in den Vordergrund, die dem Nicht-Deprivierten völlig verborgen bleiben. Dieser Erfahrungsmangel der Nicht-Deprivierten wird meist aber sozial nicht negativ als Mangel, sondern positiv als Entwicklungsvorsprung bezüglich dem oder den Deprivierten gelesen und interpretiert.

Der Preis der Nicht-Deprivierten ist dann dabei allerdings der Verlust menschlicher Intensitäts-, Spannungs-, Entspannungs-, Erfahrens- und Erlebnismöglichkeiten, die wieder der Motor des Erfindens künstlicher Bedürfnisse sind, die das Geschäft der und mit den Vermögenden kennzeichnet und graduell kontinuierlich weiter an ursprünglichen Lebenszusammenhängen und -bedingungen verarmen lässt.

Diese Verarmung an basalen, ursprünglichen Lebens- und Bedürfniszusammenhängen erzeugt Entfremdung und psychische Störungen und eine Form des psychischen Drucks, der durch ein Nochmehr an künstlicher Bedürfnisbefriedigung kompensiert wird und werden muss. Das ist die Dynamik, die die Basis der Wirtschaftsverkaufsstrateginnen ausmacht und bestimmt.

B. Künstlich erzeugte Bedürfnisse

Andererseits wissen WirtschatsstrategInnen, wie man künstliche Bedürfnisse erzeugt und wie man ganze Sozietäten auf Ziele einschwört, die nicht direkt das Glück von Einzelnen im Fokus haben.

Das Unvermögen, die ursächlichen eigenen Bedürfnisse zu spüren, wird dabei zur strategischen Macht- und Einflussbasis. Vor allem die westlichen Zivilisationen scheinen darauf spezialisiert zu sein, auf diesem persönlich und massenhaft wohlweislich verankerten Unvermächtnis buchstäblich physiopsychische und psychophysische Schlösser zu bauen.

Die psychologische Betrachtung von Einzelindividuen ist dabei noch scheinbar einfach, überlagern sich die von der Marketingstrategen, Verkaufshäusern, Online-Shops und von den VerkäuferInnen befeuerten und angeleiteten Bedürfnisse, wird aus dem sozialen Ganzen ein Sodom und Gomorra von obsessivfremdbestimmten Glaubensüberzeugungen, die den Umgang mit dem eigenen S. Freud'schen ‚Es' diktieren.

Das ‚Es' enthält die innere Welt der unumgänglichen Bedürfnisse, die auch sozial von Vorbildern, Belohnung und Bestrafung, sozialem Vergleich und Konkurrenz, etc., gesteuert sind. Sie sind ontogenetisch und phylogenetisch geprägt, das heißt von der individuellen und der eigenen Stammesgeschichte und -entwicklung abhängig und ganz situativ von den im Moment gegebenen Möglichkeiten der Bedürfnisbefriedigung in und durch die physisch-soziale Umwelt.

Der Grad der Künstlichkeit der eigenen Bedürfnisse, die befriedigt werden und befriedigt werden können und dann auch müssen, ist in der westlichen Welt ursächlich mit der persönlichindividuellen Vermögenssituation verknüpft und / oder mit den guten Kontakten zu Personen, die einen damit versorgen (können).

Eingebettet in diese materiell-soziale Situation ist das künstliche Ich zusätzlich dicht und eng verwoben mit den Modetrends der täglich medial und werbungsökonomisch kommunizierten Befriedigungsobjekte und der (massen-)individuellen Involviertheit in die künstlich gekürten, neuen umwerbenden Status- und Konkurrenzkämpfe um ganz neue, aber eklatant wichtige Bedürfnisbefriedigungsmodalitäten. So wird es uns zumindest glauben gemacht.

C. Das Partnerschaftsbegehren

Die Glaubensüberzeugung der westlichen Welt, zumindest in den letzten Dekaden, lässt sich mit einem Zauberwort benennen: Konkurrenz. Wäre die ‚Konkurrenz' eine Frau, würden die Männer und auch manche Frauen scharenweise ständig ihre nackten Füße lecken (wollen). Damit die Männer (Frauen) die überzeugenden Zuhälter der unterworfenen Frauen (Männer) sein können, müssen sie die überzeugten Strichjungen dieser Idee sein (können).

Wer hätte gedacht, dass viele Männer (und auch Frauen) dieser Welt eben jene philosophische Ader haben, sich obsessiv und liebdienerisch zuR Vollblutprostituierten dieser Konkurrenzideenobsession zu degradieren?

Der Rest dieses kleinen Kapitels ist einfach: In dem angeblich konsensuell gewaltgeleitet-eingeschliffenen Beziehungsspiel sind die Möglichkeiten, dem eigenen Begehren ohne fundamentalen Gesichtsverlust nachgeben zu wollen, begrenzt. Erlaubt und vorgesehen ist die männliche (weibliche) von KonkurrentInnen umworbene Machtposition und alles andere ist diesem hehren Ziel des Machterhalts unterzuordnen und anzupassen.

Das bedeutet Abspaltung der eigenen Bedürfnisse und des Begehrens, außer der Status der eigenen Person wird dabei nicht gefährdet. Und das mit einer PartnerIn, die das so geglaubte Selbstbild, das stark vom Eltern-Ich eher angepasst oder eher ablehnend geprägt (worden) ist, nicht gefährdet ist beim gleichzeitigen Ausleben des eigen- und extern empfundenen Begehrens.

Die Machtpositionen von LiebespartnerInnen stimmen entlang des gesellschaftlichen Konsenses der zu bewahrenden Macht- und Statusposition (zumindest in einer öffentlich präsentierten und / oder zugänglichen, eigenen Informationspolitik) und der dabei implizierten Abwehr psychischer (ökonomischer) Abhängigkeit nicht unbedingt miteinander überein. Sie stimmen nicht miteinander überein beim möglichen und erwünschten Ausleben des eigenen und partnerschaftlichen Begehrens und müssen daher eher vermieden werden oder können innerlich – im eigenen Idealisierungs-Verachtungsgleichgewicht – unbe- und ungehindert ausgelebt werden.

Und auch im Verdrängen und Abspalten der eigenen Bedürfnisse sind die jeweiligen AkteurInnen einer immer gültigen Konkurrenz unterworfen, der sich niemand entziehen kann, weil es immer ein Streben nach Stärke und dabei immer auch Stärkere und

Bessere gibt. Die Frage ist, von wem wird das eigene Konkurrenzempfinden geschürt, und wer sind die AkteurInnen, die nutznießend dahinterstehen und in deren Interesse es liegt, wenn sich wer mit wem in Konkurrenz befindet und / oder zu befinden glaubt und Ihre Handlungen, Ihr Denken und Ihr Streben sich meint, daran ausrichten zu müssen.

Wie das Ich mit Ihren Bedürfnissen umgeht, wie viel wann und wo Sie Bedürfnisse abspalten muss und will, hängt von der Persönlichkeitsstruktur und der Sozialisation ab, wie das Ich es gelernt und sich daran gewöhnt hat, Bedürfnisse zu befriedigen und / oder sie abzuspalten. Und es ist abhängig von der spätadoleszenten Peergroup, dem engen Personenkreis der ArbeitskollegInnen oder der Führungskonzernetage, etc.

Es ist ein sozialer Abstimmungs-, Vergleichs- und Erkundungsprozess, der darüber bestimmt, was Usus und anerkannt ist beim Erkennen und Ausleben der eigenen Bedürfnisse. Die individuelle Bedürfnisposition, die ihre originäre Befriedigungsausrichtung von der Mutter-Kind-Beziehung ableitet, kann im späteren Beziehungsverlauf nicht unbedingt und lückenlos auf die gesellschaftlich und individuell gültigen Beziehungsschablonen und -vorgaben übertragen werden. Die dabei auftretenden Diskrepanzen und Differenzen sind dann der Ausgangspunkt bei und für die Suchbewegungen des Ich nach bedürfnisadäquateren psychischen Existenz- und Beziehungsformen.

Diese Natur der *eigenen Bedürfnisposition* und die (Un-)Möglichkeit eines die eigene gesellschaftliche Position nicht gefährdenden Handelns bei einer Befriedigung des eigenen Partnerschaftsbegehrens können dann insgesamt eine Erklärung dafür liefern, warum a) alleinige Lebensentwürfe häufiger werden b) sich die Lebensabschnittsbeziehungen zum dominanten Beziehungstyp der in der westlichen Hemisphäre der letzten Jahrzehnte herausgebildet haben, c) gleichgeschlechtliche Beziehungen sich immer mehr herausbilden und durchsetzen, d) Gewalt angewendet wird, um die eigenen Bedürfnisse (auf einem sehr eigentümlichen Niveau doch noch irgendwie) befriedigen zu können, e) überzeugt vertretenen asexuellen Beziehungsformen vermehrt der Vorzug gegeben wird,

f) ein Abgleiten in die robotereigenen und virtuellen sexuellen Befriedigungsformen zu beobachten ist, g) sich der Sex immer vermehrter aus den langfristigen Beziehungsformen herauslöst bzw. mittels meist verdeckter oder auch offener polygamer Beziehungsformen einer Befriedigung zugeführt wird, usw.

Was mit diesen Überlegungen gänzlich nicht erklärt werden kann, ist der Tatbestand und der seit Jahrtausenden bestehende Bestand des gesellschaftlichen Tabus der *Masturbation*, das mit dem Inzesttabu, das S. Freud beschrieben hat, vergleichbar ist. Die eigene Bedürfnisbefriedigung durch Masturbation ist so einfach zu bewerkstelligen und so naheliegend, dass nur die Annahme eines mächtigen gesellschaftlichen Tabus erklären kann, warum es bisher nicht zu einem *bewussten, öffentlichen und integralen Anteil des gesellschaftlich-normalen Umgangs* geworden ist. Dass SchauspielerInnen auf der Bühne öffentlich masturbieren, scheint ein seltenes Event zu sein, das die dringend benötigte Enttabuisierung befördern kann.

Das gänzliche öffentliche Ablassen von der noch immer bestehenden Verteufelung von Masturbation und der Bewusstwerdung und Bewusstmachung des öffentlichen und privaten gesellschaftlichen – sehr individuumsbezogenen und individuumsbegrenzten – Schatzes der Masturbation, der noch behoben werden muss, wären psychische Faktoren, die bei der Lösung der Gewalt in Intimbeziehungen, der Vergewaltigung, der Pädophilie, usw. eine gewichtige Rolle spielen könnten.

Die vermehrte Masturbation könnte auch ein unerlässlich gewordenes Gegengewicht zur ständigen penetranten, depressions- und neidgenerierenden Bewerbung, Verherrlichung und Beweihräucherung des perfekten, wohlbegüterten Zweipersonenglücks werden und sein. Diese verherrlichende Bewerbungsform der unbedingten Verpaarung spart alle lebensimmanenten und -bedingten Umgangsformen aus und kürt sie damit zum goldenen Kalb eines über alles erhabenen christlich-kapitalistischen Glaubens, der sich von jeglicher Rationalität und Lebenserfahrung verabschiedet zu haben scheint. Äußerst selten sind dementsprechend auch treffende und nachvollziehbare Ausführungen über die eigenen und mit den (relevanten) anderen mitvollzogenen Beziehungsformen in der Öffentlichkeit vernehmbar und sie werden in vielen Arten und

Weisen weggewischt und als mehr oder weniger deplatziert für heutige Beziehungsformen entwertet.

Es scheint, als hätten vor allem die Männer (Frauen) ihre Freiheit eines ungestörten Lebens, das sich in weit geringerem Ausmaß von den Frauen (Männern) als sexuelle BefriedigungsgehilfInnen abhängig macht, noch nicht mit letztgültiger Konsequenz entdeckt. Darüber hinaus müsste der Mann (die Frau) sich vermehrt unabhängig machen können von der PartnerIn als SpenderIn und Garant der mit der öffentlich dargestellten oder vorgegebenen Intimbeziehung verbundenen Statusgewinne und -vorteile, die leider auch nach wie vor juristisch bedingt sind.

Die scheinbar instinktmäßig verankerte Angst vor dem eigenen Ich und Ihren äußerst überschaubaren sexuellen Triebansprüchen und deren immanent-angelegten Frustrationskoordinaten – die öffentlich gänzlich nicht thematisiert bleiben – scheint dieses doch noch sehr verbreitete Masturbationstabu ichseitig äußerst effektiv aufrechtzuerhalten und einmeißelnd abzuwehren.

Die normierte Begrenzung der eigenen Ich-Zustände

Wie man an diesen Beispielen vielleicht schon merken konnte, sind alle Zustände eines durchschnittlich gegebenen Ich eine sehr begrenzte und äußerst normierte Angelegenheit, über die das Ich im Wechselspiel mit Ihren psychischen Umwelten entscheidet und bestimmt einerseits und ihnen unterworfen ist andrerseits. Begrenzt und bemessen sind die Ich-Zustände vor allem durch die althergebrachten Moralvorstellungen über die Ich-Zustände, wie sie zu sein hätten. Wie sie wirklich sind, ist Thema von Tausenden von Therapiesitzungen und von Tausenden von Schauspielstunden. Diese normalerweise gänzlich unausgegorenen Ich-Zustände setzen sich dann bausteinartig zu Identitäts- und folgerichtig dann auch zu Beziehungsentwürfen zusammen.

Vor allem stehen beim Herausbilden neuer Idenditäts- und Beziehungsentwurfsformen und den dabei implizierten und programmiert sich entrollenden und abbildenden Ich-Zuständen, gesellschaftliche Bedingungen und deren Entwicklungen als verursachender Faktor im Vordergrund, bei welchen die sich wandelnden individuellen *Ich-Grenzen* der eigenen Belastbarkeit und des eigenen ertragen Könnens unterschiedlicher individueller und gesellschaftlicher Verhältnisse sich als entscheidungskritisches und allgemein sozietäts-bewertendes Moment herauskristallisieren.

Im Lauf eines menschlichen Erdenlebens wachsen, schrumpfen und wandeln sich die Ich-Zustände mit ontogenetischer und phylogenetischer Reichweite und Bedeutsamkeit. Im Folgenden werden die ontogenetisch bedeutsamen, und das sind die individuellen Faktoren der menschlichen Entwicklungspsychologie, behandelt und detailliert.

XVIII. Die Grenzen des Ich und die implizierte Ich-Abwehr

A. Entwicklungspsychologische Aspekte der Ich-Abwehr

Umwelt und Neugeborenes sind ein Ganzes und sehr, sehr langsam beginnt sich der kleine Mensch als eigene Einheit herauszubilden und dann sich auch als erstes, rudimentäres, noch etwas Unbestimmtes und zunächst Unbestimmbares zu fühlen. Die primäre Bezugsperson, in den meisten Fällen die Mutter, bestimmt das Handeln, Fühlen und das noch erst in Vorstadien gegebene Denken des Kleinkindes.

Vor allem in der früheren, aber auch noch heute klassischen Mittelstandsfamilie war im Durchschnitt und ist zum überwiegenden Teil heute noch vor allem die Mutter, und das nicht unmittelbar nur in den ersten Lebensjahren, beim Kind präsent. Der Vater war und ist auch Großteils heute noch primär und größtenteils ein Freizeitvater, mit partiell-eingeschränktem Kontakt zum Kind und Wissen über die objektiven und subjektiven Lebensumstände des Kindes / der Kinder. Dabei gab und gibt es wenig Ausnahmen, die im allgemeinen sozialen Empfinden und den daraus erwachsenden kommunikativen Handlungen abgewertet wurden und zum Teil heute auch noch abgewertet werden.

Seit den letzten Generationen wurde ein stärkerer Vaterbezug von Seiten der Väter (und Mütter) vermehrt möglich, sodass die Väter in der oft Ein-Kind-Familie zu mehr als nur Freizeitvätern wurden und werden konnten, und regen Anteil am Leben ihrer Kinder zu nehmen begannen und sich auch imstande zeigten, ihren Kindern einen starken psychisch-emotionalen und auch einen konkreten und zeitnahen physisch versorgenden Rückhalt zu geben.

Zwischen Eltern und Kind gibt es – wie auch zwischen den elterlichen PartnerInnen – einen ständigen inneren und äußeren Annäherungs- und Abstoßungsprozess, und die Identität des Kindes bildet sich in diesem Prozess heraus.

Die PsychoanalytikerIn Erikson konzipiert mit Ihrer *Identitätstheorie* die menschliche Entwicklung als Abfolge psychosozialer Entwicklungsstufen und unterstellt dabei eine gesetzmäßige Abfolge von Entwicklungsstufen und -phasen (vgl. Noack 2010, S 37). Die Bedeutung des *Unbewussten* und der frühkindlichen Erfahrung sind für Erikson zentrale Fundamente für die psychosexuelle Entwicklung und wird als zentraler Einflussfaktor auf die Herausbildung der späteren Persönlichkeit herausgearbeitet (s.o.).

Dem Bereich des Unbewussten und Bewussten zuzuordnen sind auch die *narzisstischen Wunschbilder*, die uns von früh an begleiten, die Hopkins (2008, S 59) mit Idealisierung, Größenphantasien und Verschmelzung charakterisierend herausarbeitet.

> „Melanie Klein und ihre Nachfolger haben narzisstische Wunschbilder als abwehrbedingte Rückzüge von einer akuten Ambivalenz angesehen, die sofortiger, aktiver Deutung bedürften ... (s.o.)"

Hopkins (2008, S 59 zitiert Winnicot 1952 bis 1991) sah auch den Abwehraspekt der narzisstischen Wunschbilder, war aber auch der Ansicht, dass die *wunschbildimmanente Beziehungsregression* auch neue Entwicklungsmöglichkeiten begründet und einleitet.

Auch dem Unbewussten, aber in größerem Ausmaß dem Bewussten zuordenbar, ist die *Sprache des (Klein)Kindes*. Spätestens ab dem dritten Lebensjahr wird die Sprache zu einem tragenden Element der zwischenmenschlichen Kommunikation (vgl. Rikowski 2013, 14), und die Sprache wird auch zum ständig präsenten Element der Selbsterfahrung und Selbsterkenntnis in Form von inneren Monologen.

Bis zum sechsten, siebenten Lebensjahr steht die *egozentrische Sprache* des Kindes im Vordergrund (Piaget 1972, S 70f):

> „[I]n einem Milieu, in dem das Kind [Ihrer] Spontaneität überlassen ist, [gibt] es tatsächlich eine egozentrische Sprache ... Diese Sprache macht sicher niemals die Gesamtheit der kindlichen Sprache aus. Sie bildet wohl auf jeder Altersstufe nur eine mehr oder weniger wichtige Randerscheinung, nämlich am Rande einer von vornehrein sozialisierten Sprache, die Befehle, oder Bitten, Ein-Wort-Sätze oder ganze Sätze, die Wünsche und später Fragen und Feststellungen ausdrückt ...
> Diese Randerscheinung beträgt aber bei einem [dreijährigen] Kind ... in Gegenwart [Ihrer] Mutter noch 71, 2 % der gesamten spontanen Sprache ...

> Demnach kann man vermuten – diese Vermutung bestätigt sich sofort bei der Beobachtung von 1–2-Jährigen – daß in den Sprachanfängen lediglich einige Bitten oder präzise Befehle wirklich an einen anderen gerichtet sind; die übrigen Worte sind ein Selbstgespräch, wobei das Kind sowohl zu sich selbst, als auch zu einer Umgebung spricht."

Bis zu sieben Jahren hat sich der Anteil der egoistischen Sprache an der gesamten Sprache um mehr als die Hälfte reduziert (s.o. S 72).

Das Erlernen und die Fähigkeit von Sprache gibt den Rahmen vor für die individuelle, vor allem erwachsene Bewusstseins-, Kommunikations-, Organisations- und damit auch individuelle und gruppenabhängige und -bedingte Abwehrfähigkeit und bildet sich schrittweise, vor allem in Abstimmung mit den relevanten Anderen, (her)aus.

Entwicklungspsychologisch betrachtet ist der derzeitige Zeitgeist auf die Wiederaufnahme der kindlichen egoistischen Sprache spezialisiert und fokussiert, entsprechend dem der Wirtschaftsgesellschaft eingeschriebenen Ich-zentrierten Diktat der eigenen Vorteilsoptimierung, dem die Interessen des Fremd-Ich nachgeordnet sind, so sie nicht ins eigene Konzept passen. Diese psychische Sprach- und Sprechgestalt ist an den heutigen Kindern überdeutlich zu beobachten, die das Ergebnis spezifischer Sozialisationsvorgaben und Rahmenbedingungen ist, die ganz zentral durch die Vorbildfunktion der relevanten Anderen, vornehmlich der Eltern, gesteuert werden.

Für eine duale Entwicklungspsychologie

Das Minimum einer interaktiven Situation ist die zwischen einer Dyade: zu Beginn eines menschlichen Lebens ist das die völlig asymmetrische Beziehungsform zwischen Mutter und Kind, was dem auch noch zurzeit normalen und idealtypischen Fall entspricht.

Beide InteraktionspartnerInnen lernen voneinander, sie lernen sich auf die Bedürfnisse deR anderen einzulassen, oder sich von Ihnen (oft mühselig und mit maximalem Leidensdruck) abzugrenzen, wenn Sie alters- und ressourcenbedingt dazu in der Lage sind.

Die Eltern-Kind-Dyade ist so gesehen immer ungleich, vom Gesichtspunkt der Macht und der einsetzbaren Mittel, die für oder gegen die *Autonomie* einer oder der klein-schwächeren BeziehungspartnerIn eingesetzt werden kann und eingesetzt wird.

Das heißt, in dieser Situation ist, nach Abzug aller auch kurz wirksamen Beherrschungsversuche von unten, Die Kleinere und Untere *immer* die Ohnmächtige(re) der involvierten InteraktionspartnerInnen, die darauf reduziert ist, kleine und vor allem kurz andauernde Versuche eines Aufbegehrens vom Zaun brechen zu können, aber nicht mehr und nicht weniger. Natürlich töten Kinder in späterem Alter auch ihre Eltern, das ist aber glücklicherweise nicht der Regelfall.

Entwicklungspsychologie behandelt nur in einem bestimmten Ausmaß den individuellen, überaus unstetigen Wachstumsvorgang, sie hat die höchst individuell erfahren-erlebten Ereignisfolgen zum zentralen Thema, die sich in einem interaktivem Dauerprozess mit einer sehr wechselwirkungsbehafteten Abfolge sozialen Geschehens vollzieht.

Entwicklungspsychologie, Macht und Gewalt
Wenn die Mutter beim männlichen und weiblichen Kind mit faktischen Sanktionen oder zumindest durch verbale Äußerungen Schuldgefühle beim (frühkindlichen) Masturbieren erzeugt und das männliche und weibliche Kind tabuisierend und unmissverständlich zur Unterlassung auffordert, untergräbt die Mutter ursächlich und drastisch die Autonomie(gebiete) des männlichen und weiblichen Kindes.

Damit reproduziert die Mutter die mittels Gewalt eingeengte eigene Autonomie und die der Tochter und des Sohnes und gibt damit die von den Männern ursächlich ausgehende entrechtende Gewalt weiter, sie reproduziert damit auch die gegen sich selbst gerichtete Gewalt der Männer, indem sie uneingeschränkt Macht gegenüber ihren Söhnen ausüben, die das damit erleidend erfahren und später aktiv erzeugend weitergeben.

Wenn Priester und Nonnen ‚Ihre' Zöglinge misshandeln und missbrauchen, Pädophile, bei denen sich der nach außen gerichtete

Sexualmissbrauch mittels Gewalt als dominierende Handlungsform zeigt, dann entspricht das einer gegenteiligen Machtausübung, die Sex einem noch nicht Geschlechtsreiffähigen aufzwingen und damit die Grundlagen einer psychohygienisch und psychosexuell gesunden Identitätsfindung und -bildung fundamental angreifen und massiv einschneidend vernichten.

Im ersten Fall wird die Autonomie der Heranwachsenden torpediert, im anderen Fall die fundamentale eigenständige Identität, in beiden Fällen wird die ursprünglich gegen sich selbst gerichtete Gewalt einer nicht adäquaten Ich-Sexualität damit weitergegeben und reproduziert. Im Fall der priesterlichen und auch die durch Nonnen verursachte Nötigung zum kindlichen Sex muss noch ergänzt werden, dass diese auf der ständigen Tabuisierung des Sexualbedürfnisses anstatt des ständigen bedürfniszentrierten und öffentlich akzeptierten Umgangs mit den eigenen Sexualwünschen aufbaut und *danach* seinen machtmissbräuchlichen Ausdruck und Ausfluss findet. Zumindest fragmentiert und in Teilen prägt und kennzeichnet dies auch noch heute die ganze westliche Gesellschaft.

Waren es früher die rigiden sozialen Regeln des Umgangs mit der Sexualität, die ganze Gesellschaften prägten, sind es heute die in der kulturell westlichen Hemisphäre eingeschliffenen, pragmatischen Notwendigkeiten eines nach oben (wo immer das auch sein mag) strebenden Individuums, die als unübersehbare Barriere zwischen den Sexualbedürfnissen und deren individualisierten und / oder gemeinsamen Ausleben zu finden ist.

Zudem ist in den letzten Jahrzehnten eine individualisierte Befriedigung der Sexualbedürfnisse durch technische erzeugte virtuelle Realitäten zu beobachten und die früher ausschließlich auf ein (reales) Fremd-Ich zentrierten sexuellen Befriedigungsansprüche wird als individualisiert ausgelebter Sexualtrieb zum neuen Paradigma nicht mehr nur real interaktiv ausgelebter Intimitätswünsche. Auch Roboter-PartnerInnen kommen immer mehr in Mode.

Bezüglich der Nötigung des zum Sexobjekt degradierten Fremd-Ich ist diese Entkoppelung des vormals unlösbar an ein Fremd-Ich gekoppelten Sexualtriebs eine wünschenswerte Entwicklung, sie macht die Nötigung obsolet.

Die andere Seite dieser psychosexuellen Entwicklung verstärkt zusätzlich aber andererseits die Illusion eines sich selbst organisierenden, gänzlich scheinbar unabhängigen Individuums, es scheint von lästigen Beziehungsbanden befreit ‚frei zu schweben', so die zeitgeistig gängig-vermittelte, auch (entwicklungs-)psychologische Hybris.

Kennzeichen psychosexueller Entwicklung und biologischer Alterung

Biologische Alterung, BeziehungspartnerInnen, nähere und fernere psychisch wirksame Umwelten sind die zentralen Variablen, die die menschlichen Entwicklungsphasen bestimmen und prägen.

> „Den Lebenszyklus unterteilt Erikson in ... neun ... psychosoziale Entwicklungsstadien mit je einer eigenen Thematik, die grundsätzlich durch das ganze Leben bestehe, jedoch in einer bestimmten Altersphase, d.h. einem Stadium, dominiere. Ein Stadium bedeutet [ihm zufolge] eine neue Konfiguration von Vergangenheit und Zukunft, eine neue Kombination von Trieb und Abwehr, eine neue Gruppe von Fähigkeiten, die zu einer neuen Gruppierung von Aufgaben und Möglichkeiten passen ... (Noack 2010, S 44)."

In der westlichen Mittelstandswelt wird davon ausgegangen, dass es besonders zu Beginn der Pubertät unter dem Druck der sexualtriebbezogenen Entwicklung zu einer davon vermittelten Neugruppierung von Aufgaben und Möglichkeiten kommt, es wird Platz geschaffen für intensivere Kommunikationserlebnisse mit PartnerInnen, die nicht der Primärfamilie zugehören, die dann zu einer neuwertigen Situation bezüglich Leben, Wohnen und zumindest vorweggenommener beruflicher Ausrichtung führen und / oder führen können.

Das Eintreten der Geschlechtsreife in der Pubertät beschäftigt die Psychologie schon seit langem (A. Freud 1999, S 135). In der Pubertät treten psychische und physische Vorgänge gleichzeitig in Erscheinung und es gibt mehrere Theorien, die beide Aspekte einander bedingend sehen und einige Theorien, die primär keinen Zusammenhang zwischen seelisch-psychischen Vorgängen und zwischen Drüsen- und Triebvorgängen sehen (s.o. S 136).

Über einen Punkt seien sich, so A. Freud (s.o.), alle Theorieansätze einig:

> „Daß sowohl den körperlichen wie den seelischen Pubertätserscheinungen die höchste Bedeutung für die Entwicklung das Individuums zukäme, daß hier der Anfang und die Wurzel des Geschlechtslebens, der Liebesfähigkeit und des Charakters zu finden sei."

Es sei hier kurz vermerkt, dass sich in der westlichen Sphäre beobachtbar in den letzten Jahrzehnten die sogenannte Pubertät in der zeitlich-altersgemäßen Entwicklung kontinuierlich nach vorn zu verschieben begann.

Aus einer auf die ganze Lebensspanne bezogenen Sicht der individuellen Entwicklung ist die Pubertät eine von mehreren Entwicklungsphasen des menschlichen Lebens:

> „Sie ist die zeitlich nächste Wiederholung der infantilen Sexualperiode; eine zeitlich entferntere findet sich im späteren Leben im Klimakterium. Jede dieser Sexualperioden ist die Wiederauffrischung und Wiederbelebung der vorangegangenen. Daneben bringt jede natürlich auch ihre eigene Zutat zum menschlichen Geschlechtsleben. Die Pubertät rückt durch das Eintreten der körperlichen Geschlechtsreife die Genitalität in den Vordergrund und verschafft den genitalen Strebungen die Oberherrschaft über die prägenitalen Partialtriebe. Das Klimakterium bringt, der körperlichen Rückbildung der Geschlechtsfunktionen entsprechend, die genitalen Regungen zu einem letzten Aufflackern und setzt prägenitale Regungen wieder in die alten Rechte ein."

Im *Jugendalter* kommt es zu einer insgesamten Libidoverschiebung von der Primärfamilie weg zu neuen FreundInnen und GeschlechtspartnerInnen, entlang eines tradierten *Intimitätsbeziehungswunsches*, wenn dieser uneingeschränkt gültig und wirksam ist. Faktoren, die diesen einschränken, sind sozioökonomische Barrieren, der Geschlechterbeziehungskampf, unüberbrückbare Ungleichheiten, Technisierung und Individualisierung, etc.

Die Phasen der Ablösung, des Übergangs und beim und für ein Neueinstimmen auf neue Lebenspartnerschaften sind in mancher Weise nur zu gut im *Erwachsenenalter* mit der beschriebenen Phase der Pubertät vergleichbar. Und mit einer Überwindung generationsbedingter Unterschiede durch das Aufweichen autoritärer Disziplinierung während der Sozialisation in einer Kleinfamilie können auch die Gegensätze altersbedingter Differenzen vermehrt verschwinden.

Vor allem durch die rasante Digitalisierung sind oft die Kinder sehr bald den Eltern in Sachen unabdingbarer Computerkompetenz überlegen und macht die sogenannten Erwachsenen zu gleichermaßen Lernenden (Rikowski 2017). Andrerseits bleiben sehr viele Kinder zurück, deren Eltern mit der Digitalisierung und Computerisierung nicht mithalten können, und sie daher auch bei den Kindern nicht grundlegen können.

Die in bestimmten Entwicklungsphasen gegebenen persönlich-unbewusst-bewussten Eigenschaftskonstellationen bestimmen die Anforderungen an das Ich im Wechselspiel mit den psychischen Umwelten und den jeweiligen BeziehungspartnerInnen und stecken den Rahmen für bestimmte Lebensthemen ab, die in den unterschiedlichen Lebensphasen im Vordergrund stehen.

In den vorhergehenden Phasen treten die vormals wichtigen Themen in den Hintergrund und neue Bereiche primärer Aufmerksamkeit treten in den Vordergrund. An die dominierenden Lebensthemen sind vorherrschende, charakteristische Anpassungsstrategien und die dazu gehörigen Abwehrmechanismen gekoppelt, bisherige Widersprüche finden dabei zu einer Auflösung und neue Widersprüche entstehen.

Wenn alte Widersprüche an Geltungseinfluss verlieren und neue in den Vordergrund treten, dann bedeutet das auch, dass sich die Dinge, Themen und Bereiche, die Verletzungen in Beziehungen auslösen und auslösen können, sich wandeln und dadurch neue Belastbarkeiten entstehen, die Dinge, Themen und Bereiche im Fokus haben, die sich signifikant von vorhergehenden und nachfolgenden Dingen, Themen und Bereichen unterscheiden.

Das bedeutet, dass sich gemäß den Entwicklungsphasen *Grenzen der eigenen Belastbarkeit* ausmachen lassen, die das Ich zu (sehr) unterschiedlichen Aufgabenspektren befähigt und, dass das Ich alte Befähigungsspektren verliert. Mit den jeweils spezifischen altersgemäßen Belastbarkeitsgrenzen verknüpft sind dann auch die Modalitäten und Zusammensetzungen der persönlichen Abwehr zu interpretieren, die immer an den bestimmten Bewusstseinstand, das Erfahrungswissen und die erworbenen und schwindenden Kompetenzen und Kenntnisse gekoppelt sind.

B. Persönliche Grenzen und das Nicht-Ich

Der entwicklungspsychologische Rahmen steckt unsere phasenbedingten und -immanenten *Wahrnehmungen*, Wahrnehmungsgrenzen und unseren Wahrnehmungsfokus ab und richtet sich auf eigene Interessen, die sich phasenimmanent herausbilden und herauskristallisieren. Ein Kind hat andere Bedürfnisse, Wahrnehmungen und Wahrnehmungsinterpretationen als ein Erwachsener, andere *Frustrationsschwellen, Ziele und (narzisstische) Wunschbilder*.

In der Entwicklungsphase der *egozentrischen Sprache*, wird das Du erst sehr rudimentär und langsam ins interkommunikative Blickfeld des (Klein)Kindes gerückt, in den ersten Jahren ist es mit sich und der Umwelt(-erkundung) zunächst gänzlich überfordert, ausgelastet und dann zufrieden mit dem Erreichten. Später rückt neben dem sprachlichen Selbstmonolog der Ich-Fremd-Ich-Dialog hinzu, der es dann erstmalig ermöglicht, Die relevante Andere über interkommunikative Sprachprozesse erfassen zu lernen und zu erfassen.

Die Facetten der Abwehr lagern sich quasi an den Poren und wunden Punkten der jeweiligen Persönlichkeiten zu bestimmten Zeitpunkten, Situationen und Phasen, die mit bestimmten Lebensentwürfen einhergehen, an.

In der Phase der egozentrischen Sprache wird die Kommunikation mit dem Fremd-Ich bzw. dem Du abgewehrt, wobei das überspitzt formuliert ist dahingehend, als es keiner Intention unterliegt und es sich daher um Abwehr in einem ausschließlich unbewusstem Antriebsbereichsspektrum handelt. Dieser Aspekt bezieht sich auf die Interpretation einer *erlebten* Abwehr durch das kindliche Fremd-Ich, die eine Mutter mitunter spürt, aber nicht gegen sich auslegt und in Fürsorgeverhalten umzuwandeln imstande ist.

Genauso wie die Depression ein umfassendes Unvermögen als nicht aktiv-bewusste Form des Widerstands, der Abwehr und des Protests darstellt, ist es auch die *rezipierende und reagierende Umwelt*, die *zwischen freundlicher Zuwendung und Abwendung, Abwehr und Ablehnung* ohne Bewusstsein(-spflicht) bei und mit Kindern zu kategorisieren gewöhnt ist. Dabei kommen Schemata zur Anwendung, die sich als in höchstem Maß system-, gruppen- und kohortenspezifisch zu benennen sind, die vor allem in der Mutter-Kind-Dyade ihren Ausdruck finden. Und die Fähigkeit, Notwendigkeit und der Automatismus psychischer Abwehr stellt sich erst im späteren Leben als vermehrt bewusst und damit immer zentraler heraus.

In der Phase der Pubertät werden die Eltern verstärkt aktiv-passiv, bewusst-unbewusst abgewehrt, da ist der Bereich der aktiven kognitiv-initiiert-betriebenen Abwehr als eines eher dem bewussten Bereich zuordenbares beschreibendes Bedingungselement als psychische Beschreibungsoption angemessener.

Immer jedoch geht es um das Ausloten der persönlichen Grenzen, die an die Grenzen des Fremd-Ich stoßen, und das Ich muss sich mit der Begrenztheit beider Ich arrangieren und darüber bestimmen, ob es sich anpasst oder eine ablehnende Haltung gegenüber den Fremd-Ich Ansprüchen einnimmt.

Die unbewusst-bewussten narzisstischen Wunschbilder bergen, neben der Idealisierung und den Größenphantasien, wie bereits erwähnt, die Verschmelzung mit den gewählten, idealisierten Leitfiguren und die Abgrenzung von einem und auch mehreren Nicht-Ich. Die Größenphantasien und die Idealisierung schälen sich im Laufe des fortschreitenden Alters durch einen ständigen Desillusionierungsprozess langsam heraus.

Verschmelzung mit der selbstgewählten relevanten näheren und ferneren Beziehungsumgebung, die sich meist zum großen Teil mit den fremdgewählten Idealisierungen der relevanten Anderen deckt, bewirkt, dass das eigene Größenselbst mit dem idealisierten Fremd-Ich sich gleichzeitig in einem fortlaufenden Verschmelzungs- und Abwendungs- / Ablehnungs- / Abwehrprozess erweitert, oder auch eine pathologische Erweiterung erfahren kann oder einer Eingrenzung und Minimierung anheimfällt.

Das Ich 1 setzt sich in Beziehung zu Ihrem Nicht-Ich 1 bis n und das Fremd-Ich ebenfalls zu Ihrem Nicht-Ich 1-n. Wenn das Nicht-Ich 1 vom Ich 1 mit dem Nicht-Ich 1 des Fremd-Ich deckt, dann sind die Identitäten von Ich-1 und Ich-2 = Fremd-Ich von Ich 1 vergleichbar / ähnlich / ident.

Die Ähnlichkeit von Ich-1 und Fremd-Ich-1 (=Ich-2) wird in diesem Fall von der gleichen Menge der von Ich-1 und Ich-2 abgewehrten Gedanken-, Handlungen- und Zielkomponenten erschlossen und bilden deren Identitäten von deren ähnlicher oder gleicher Menge abgewehrter=weniger libidinös besetzter Objekte miteinander weitgehend kongruent ab.

Die Abwehr des Ich hat das Ziel, eigene Spaltung und Gespaltenheit zu verhindern,

> „… der Zurückweisende schirmt sich ab gegen Gespaltenheit (Heinrich 1982, S 60), die persönliche Abwehr ist somit die selbst empfundene Dringlichkeit und Notwendigkeit, eine Ich-Spaltung abwehrend zu verunmöglichen und präventiv zu antizipieren."

Die Schwierigkeit, nein zu sagen, besteht darin, dass das Nicht-Ich in sehr unterschiedlichen Situationen im Rahmen der sehr unterschiedlichen Fremd-Ich-Ansprüche immer wieder neu fühlend und bewertend verortet werden muss, will das Ich nicht in die Ich-gefährdende Menge des eigenen Nicht-Ich geraten.

Das Nicht-Ich ist aus dieser Perspektive ein Bestandteil und Ausdruck der Menge an Objekten, die minimal bis maximal abgewehrt werden.

XIX. Die unbewusste Übereinstimmung der normierten Abwehr-Ich

Normierung bedeutet, dass im allgemeinen gesellschaftlichen Leben (zu jeder geschichtlichen Zeitepoche spezifisch unterschiedliche) *Verhaltensmuster* mittels allgemeiner, gesellschaftlicher Belohnung und Bestrafung – vor allem auf der politischen und wirtschaftlichen ‚Führungsebene' einer jeweiligen Gesellschaftsform als Verhaltensvorschreibung nach unten beobachtbar, sichtbar und spürbar, herausgebildet werden, die dann das gerade übliche *Abwehrstrukturen-Ich,* isolierbar auch auf den jeweiligen individuellen Ebenen, (be-)fördern, bedingen und zu deren Herausbildung anregen.

Der Satz, ‚das Über-Ich arbeitet als Wächter des Ich-Ideals' geht auf Freud im Jahr 1914 zurück (Conzen 2005, S 46) und stellt die zentrale Bedeutung des Ich-Ideals heraus, das den Rahmen für den mainstream und die Masse der massenhaft gegebenen Ich-Ideale absteckt und ausweist.

Das *Ich-Ideal*, vor allem massenhaft gegeben, bestimmt, welche dem Ich vorgegebenen Situationen als positiv, neutral und / oder negativ, fremd- oder selbstverschuldet attribuiert werden. Das Ich-Ideal ist das Signifikat der Bewertung von Verhaltensweisen, die auch die für sich selbst wirksame, gesellschaftliche Repression hervorruft und aktualisiert.

Und das normierte Abwehr-Ich gibt vor, wie das Ich-Ideal, die Depression und die daraus folgende Regression vor sich hertreibt, treiben darf und soll. Dann, wenn das internalisierte Ich-Ideal die dem Selbst gegebenen Situationsattributionen abwertet und als ungenügend ausweist, muss Depression und Hilflosigkeit entstehen, die von einer Umwelt ge- und bespeist werden. Depression ist dabei die letzte Station in maximaler Distanz zum Ich, das eine letztmögliche Abwehr der vom Ich-Ideal geforderten Handlungsschemata ermöglichen muss, will sich das Ich von Ihrer Depression befreien.

Das Ich-Ideal wirkt im sich selbst verstärkenden Bulk der Masse und alles, was diesem Ideal nicht entspricht, muss abgewertet werden, so das vereinfachte Schema, das eine logische Richtung das Denkens anregen will.

A. Das Ich und die Masse

Arendt (2017) schreibt in Ihrer politphilosophischen Publikation ‚Elemente und Ursprünge totaler Herrschaft' vom Mob als dem Massen-Ich, das in höchstem Maß verführbar und manipulierbar ist, eine Eigenschaft, über die alle Menschen, aber in sehr verschiedenem Ausmaß verfügen. Der Großteil der Menschheit ist vom vererbt-weitergegeben-aufgenommenen Informations- und Bildungsstand nicht mit dem nötigen emotional-rationalen Rüstzeug ausgestattet, um die grundlegenden Mechanismen von Gehirn waschender Manipulation zumindest rudimentär und ansatzweise und zumindest auf einer theoretischen Ebene durchschauen zu können. Dafür und dazu machen die gebildeten Mittelstandsfamilien, denen auch dazu oft das nötige kognitiv-emotionale Rüstzeug fehlt, keinen gravierenden Unterschied.

Bereits 1921 führt S. Freud im Buch ‚Massenpsychologie und Ich-Analyse' mehrere Themenbereiche aus, von denen die AutorIn drei Punkte (heraus)fassen will: Suggestion, Libido und Identifizierung – Die Masse und die Urhorde – Das kollektive Gesamt-Ich.

Dabei stehen die weichen, psychologischen Aspekte der Menschheit im Vordergrund, die in ganzen Sozietäten beobachtbar sind und die sich auch mit unbewussten, teilbewussten und / oder gänzlich bewussten Bildern messen lassen. Das beinhaltet vor allem Ich-Zustände, die in Form einer Analyse der rein kognitiven Faktoren, auf die die herrschende Wissenschaft vornehmlich spezialisiert zu sein scheint, verloren gehen. Was aber nicht über die prägende Bedeutung des Unbewussten hinwegtäuschen darf. Vor allem der der Kunst verpflichteten AutorIn erscheint es daher unerlässlich, die Beschwörung des Unbewussten auch in wohlgesetzter Fortsetzung der urpsychologischen Tradition als letzten Teil dieser Publikation last not least auch noch zu positionieren.

B. Libido, Suggestion und Identifizierung

Besonders charismatische und dabei besonders charismatisch-psychopathische Führungspersonen sind häufig mit einem stark suggestiv-magnetisch wirksamen sozialen Machterzeugungsfeld ausgestattet, das es vermag, eine unüberschaubare Menschenmenge durch ihre wohl inszenierten Auftritte in ihren oftmals (para-)religiös-fanatisch-libidinösen Bann zu ziehen.

In diesem Bann gefangen, entdecken Menschen ihren, von ihnen als selbstinitiiert geglaubt-erfahrenen Opferbereitschaftsdrang in maximal unbewusster Hingabe an die zutiefst-(para-)sexuell verehrte Personenfiktion und -illusion.

Die Tatsache, dass sich die österreichische BundeskanzlerIn *S. Kurz* in einer religiösen Massenveranstaltung von einer auch nur mäßig anerkannten religiösen Autorität wie eine Reinkarnation des Christuskindes mitten im Staate Österreich im 21. Jahrhundert segnen lässt, weist auf das sehr grundlegende unbewusst-psychodynamische Phänomen massenzwischenmenschlicher, libidinös besetzter Autosuggestion, Suggestion und Identifizierung hin.

Dieses Personenfiktion und -illusion vermag es, die eigenen narzisstischen Wunschbilder zu aktivieren, die die Projektion auf und die Verschmelzung mit dieser externen, menschlichen Erscheinungsform ermöglicht. Durch Verschmelzung mit dieser objektiv-subjektiven Personalform und -fiktion wird das eigene Größenselbst großartig erweitert, was ein starkes basales Lusterleben zum Laufen bringt.

Indem die jeweilige AkteurIn sich nach und gemäß dem libidinös besetzten Entwurf der Leitfigur verhält, beginnt die so angestiftet-angehaltene AkteurIn für sich selbst zum höchst angenommenen und favorisierten Seinsentwurf hauptsächlich für die Leitfigur höchst gedeihlich zu mutieren.

C. Die Masse und die Urhorde

Wenn Venedig zum Beispiel mittels horrender Mengen an TouristInnen, die in Kreuzfahrtschiffen angekarrt werden, überrannt wird, man in der Stadt kaum noch gehen kann, weil die dichte Menschenmenge aller zur selben Zeit der dort sich befindenden Personen auf einen minimalen Lebensraum zusammenpresst, dann muss der Urhordentrieb aktiviert worden sein, weil sonst das Ausbleiben übermächtiger Klaustrophobieschübe anders nicht mehr erklärt werden kann.

Freud (1967, S 62f) schreibt:

> „Im Jahre 1912 habe ich die Vermutung von Ch. Darwin aufgenommen, daß die Urform der menschlichen Gesellschaft die von einem starken Männchen unumschränkt beherrschte Horde war ...
> Die Masse erscheint uns als ein Wiederaufleben der Urhorde. So wie der Urmensch in jedem einzelnen virtuell erhalten ist, so kann sich aus einem beliebigen Menschenhaufen die Urhorde wieder herstellen; soweit die Massenbildung die Menschen habituell beherrscht, erkennen wir den Fortbestand der Urhorde in ihr."

Offenbar gibt es eine erlebbare Geborgenheit in einer großen Menschenansammlung, die dem gleichen Ziel nachstrebt. Es entspricht einem nur teilbewussten Seinsaggregat menschlichen Erlebens, das nur an kollektive Handlungen gekoppelt aufzutreten scheint.

Freud (1967, S 11f) zitiert Le Bon´s Schilderung der Massen-Ich, die diesE als Kollektivseele bezeichnet:

> „An einer psychologischen Masse das Sonderbarste ist: welcher Art auch die sich zusammensetzenden Individuen sein mögen, wie ähnlich oder unähnlich ihre Lebensweise, Beschäftigung, ihr Charakter oder ihre Intelligenz ist, durch den bloßen Umstand ihrer Umformung zur Masse besitzen sie eine Kollektivseele, vermögens deren sie in ganz anderer Weise fühlen, denken und handeln würde. Es gibt Ideen und Gefühle, die nur bei den zu Massen verbundenen Individuen auftreten oder sich in Handlungen umsetzten."

An dieser Stelle ist auch Jung zu zitieren, der vom *kollektiven Unbewussten* schreibt und sprach. S. Freud referenzierte damit auch den Bereich der nur zu einem kleinen Teil bewussten Träume.

Die letzten drei Unterkapitel sollen die Macht der unbewussten Bande zwischen den Ich und den Fremd-Ich und die biologisch genetischen Wirkmechanismen zwischen ihnen verdeutlichen; ‚zufälligerweise' tun sie dann im Endergebnis lauter ähnliche Dinge, und denken darüber ähnlich und Dinge, die nicht in dieses gemeinsame kollektive Konzept passen, werden somit nicht nur nicht getan, sondern sie werden, zumindest passiv-unbewusst, abgewehrt und vermieden, weil sie dann für alle gleich (real oder in der eigenen individuellen Vorstellungswelt) Unlust erzeugen.

Der Mensch, eingebunden in seine Daseinsform, ist ein Getrieben-Treibender und er braucht die Illusion seiner eigenen autonomen Steuerung wie die tägliche Butter aufs Brot. Sich über den eigenen Glauben an die eigene Autonomie gänzlich im Unklaren über den kollektiven Zusammenhang des eigenen Ich zu sein, erzeugt die Ich-Blindheit für die vielen absolut Ähnlichen, die alle von sich glauben, sie seien ein sich selbst steuerndes, unabhängig-freies Original.

D. Das kollektive Gesamt-Ich

Das kollektive Gesamt-Ich ist als vergesellschaftete Form einer *überindividuellen Form eines Ich* vorstellbar, das die Seinsentwürfe einer großen Masse an Menschen unter Aufhebung ihrer Differenzen in bestimmten Seinsphasen bündelt und sie libidinös nachvollziehbar für die in der Masse verschmolzenen Einzelindividuen gestaltet.

Experimentell konnte die *Nachahmung als Lernen am Modell* durch die ExperimentalpsychologIn Bandura 1963 nachgewiesen werden, das das *Beobachtungslernen* in Kopie eines favorisierten Leittieres und einer favorisierten Leitfigur beschreibt und analysiert.

Wir lernen von Personen, die wir schätzen und schätzen gelernt haben oder von Personen, die wir via TV zum Beispiel gut beobachten können und die über einen hohen sozialen Status verfügen und von uns als nachahmenswert befunden und auch geoutet werden. Dabei übernehmen wir Bilder, Einstellungen, Arten und Weisen von Phänomenen, etc. und beeinflussen die relevanten Anderen und lassen uns von ihnen dahingehend beeinflussen.

Es ist die gratifiziert und positiv verstärkte Version eines Lebensentwurfs, der kollektiv geteilt wird. Und auch in unserer in höchstem Maße individualisierten westlichen Lebensform sind wir in gewisser Weise in unserer Vereinzelung kollektiv ausgerichtet und unterwegs, wo wir den anderen Vereinzelten begegnen und / oder begegnen können, wenn wir es wollen.

Das Gesamt-Ich zeigt sich im kollektiven Zusammenhang genau dann, wenn der medial vermittelte Zeitgeist vorgibt, dass es für jedE Einzelne genau dort und nirgends anders ein wertvolles Ziel zu verwirklichen gibt und dass es in der Vermassung für Die Einzelne was zu holen gibt.

Im Sinne des kollektiven Unbewussten gibt es darüber hinaus Bilder, die wir scheinbar freiwillig und / oder unfreiwillig teilen. Diese Bilder sind zum Teil einerseits den althergebracht-altbacken-vorgegebenen Zielvorstellungen geschuldet und zum anderen Teil andrerseits entsprechen sie den kollektiven Sehnsüchten nach einer anderen Welt, die Bestandteil kollektiver Träume sind oder sein können. Das kollektive Unbewusste kann natürlich auch Allmachtsphantasien transportieren, denen in der Realität nur wenige habhaft werden können.

E. Frauenbild als normiert-teilkollektive Ich-Abwehr

Die in der Öffentlichkeit und in Unternehmen kursierenden *Frauenwitze* zeigen den Status der zurzeit gültigen normativ-teilkollektiven Ich-Abwehr, die auf einer teilbewussten Ich-Ebene ihren ständigen Ausdruck findet.

Der hier gewählte *Indikator* der Frauenwitze, der den *psychoemotionalen Reifegrad* einer Gesellschaftsform menschlicher Primaten anzeigt, referenziert die Theorie der schwachen Signale, die anhand weicher Signaloutputs eine insgesamte Ausrichtung und Strategie ganzer Kulturen und deren implikativer Motivkonstellationen dingfest macht.

Das Frauenbild ist ein der jeweiligen gesellschaftlichen Norm angepasster Abwehrmechanismus, der die mächtige, männliche Abwehr anzeigt, die in und mit den Witzen anzeigt, dass und was (nicht) auf die ausformulierte öffentliche Bewusstseinsebene gelassen wird.

Frauen, ‚weibliche Männer', Homosexuelle, etc. werden dabei nicht nur im technischen Bereich diskreditiert, sie werden als Beziehungspartnerinnen nur als instrumentelles Werkzeug referenziert, das daher lächerlich zu machen ist, um sie von den männlichen Pfründen, wenn möglich, präventiv auf einer symbolischen Ebene auszusperren. Dieser Gedankenpool, der den Inhalt und den Aufbau von Frauenwitzen in einer unverhüllt-blanken Art zum Ausdruck bringt, zeigt bestimmte psychoanalytisch sehr relevante Tatbestände an.

Psychoanalyse sozialpsychologischer und innerpsychischer Triebdynamik

Auf S. Freud zurückgehend kann der Humor als Abwehrmechanismus beschrieben werden, der besagt, dass innere psychische Konflikte mithilfe des Humors verarbeitet werden in einer Weise, die das eigene Selbst in Ihren psychischen Lebensentwurfskonzepten nicht behindert oder gar schädigt.

Ein zentraler innerer Konflikt besteht für das vor allem männliche Einzelindividuum zwischen der Loyalität zu den Mächtigen und dem Erkennen der eigenen Beziehungsabhängigkeit zu einem hoffentlich gleichberechtigten Gegenüber. Das wären die soziodynamischen Überlegungen.

Aus der psychoanalytischen Perspektive der innerpsychischen Vorgänge muss analysiert werden, dass das Frauenbild der Männer durch zwei triebliche Verdrängungsnotwendigkeiten gekennzeichnet sind: a) die Frau stellt für den Mann, wie auch umgekehrt, eine Trieberfüllungskomponente dar, die zur eigenen Zufriedenheit oder Unzufriedenheit führt. Das bedeutet, Die eine ist von deR anderen abhängig.

Wenn diese Tatsache nicht ins volle Bewusstsein gelangen soll, muss sie verdrängt und abgespalten werden, um den eigenen Selbstwert nicht zu gefährden, und b) mit der Möglichkeit der Frau, Kinder gebärend in die Welt zu setzen, hat die durchschnittliche Frau ‚Zugriff' auf eine trieblich besetzte Sphäre, zu der der Mann keinen ‚Zugriff' hat. Die klassisch psychoanalytischen Ausführungen setzten bei diesem Punkt einen Beweis einer männlichen Minderwertigkeit an, die abgespalten werden muss.

Aus a) folgt, dass Abwehrmechanismen eingesetzt werden müssen, um die eigene hilflose Abhängigkeit und damit die eigene

Unterlegenheit vor dem eigenen Selbst zu verschleiern und zu entstellen ist, dergestalt, dass das eigene Ich mit einer reinen Weste seine eigene Stärke unbe- und ungehindert vor dem eigenen Selbst aufrechterhalten kann und b) dass die eigene Stärke hoch und die Abhängigkeit von natürlich bestimmten Vorgängen in der Welt der Natur gering zu halten ist, um den eigenen künstlich-menschlichen Mehrwert im Selbst- und im Fremdbild nicht zu gefährden, würde es doch den Glauben an die eigene Kontrolle äußerer Situationen in der Welt schwer beeinträchtigen.

Das Fehlen eines modernen Menschen- und Frauenbildes: Gewalt gegen Frauen (und Kinder)

Gäbe es Berechtigungsprüfungen für Intimbeziehungen müssten sich die gewalttätigen Männer auf jahrelange Vorbereitungen für diese Prüfung einstellen, bei der sie sehr oft durchfallen würden. In vielen Fällen ist nämlich nicht davon auszugehen, dass überhaupt ein Frauenbild existiert, und ein modernes Menschenbild noch nicht gegeben ist. Das dann ebenfalls nicht existente Frauenbild lässt sich einfach anhand der männlichen Gewaltneigung und der tatsächlichen Gewaltemissionswahrscheinlichkeit als sich selbsterklärende Folge des nicht gegebenen Frauenbildes explorieren. Für ein solches Frauenbild sollte es von einem modernen demokratischen Verständnis her keine Toleranz geben.

Leider ist von einem solchen allgemeinen Verständnis aber keineswegs auszugehen und dementsprechend muss auch eine Analyse bei den psychischen Konstruktionen der zu allermeist männereigenen und -typischen Ich-Abwehr ansetzen, die sehr tief verwurzelt in der Geschichte der Menschheit zu lokalisieren ist.

Natürlich sind aber auch die Frauen auf das eingespielte Rollenverhalten in ihrer Sozialisation eingeschworen worden und ein Aussteigen und eine Modifikation dieser tradierten Rollenbilder kann nur durch ein gemeinsames Lernen vollzogen werden. Dass der Mann das Geld zu haben hat und die Frau schön sein muss, sind das zwar theoretisch ein überkommen geglaubtes Klischee, das aber allerorts, vor allem auf der Ebene der Führungsfiguren und -gestalten zu finden ist. Und die Wirkung permanenter *männlicher Überreizung* durch ein Make up, dass sämtliche anthropologisch wirksamen, angeborenen Trieb- und Schutzreflexe sowie -instinkte in Stellung bringt, ist bei dieser Rollenkomplementarität in ihrer auslösenden Grunderregung nicht zu unterschätzen. (Selbst die älteren Frauen versprechen mit ihren gefärbten Haaren ihren meist älteren PartnerInnen ewige Jugend; und natürlich verlieren dann die Männer bei einer Trennung nicht nur den öffentlich gemimten Jungbrunnen, der sie selbst, quasi mitgefangen zuvor nicht nur verjüngt hat, sondern auch den damit verspielt-verlorenen sozialen Status, der dem hohlen Schein dieses Jungbrunnens innewohnend zugeordnet wird.)

Die bei allem dem wirksam-ausgeübte Grundüberreizung, die insgesamt ein Gefühl des gesellschaftlichen Dabei- und Akzeptiert-Honoriert-Seins auslöst, ist aber nur ein, allerdings in letzter Konsequenz nicht zu unterschätzender, Faktor von zehn Gewalt auslösenden Faktoren und darf nicht aus diesem Zusammenhang gerissen werden. In den männlichen Gewaltexzessen sind in erster Linie die mangelnde Ich-Bewusstheit, das von früher Jugend nicht bei sich sein können und schon gar nicht das bei ihren-Gefühlen-sein-können (beider Geschlechter, allen voran der Männer), zu berücksichtigen.

An dieser Stelle stellt sich die Frage nach der Ohnmacht, Einflusslosigkeit und / oder der fehlenden öffentlichen Präsenz, Brisanz und Penetranz der biologischen, psychologischen und soziologischen Forschung und / oder deren mangelnden Selbsterfahrung, -reflektion und -distanz. Warum bekommen alle Formen von Analysen, die zu mehr Bewusstheit in den sozialen Umgang zwischen den Geschlechtern bringen könnten, so wenig Platz in der öffentlich medialen Repräsentation und Rezeption der täglich überlebensnotwendigen Beziehungspraktiken?

Dass die männlich dominierte Wirtschaftsform die sex sells Mentalität so hypt, ist unter dem unbewusst masochistischen Männlichkeitswahn zu subsumieren, der auf der Angst des Ich vor dem eigenen Selbst aufbaut und auf dem daraus folgenden profunden Selbstwahrnehmungsdefizit fußt.

Gefragt ist der komplette Ausstieg aus und die Abstinenz bei der tradierten Rollenkomplementarität. Die Frage, ob eine solche Abstinenz dann a la long in eine universelle Bindungsmüdigkeit und einen universellen gesellschaftlichen Umbau der Beziehungslandschafen führen wird, wird sich erst im späten Verlauf dieses Jahrhunderts beantworten lassen.

Der öffentliche Frauendiskurs

Die öffentliche Diskussion der #me-too-Bewegung zeigt neben der schwierigen interaktiv-libidoüberlappenden Situation zwischen Mann und Frau unter anderem auf, wie schwer die männlich dominante Abwehr, die von den Frauen komplizenhaft mitgetragen wird, auch rein rechtlich zu knacken ist. Die #me-too-Bewegung ist die einseitige Aufkündigung dieser Komplizenschaft.

Solange sexueller Missbrauch als Kavaliersdelikt eines jagenden Mannes nach einer Trophäe verstanden wird, hat die Frau, der weibliche Mann, der Homosexuelle, die Lesbe, etc. *Objektcharakter* als *rechtmäßiges Eigentum des Mannes* oder deR übergeordneten PartnerIn. Und häufig entscheidet sich die Frau und / oder wird getrieben sich zu entscheiden, sich in der männlichen Hierarchie zum Erwerb vermehrter allgemeiner Aufmerksamkeit dahingehend hochzuarbeiten, indem sie sich zum gehypten Kunst- und Kultobjekt hochstilisiert und hochstilisieren lässt, das besessen werden will.

Die Gewaltanwendung in Form von Vergewaltigung (eines Mannes und) der Frau zeigt das kriegerische Potential, das ständig auch in unserer demokratischen Gesellschaft präsent ist und vermehrt beobachtbar wäre, wenn es nicht größtenteils verschwiegen, verdrängt und verniedlicht würde. Es ist aber in der jüngsten Vergangenheit ein allgemeiner Aufbruch, vor allem der Frauen beobachtbar.

In dem Maß, in dem bei der Berichterstattung zu sexuellen Gewaltakten die verletzende Person, die Verletzung oder die verletzte Person bei der öffentlichen Thematisierung zugunsten eines ständig im Rampenlicht stehenden Täters ausspart, wird der scheinbar referenzierte Gewaltakt bereits, auch oder erst auf einer sprachlich-symbolischen Ebene weiter reproduziert (vgl. Liebsch 2007).

Bei der medialen Berichterstattung ist ein in höchstem Maße ambivalenter Zugang zu diesem gesamten Themenkomplex zu konstatieren, der zwischen einer scheinbar seriösen Bewertung meist durch Männer und der oft nur allzu offensichtlich geheuchelt bemüht und angemessenen Bewertung meist der Frauen, der untergeordnet-unterdrückten Männer, etc. hin und her schwankt. Und schließlich müsste das dominierend vorherrschende Männerbild sich ja grundlegend verändern und damit auch die allgemein vorherrschende hierarchische Organisation der Gesellschaft.

Der gesellschaftliche Status quo ist von einer männlich-weiblichen Gleichberechtigungskultur meilenweit entfernt, weil die Spannbreite zwischen eingesessenem patriarchalen und neuerem, gleichberechtigterem Frauen- als nicht mehr Untergeordnetenbild noch zu groß ist. Trotzdem ist aber, vor allem in der jüngsten Vergangenheit, ein allgemeiner Aufbruch, primär der Frauen beobachtbar.

Das Kennzeichen und das Ausschlusskriterium der sich signifikant unterscheidenden Frauenbilder ist der Einsatz von Gewalt, der sich auch in einer symbolisch aggregierten Form in den Frauenwitzen widerspiegelt.

Wenn man sich das normierte Abwehr-Ich als sich ständig um Fluss befindliche *Ergebnis hierarchisch angeordneter, kumulativ wirksamer Abwehrmechanismen* vorstellt, die die einzelnen Ich gleichzeitig als mit speziellen Abwehr-Ich-Struktur-Profilen ausstattet und belässt, kann damit ein zusammenwirkendes Abwehr-Ich-Konzert erschlossen werden, das an das operative gesellschaftliche Ganze heranreicht.

Dabei ist die Abwehr des einzelnen Ich in Form von Gedanken, Gefühlen und Handlungen auf einer Gewaltskala aufzulösen, um die Ich-Abwehr in bulk angemessen gewichten und bewerten zu können.

F. Das eigene Bild vom Fremd-Ich

Das eigene Bild vom Fremd-Ich ist keine singuläre Veranstaltung, wie es oft den Anschein hat und uns glauben gemacht wird von pluralisiert-vervielfältigten Werbeimages, -kampagnen, Hollywood Produktionen, Ego-ManagerInnen, Ego-ProfessorInnen, Ego-AutofahrerInnen, usw. usw. Das singularisierte Ich, das sich vom singularisierten Anderen, dem singularisierten Fremd-Ich, ein Bild macht, ist in ihrer Systemlosigkeit und ihrer isolierenden Betrachtungsweise eine aktuell weitverbreitete obsessiv-parareligiöse Obsession.

Der Glaube an die Singularität des Ich ist ein liederliches Artefakt, eine neoliberalistische Illusionshaft, die als Gallionsfigur im Rahmen von Werbeeinschaltungen uns als menschliche Zielobjekte instrumentalisiert und solchermaßen auf einer bereits symbolischen Ebene gefügig macht und kognitiv-emotional vergewaltigt; der Glaube an die Singularität des Ich-Individuums ist der Traum von einem frei schwebenden Selbst, das auf keine menschliche Bindungen angewiesen ist, nicht vergänglich oder hilflos ist, eine Heldenerzählung wie ein griechisches Epos, eine unmenschliche Tragödie, die notwendigerweise an ihren eigenen Traumfiktionen scheitern muss. Diese Tragödie implementiert bei ihren HauptdarstellerInnen genau die Bilder, die sie zu ihrer eigenen Isolation treiben, sei es ‚erfolgreich' oben oder ‚erfolglos' unten.

Es nimmt daher nicht wunder, wenn die Bilder vom Fremd-Ich, die auf diesem singularistischen Irrlicht fußen, wie ein Blitz in die Erde einfahren müssen, wenn sie von einer sehr kalten Realität des tatsächlichen Ich und des tatsächlichen Fremd-Ich eingeholt werden. Die von der Realität Enttäuschten bleiben dann immer wieder alleine zurück und müssen ihre Wunden lecken, die aus der Differenz zwischen Trug- und Wunschbild entstanden sind.

Wir alle sind das Produkt unserer Sozialisierungsbedingungen, unserer Haupt- und Nebenbezugspersonen und natürlich auch unserer ganz individuellen Gene, die aber wieder auf einer zumindest dyadischen Gemeinschaftsproduktion fußen. Die Generationen reichen sich ihre Erkenntnisse und Entwicklungen wie in einer Bergseilschaft weiter und tradieren das Beste, Gute, aber auch das Böseste, aus den vorherigen Generationen, das mündlich, schriftlich, libidinös und in Beziehungen zwischen Ich und Fremd-Ich unablässig ausgewählt, sortiert, weitergegeben und wieder sortiert und ausgewählt, weitergegeben und / oder abgestoßen wird.

Je mehr man sich diese Zusammenhänge und permanenten libidinösen Beziehungsüberlappungen veranschaulicht, desto sinnentleerter und obsoleter wird der westlich-amerikanisch-modellierte Einpersonenkult. Schon Napoleon hat alle Schlachten verloren, als seine sehr tragfähige Beziehung zu seiner Beziehungspartnerin in die Brüche gegangen ist, was zeigt, dass selbst die Leistungsfähigkeit der großen Feldherrn der Geschichte immer ein zumindest als dyadisches Endergebnisendprodukt darstellt und ist, was uns die Heldennarration nur allzu hermetisch und konsequent vorenthält, um den meist männlichen Held präsentierend verehrend ganz solitär und unvermischt in den Mittelpunkt stellen zu können und zu müssen.

Es sind tradierte kollektive Erzählzwänge, die ganzen Sozietäten ihren Stempel aufdrücken.

Die Ordnung der Geschlechter und das Begehren

Die Ordnung der Geschlechter als arbeitsteilige Arbeits- und Genussgemeinschaft bürgerlicher Provenienz kennen wir: Der zumindest mittelständische Mann (Frau) arbeitet und schafft an, die Frau (Mann) ist für das Private und die Kindererziehung zuständig.

Die Geschlechterkonstruktion, die auf gesellschaftlich besetzten Rollen beruht, hat jedoch ausgedient und die, die am meisten unter der Auflösung dieser Konvention leiden, sind die Männer. Das ist auch am deutlichen Anstieg der Prävalenz männlicher Depressionen abzulesen.

Hilflosigkeits- und Ohnmachtsgefühle, die wahrgenommen werden können und die eigene Fähigkeit zur Passivität und Nehmen-Können im Austausch menschlicher Beziehungsmodalitäten, werden nicht mehr einseitig als Frauendomäne anerkannt und gleichzeitig heruntergemacht, sondern beginnen für Männer und Frauen zum validen Parameter für eine grundlegende Beziehungsfähigkeit zu werden.

Vielleicht spricht sich das in einigen Jahrzehnten bis zu den männlichen und weiblichen Prototypen, die seit der vorletzten Jahrhundertwende vorherrschen, auch noch herum und vielleicht wird das Ausleben des Begehrens zwischen sich körperlich attrahierenden PartnerInnen, gleichberechtigt und in gegenseitiger Bezugsdistanz, nicht nur als Ausnahmefall in gesellschaftlichen, oft minderbewerteten Nischen und bestenfalls ausschließlich in befristeten Phasen oder in ausschließlich nicht egalitären Beziehungen, zum Beispiel mit SexarbeiterInnen, möglich.

Und vielleicht können sich dann Mann und Frau, Frau und Frau, Mann und Mann, Kind und ErwachsenE dann auch öffentlich im vollen Bewusstsein ihrer Schwächen und Anfälligkeiten ganz blank und unverhüllt an den Kopf werfen, ohne sich dafür abartig und aus der Norm fühlen zu müssen und ohne sich dafür endlos und restlos schämen zu müssen. Und vielleicht tritt dann ein Zeitalter in Kraft, in der die libidinösen Beziehungen keinen so fürchterlich wirksamen Erwartungsklischees entsprechen müssen, das jegliche Beziehungslust schon im Vorfeld durch unangemessene Erwartungen an Personen und Beziehungen ersticken lässt.

Die Unterwerfung des Ich und des Fremd-Ich unter die eigenen tradierten Erwartungsklischees ist nämlich die eine ganz basale Form einer Gewaltanwendung, die man den (Geschlechter)Beziehungen antun kann, die emanzipatorisch geöffnet und neutralisiert werden muss, will sich das Ich nicht selbst und einem Fremd-Ich und deRen erwartungsgemäßen Zwänge ausgeliefert wissen.

Es sind nämlich genau diese selbst gezüchteten Erwartungszwänge, die uns zu Sklaven unserer selbst machen und die unsere Beziehungsfreiheiten ständig konsequent vernebelt, stiehlt und mit unseren eigenen, uns selbst und uns gegenseitig auferlegten Zwängen knebelt.

Die subjektive Bild des Fremd-Ich als Ordnungs- und Subjektivitätshybrid

Beim Bild der Männer / Frauen, das sie über die Frauen / Männer im Allgemeinen mit sich herumtragen, handelt es sich um eine *ambivalente Welt der Träume*, die – jenseits der allgemeinen Ambivalenz der Geschlechter- und der Ich-Fremd-Ich Beziehungen zu- und gegeneinander – vermischt sind mit der konkret erfahrenen *Alltagswelt mit den Frauen / Männern*, die rekursiv verbrämt ist mit den eigenen Wunschvorstellungen einer den eigenen Wünschen gemäßen, kontrollierbaren (Frauen- / Männer-)Welt.

Jemanden oder etwas kontrollieren zu wollen, bedeutet, dieses Objekt der Wahrnehmung an bestimmte Orte der eigenen Bewertung zu stellen, die das eigene, injizierte, und / oder selbst erarbeitete, geglaubt-gewusste Selbstbild nicht antasten und sich in keinem Fall im Affront dazu befinden darf.

Alles, was in diesen impliziten Wertefeldern zwischen den jeweiligen AkteurInnen liegt, ist der Bereich, der das Koordinatensystem vorgibt, für die ständig beiderseitig zu führenden emanzipatorischen Aushandlungsbemühungen, -versuche und -restriktionen, die darüber bestimmen, was das Ich dem Fremd-Ich und umgekehrt zugutekommen lassen soll und antun darf oder nicht.

Wenn das Eigenbild des Ich über Ihr Selbst und das Bild des Fremd-Ich über das Ich sich mit dem zu decken beginnt, was das Ich und das Fremd-Ich für zentral und wesentlich erachten, kann man von einem beidseitig übereinstimmend-normierten (Fremd)(Abwehr)Ich sprechen als kleinste angepasste versus revolutionäre Keimzelle einer Gesellschaft.

Und diese Keimzelle der Gesellschaft ist es, die zusammen und / oder gegen die benachbarte / n Keimzelle / n in Relation, Abstimmung und Gegenmacht das Klima einer ganzen Gesellschaft und der Ich-Abwehr-Notwendigkeiten in Summe und im Konzert ergeben, ausbilden oder verkümmern und abstoßen lässt. Die Abwehr-Notwendigkeiten des Ich und des Fremd-Ich, die im gesellschaftlich geprägten Abwehr-Ich gespeichert sind, bilden das insgesamte Abwehr-Ich Profil einer Gesellschaftsformation ab und signieren sie.

XX. Literatur

Adler, A., Der Aggressionstrieb im Leben und in der Neurose, Fortschritte der Medizin, 26, 1908.

Ahrens, S., Außenseiter und Agent, der Beitrag des Labeling-Ansatzes für eine Theorie abweichenden Verhaltens.

Aichele, A., Die Wirklichkeit des Wahnes, Nietzsches Begriff von ‚Welt', in: Wahn und Wirklichkeit – Multiple Realitäten, S 333–347, Frankfurt a. M.: Peter Lang 2003.

Ancien, D., Das Haut-Ich, Frankfurt: Suhrkamp 1998.

Andreas-Salome, L., Das ‚zweideutige' Lächeln der Erotik, Texte zur Psychoanalyse, Freiburg: Kore 1990.

Arbeitsgemeinschaft für Methodik und Dokumentation in der Psychiatrie (Hg.), Das AMDP-System, Göttingen 1995.

Arendt, H., Elemente und Ursprünge totaler Herrschaft, München: Piper Verlag 2017.

Arendt, H., Über das Böse, Eine Vorlesung zu Fragen der Ethik, München: Piper 2003.

Bash, K.W., Die Dynamik der Aggression, in: Ehrhardt, H. E. (Hg.), Aggressivität, Dissozialität, Psychohygiene, S 40–54, Bern: Verlag Huber 1975.

Benning, S. D., Patrick, C. J., Hicks, B. M., Blonigen, D. M., & Krueger, R. F., Factor structure of the Psychopathic Personality Inventory: Validity and implications for clinical assessment. Psychological Assessment, 15, 340–350, 2003.

Blair, R. J. R., The amygdala and ventromedial prefrontal cortex in morality and psychopathy. Trends in cognitive sciences, 11(9), 387–392, 2007.

Blonski, H. (Hg.), Wahn und wahnhafte Störungen im Alter, München: Reinhardt Verlag 1996.

Bowlby, J., Attachment und loss, Vol. 2: Seperation, New York: Basic Books 1973.

Brasch, C., Richberg, I.M., Die Angst aus heiterem Himmel, München: Mosaik Verlag 1994.

Brennan, B.A., Licht-Arbeit, München: Goldmann 1998.

Bühler, K., Displeasure and Pleasure in Relation to Activity, in: Murchinson, C. (Hg.), Feelings and Emotions, Worcester, Mass. 1928.

Cioran, E. M., Auf den Gipfeln der Verzweiflung, Frankfurt am Main: Suhrkamp 1989.

Conzen, P., Fanatismus, Psychoanalyse eines unheimlichen Phänomens, Stuttgart, Kohlhammer 2005.

Dammann, G., Narzissten, Egomanen, Psychopathen in der Führungsetage, Fallbeispiele und Lösungswege für ein wirksames Management, Bern: Haupt 2007.

Davidson, R.J., Anxiety and affective style: Role of prefrontal cortex and amygdala, Biological Psychiatry, 51, S 68–80.

Duden Band 4, Die Grammatik, Wollstein, A. und Dudenverlag (Hg.), Berlin: Dudenverlag 2016.

Eike, D., Der Zusammenhang von Ich-Entwicklung und Aggressionstrieb in der Sozialisation, in: Meissner, H.G. (Hg.), Geist und Psyche, Leidenschaft der Wahrnehmung, S 21–43, München: Kindler Verlag 1976.

Externbrink, K., Keil, M., Narzissmus, Machiavellismus und Psychopathie in Organisationen, Theorie, Methoden und Befunde zur dunklen Triade, Wiesbaden: Springer 2018.

Falkai, P., Wittchen, H. (Hrsg.): Diagnostisches und statistisches Manual psychischer Störungen DSM-5, Göttingen: Hogrefe 2015.

Fiedler, P., Persönlichkeitsstörungen, Weinheim: Beltz 2007.

Fiedler, P., Dissoziative Störungen, Göttingen: Hogrefe 2013.

Finzen, A., Schizophrenie, die Krankheit verstehen, Bonn: Psychiatrie Verlag 2001.

Freud, A., Das Ich und die Abwehrmechanismen, Frankfurt: Fischer 1999.

Freud, A., Das psychoanalytische Studium der frühkindlichen Essstörungen, in: Jungbloed-Schurig (Hg.), Ich esse deine Suppe nicht, Psychoanalyse gestörten Essverhaltens, S 22–38, Frankfurt: Brandes & Apsel 2006.

Freud, S., Zur Einführung des Narzissmus, In: Jahrbuch für psychoanalytische und psychopathologische Forschung. Band 6, Leipzig: Deuticke 1914.

Freud, S., Triebe und Triebschicksale, GW X, 1915.

Freud, S., Massenpsychologie und Ich-Analyse, Die Zukunft einer Illusion, Frankfurt: Fischer Verlag 1967.

Fröhlich-Gildhoff, K., Rönnau-Böse, M., Resilienz, München: Ernst Reinhardt 2011.

Geißler, P., Mythos Regression, Gießen: Psychosozial-Verlag 2001.

Grond, E. in: Blonski, H. (Hg.), Wahn und wahnhafte Störungen im Alter, München: Reinhardt Verlag 1996.

Heinrich, K., Versuch über die Schwierigkeit, nein zu sagen, Frankfurt am Main: Suhrkamp 1982.

Helm, K., Abriss der mittelhochdeutschen Grammatik, Tübingen: Max Niemayer Verlag 1975.

Hohage, R., Zur Psychoanalyse des Arbeitens und der Arbeitsstörungen, in: Hirsch, M. (Hg.), Psychoanalyse und Arbeit, Göttingen: Vandenhoeck & Ruprecht, S 100–124, 2000.

Hopkins, J., Bindung und das Unbewusste, Ein undogmatischer Blick in die kinderpsychoanalytische Praxis, Frankfurt: Brandes&Apsel 2008.

Horney, K., New Ways in Psychoanalysis. New York: Norton 1939.

Hüther, G., Stern, A., Was schenken wir Kindern, eine Entscheidungshilfe, Penguin Verlag.

Jungbloed-Schurig (Hg.), Ich esse deine Suppe nicht, Psychoanalyse gestörten Essverhaltens, Frankfurt: Brandes&Apsel 2006.

Kaplan, L.J., Die zweite Geburt, Die ersten Lebensjahre des Kindes, München: Piper 1983.

Kaplan, R. S., Norton, D.P., Balanced Scorecard, Strategien erfolgreich umsetzen, Stuttgart: Schäffer-Pöschel 1997.

Kernberg, O.F., Strauss, B., Narzisstische Persönlichkeitsstörungen: mit 33 Tabellen, Stuttgart: Schattauer 1996.

Kernberg, O.F., Hass, Wut, Gewalt und Narzissmus, Stuttgart: Kohlhammer 2016.

Kislinger, M., Einschlägige Gespräche mit Michael in den Jahren 2017–2021.

Klein, M., Das Seelenleben des Kleinkindes und andere Beiträge zur Psychoanalyse, Hamburg: Rowohlt 1972.

König, K., Abwehrmechanismen, Göttingen: Vandenhoeck & Ruprecht 1996.

Kohut, H., Überlegungen zum Narzissmus und zur narzisstischen Wut, in: Psyche, Zeitschrift für Psychoanalyse und ihre Anwendungen, XXVII. Jahrgang, 6. Heft, S 513-555, Juni 1973.

Kohut, H., Narzißmus, eine Theorie der psychoanalytischen Behandlung narzißtischer Persönlichkeitsstörungen, Frankfurt: Suhrkamp 1976.

Lagache, D., Situation de l'aggressiité, in: Bulletin de Psychologie, 1961, S 99–112.

Laplance, J., Leben und Tod in der Psychoanalyse, Freiburg i Br.: Walter-Verlag 1974.

Lehmkuhl, U., Die Bedeutung von Deprivation in den sensiblen Phasen der Entwicklung, in: Lehmkuhl, U., Poustka, F. (Hg.), Gefährdung der kindlichen Entwicklung, S 27–34, München: Quintessenz 1993.

Lichtenberg, J.D., Psychoanalyse und Säuglingsforschung, Berlin: 1991.

Liebsch, B., Subtile Gewalt, Spielräume sprachlicher Verletzbarkeit, Weilerswist: Velbruck Wissenschaft 2007.

Luderer, H.J., Zur Geschichte des Wahnbegriffs in der Psychiatrie, in: in: Wahn und Wirklichkeit – Multiple Realitäten, S 35–49, Frankfurt a. M.: Peter Lang 2003.

Mahler, M.S., Pine, F., Bergman, A., Die psychische Geburt des Menschen, Symbiose und Individuation, Frankfurt am Main: Fischer 1996.

Nervenarzt, psychiatrisches Fachjournal, Vol. 87, 2016-01-01, S 69–73.

Noack, J., Erik H. Erikson Identität und Lebenszyklus, in: Jörissen, B., Zirfass, J. (Hg.), Schlüsselwerke der Identitätsforschung, S 37–55).

Payk, T.R., Tullius R., Verhaltenstherapeutische Konzepte der Depressionsbehandlung, Erlangen: perimed Fachbuch-Verlagsgesellschaft 1986.

Payk, T.R., Depression, München: Reinhardt 2010.

Piaget, J., Sprechen und Denken des Kindes, Düsseldorf: Pädagogischer Verlag 1972.

Piaget, J., Urteil und Denkprozess des Kindes, Düsseldorf: Pädagogischer Verlag 1972.

Ploog, D., Biologische Grundlagen aggressiven Verhaltens, in: Ehrhardt, H. E. (Hg.), Aggressivität, Dissozialität, Psychohygiene, S 14–38, Bern: Verlag Huber 1975.

Poljakov, J., Schizophrenie und Erkenntnistätigkeit, Stuttgart: 1973.

Rauchfleisch, U., Dissozial; Entwicklung, Struktur und Psychodynamik dissozialer Persönlichkeiten, Göttingen: Vandenhoeck und Ruprecht 1981.

Reich, W., Charakteranalyse, Köln: Kiepenhauer & Witsch 1970.

Richter, H.E., Der Gotteskomplex, die Geburt und die Krise des Glaubens an die Allmacht des Menschen, Düsseldorf: Econ Verlag 1997.

Rikowski, L., Beobachtungen von und Erfahrungen mit meinem/unserem Sohn Lennart bei seinem ersten Umgang mit Digitalem, im Vergleich und Zusammenhang mit Volksschulkindern aus seiner Klasse, 2017.

Runciman, W.G., Relative Deprivation and Social Justice. Los Angeles: 1966.

Schmidbauer, W., Die sogenannte Aggression, die kulturelle Evolution des Bösen, Hamburg: Hoffmann und Campe 1972.

Schödlbauer, M., Wahnbegegnungen, Zugänge zur Paranoia, Anthropologische Psychiatrie, Band 1, Hamburg: Psychiatrie Verlag 2016.

Spitz, R. A., Zur anpassungsfördernden Rolle der Aggression, in: Mitscherlich A. (Hg.), Aggression und Anpassung, S 140–151, München: Piper 1969.

Staehle, A., Paranoid-schizoide Position und die projektive Identifizierung, in: Klein-Bion, Eine Einführung, Tübingen: edition discord, 1997, S 65–85.

Stangier, U., Clark, D. M., Ehlers, A., Soziale Phobie, Fortgeschrittene Psychotherapie Band 28, Göttingen: Hogrefe 2006.

Stout, M., Der Soziopath von nebenan, Wien: Springer 2006.

Teichmann, M., Relative Deprivation-Theorien und Deprivationskonzepte, Norderstedt: Grin Verlag 2006.

Treher, W., Hitler, Steiner, Schreber, ein Beitrag zur Phänomenologie des kranken Geistes, Emmendingen: Eigenverlag Dr. med. Wolfgang Treher, Deutschland 1966.

Trincia, F.S., Das Problem eines multiplen Geistes, Beobachtungen zu Freud, in: Wahn und Wirklichkeit – Multiple Realitäten, S 63–83, Frankfurt a. M.: Peter Lang 2003.

Volk, G., Die depressive Position, in: Klein-Bion, Eine Einführung, Tübingen: edition discord, 1997, S 54–65.

Winnicott, D., Ego distortion in terms of true and false self. The Maturational Process and the Facilitating Environment. Studies in the Theory of Emotional Development, S. 140–157, New York: International Universities Press, 1965.

Zaudig, M., Hauke, W., Hegerl, U. (Hg.), Die Zwangsstörung, Diagnostik und Therapie, Stuttgart: Schattauer Verlag 1998.

Zick, A., Vorurteile und Rassismus. Eine sozialpsychologische Analyse. Münster: 1977.

ibidem.eu